2012年度教育部人文社会科学研究青年基金项目
（项目批准号：12YJC820047）

当代中国
婚姻家庭法价值取向
的审视与建构

——以我国夫妻财产制和离婚救济制度为例

DANGDAI ZHONGGUO HUNYIN JIATINGFA JIAZHI
QUXIANG DE SHENSHI YU JIANGOU:
YI WOGUO FUQI CAICHANZHI HE LIHUN JIUJI ZHIDU WEILI

雷春红◎著

ZHEJIANG UNIVERSITY PRESS
浙江大学出版社

目　录

绪　论

从客体满足主体需要的角度而言,法的价值是法对于人的功能和作用,主体通过认识、实践和评价法律,促使法律适应和满足主体的需要。平等、自由、安全、秩序、正义、效率与公平等都是法的价值,而当各种法的价值发生冲突时,需要进行价值的权衡和选择。权衡和选择法的价值所遵循的基本导向,即法的价值取向。法的价值取向包括立法价值取向和司法价值取向。在婚姻家庭立法与司法活动中,同样存在各项法的价值的冲突。制定婚姻家庭法律制度和适用法律解决婚姻家庭纠纷时,需要遵循合理的导向,平衡利益,实现婚姻家庭秩序的稳定。

确定某项法律的立法价值取向,受制于特定时期一国民族的普遍伦理文化。而婚姻家庭法的本土性、固有法性特征较其他民事法律而言更加明显,因此确定婚姻家庭法的立法价值取向须立足于我国现今广大民众的婚姻家庭价值观。司法价值取向方面,在我国,婚姻家庭案件的裁判公正不仅限于程序公正,还要关注广大民众对婚姻家庭案件审判结果的认同度,这直接影响人们对婚姻家庭的信心和期望。

一、法的价值与法的价值取向的含义

(一)法的价值的含义

从西方法律思想史看,不同法学流派对法的价值有不同的认识。法律实证主义把价值与事实的区别加以绝对化,认为二者是对立的,不可能统一起来。分析实证主义法学的纯粹法学代表人物凯尔森否认法的价值的可知性与客观性,他认为,法的价值完全是主观情感的反映,是不可能加以科学认识的,要把价值因素从法学中彻底清除出去。[1] 新自然法学派与之持完全相反的观点,认为一切法律形式必然是具有价值的,离开法律的目的(法律应当是

---

[1] 吕世伦、文正邦主编:《法哲学论》,中国人民大学出版社 1999 年版,第 354 页。

什么)就不可能理解法律形式。① 社会法学派代表人物庞德提出:"价值问题虽然是一个困难的问题,但它是法律科学所不能回避的。即使是最粗糙的、最草率的或是最反复无常的关系调整或行为安排,在其背后总有对各种互相冲突和互相重叠的利益进行评价的某种准则。"②价值法学是西方法学的主流,将法的价值作为法学研究的主要内容,强调正义、道德与法律不可分离,正义是法的本质或法律追求的目标。

我国关于法律价值的研究始于 20 世纪 80 年代,在关于法的价值的讨论中,学者使用不同的用语,有的使用"法的价值",有的使用"法律价值",一般而言,这两个用语可以通用。学者从不同角度阐述法的价值,主要有:

(1)从客体满足主体需要的角度定义。例如,孙国华、朱景文教授认为:"法的价值就是法这个客体(制度化的对象)对满足个人、群体、社会或国家需要的积极意义。一种法律制度有无价值、价值大小,既取决于这种法律制度的性能,又取决于一定主体对这种法律制度的需要,取决于这种法律制度能否满足该主体的需要和满足的程度。"③赵震江、付子堂教授认为:"所谓法的价值,是指作为客体的法对一定主体需要的满足,以及由此所产生的法对主体的从属关系。"④

(2)从法这一客体对主体的有用性和积极意义角度定义。例如,张文显教授认为:法律价值为"在人(主体)与法(客体)的关系中体现出来的法律积极意义或有用性","法的价值具有两重性质。它一方面体现了作为主体的人与作为客体的法之间需要和满足需要的对应关系,即法律价值关系;另一方面它又体现了法所具有的、对主体有意义的、可以满足主体需要的功能和属性"。⑤ 严存生教授认为:"法律价值是标志着法律与人关系的一个范畴,这种关系就是法律对人的意义、作用或效用,和人对这种效用的评价。"⑥卓泽渊教授认为:"法的价值是以法与人的关系作为基础,法对于人所具有的意义

① 吕世伦:《现代西方法学流派》(上卷),中国大百科全书出版社 2000 年版,第 62—63 页。

② 〔美〕罗斯科·庞德:《通过法律的社会控制》,沈宗灵译,楼邦彦校,商务印书馆 2010 年版,第 62 页。

③ 孙国华、朱景文:《法理学》,中国人民大学出版社 1999 年版,第 58 页。

④ 赵震江、付子堂:《现代法理学》,北京大学出版社 1999 年版,第 103 页。

⑤ 张文显:《法哲学范畴研究》(修订本),中国政法大学出版社 2001 年版,第 192 页。

⑥ 严存生:《法律的价值》,陕西人民出版社 1991 年版,第 28 页。

和人关于法的绝对超越指向。"①

（3）从不同意义理解法的价值。例如，沈宗灵教授认为，法的价值或者法律价值有三种不同的含义：第一，它指的是法促进哪些价值；第二，指法本身有哪些价值；第三，在不同类价值之间或同类价值之间发生矛盾时，法根据什么标准来对它们进行评价。从这一意义上讲，法的价值即指它的评价准则。② 郑成良教授认为，"法的价值"的含义可以因如下三种不同的使用方式而有所不同。第一种使用方式是用"法的价值"来指称法律在发挥其社会作用的过程中能够保护和增进哪些价值，这种价值构成了法律所追求的理想和目的，因此，可以称之为法的"目的价值"。第二种使用方式是用"法的价值"来指称法律所包含的价值评价标准。第三种使用方式是用"法的价值"来指称法律自身所具有的价值因素。此种意义上的法的价值可称为法的"形式价值"。③

（4）将法的价值定义为法所应当具有的最基本属性。例如，张恒山教授认为："'法的价值'应当是指社会全体成员根据自己的需要而认为、希望法所应当具有的最基本的性状、属性。"④

（5）将法的价值定义为主体所希望、期待的东西。例如，刘作翔教授认为："法律价值是指体现在、蕴藏在法律中的价值要素和价值需求。法律创制者基于对法律功能的认识程度，把符合于自己意志、愿望和利益需求的那些价值因素用法律的形式确定下来，以期实现之。"⑤

可见，法学界对法的价值的认识，多采客体满足主体需要定义法的价值。⑥ 笔者赞同大多数学者的观点，认为法的价值是以作为主体的人与作为客体的法的关系为基础的，是法对于人的功能和作用，主体通过认识、实践和评价法律，促使法律适应和满足主体的需要。

（二）法的价值取向的含义

国内法学者较少对法的价值取向进行专门的研究，对法的价值取向的含义争议不大。有学者认为："法的价值取向属于社会意识形态的范畴，它是法

①　卓泽渊：《法的价值论》（第二版），法律出版社 2006 年版，第 49 页。
②　沈宗灵：《法理学》，北京大学出版社 1999 年版，第 60 页。
③　张文显主编：《法理学》，高等教育出版社、北京大学出版社 1999 年版，第 209、210 页。
④　张恒山：《"法的价值"概念辨析》，《中外法学》1999 年第 5 期，第 28 页。
⑤　翁文刚、卢东陵：《法理学论点要览》，法律出版社 2001 年版，第 314 页。
⑥　王国征：《"法的价值"与"法的价值取向"概念研究述评》，《东方论坛》2009 年第 6 期，第 97 页。

律规范与人的需要之间的关系在人们意识中的一种反映，是社会大多数人或主流人群对法律价值的主观判断、情感体现、意志保证及其综合。法的价值取向既包括人们对法制体系的现实认知和评价，也包括人们对法制体系的未来愿望和选择，是人的需要与法制之间的中介桥梁。"①有学者认为：法的价值取向"应该是当法的各种价值发生冲突时，什么样的价值才是法的终极价值，这个过程包含了人对法能够满足于其得各项需求的一种能动的选择"②。还有学者认为："法的价值取向是一定的主体在法的活动中面对法的价值冲突进行法的价值选择时所采取的行动方向。"③

平等、自由、安全、秩序、正义、效率与公平等是法的价值，但当这些法的价值发生冲突时，需要进行权衡和决断。法的价值取向即是当各种法的价值发生冲突，需要进行价值权衡和选择时，所遵循的基本导向。例如，效率与公平、自由与秩序在某项立法或司法活动中不能兼顾，所谓"鱼和熊掌不可兼得"时，要遵循既定的立法精神和司法导向，权衡各方利益，考究哪些价值优先实现，哪些价值居于次要地位。

二、立法价值取向与司法价值取向

法的价值取向可包括立法价值取向和司法价值取向。

（一）立法价值取向

"所谓立法价值取向主要有两层含义，其一是指各国在制定法律时希望通过立法所欲达到的目的或追求的社会效果；其二是指当法律所追求的多个价值目标出现矛盾时的最终价值目标选择。"④社会多元化环境下，法的价值也呈现多元化，立法者在立法过程中要做出选择：某项法律规定应优先保护和实现哪些价值，或者可以兼顾哪些价值，或者限制、舍弃哪些价值。这取决于立法者的价值取向，这种价值观或价值取向，是制定、修改或废止某项法律

---

① 冯心明：《论知识产权保护的价值取向》，《华南师范大学学报》（社会科学版）2004 年第 4 期，第 19 页。

② 赵振华：《论国际私法的价值取向及其对我国立法的影响》，《中南大学学报》（社会科学版）2008 年第 3 期，第 345 页。

③ 王国征：《"法的价值"与"法的价值取向"概念研究述评》，《东方论坛》2009 年第 6 期，第 98 页。

④ 赵万一：《论民商法价值取向的差异及其对我国民事立法的影响》，《法学论坛》2003 第 6 期，第 12 页。

规定的依据。不同群体从维护和实现自己的利益出发,对法律规定提出不同的期望和要求,这就需要对各方利益加以平衡。"立法实质上也就是一种利益分配和调节利益的过程,是不同利益主体的利益表达、利益博弈与利益综合的过程。"①在法律价值诸目标中,正义一直被看作是最崇高的法律价值。《学说汇纂》开篇即写道:"法律源于正义就如同源于它的母亲一样。"拉德布鲁赫说道:"除了正义,法律的理念不可能是其他理念……正义就像真、善、美一样,是一个绝对的价值,也就是说,不可能从其他价值中推导出来的价值。"②但是,对正义的界定并非易事,没有形成一个一致公认的结论。

19世纪,功利主义的创始人边沁认为,社会利益的分配应当以满足"最大多数人的最大幸福"为原则。每个人自己才是自身利益的最佳判断者,因此,判断的权利应当交给每个人自己。据此,什么样的政策才能对绝大多数人产生最好的结果,应当由社会成员的多数票决定。③ 但是,在保障大多数人利益的同时会忽略和牺牲少数人的正当利益,罗尔斯纠正功利主义正义论,提出两个正义原则:"正义的第一个原则:每个人都应有平等的权利去享有与人人享有的类似的自由体系相一致的最广泛的、平等的基本自由权利体系。""正义的第二个原则:社会和经济的不平等的安排应能使它们符合地位最不利的人的最大利益,符合正义的储蓄原则,以及在公平的机会均等的条件下与向所有人开放的官职和职务联系起来。"④第一个原则可概括为平等自由原则,第二个原则是机会的公正平等和差别原则的结合。正义的核心是平等,但平等又如何确定? 实际上,正义标准是不确定的,不同时代、不同社会群体会有不同的认识。凯尔森也总结道:"实际上用来作为正义标准的规范是因人而异的,并且是经常相互冲突的。某一事物是否正义只是以认为存在适当正义规范的人而定。"⑤

立法价值取向的确定受制于特定时期一国民族的普遍伦理文化,构筑立法价值以伦理道德为基础,立法要在整体上满足社会普遍伦理文化的要求。正如萨维尼所说:"法律绝对不是立法者以专断刻意的方式制定出来的东西,

① 汪全胜:《立法的社会接受能力探讨》,《法制与社会发展》2004年第4期,第134页。

② [德]拉德布鲁赫:《法哲学》,王朴译,法律出版社2005年版,第32页。

③ 文正邦主编:《法哲学研究》,中国人民大学出版社2011年版,第149页。

④ [美]约翰·罗尔斯:《正义论》,何怀宏等译,中国社会科学出版社2003年版,第11页。

⑤ [奥]凯尔森:《法与国家的一般理论》,沈宗灵译,中国大百科全书出版社1996年版,第52页。

而是那些内在的、默默起作用的力量的产物,它深深地根植于一个民族的历史之中,其真正的源泉乃是普遍的信念、习惯和民族的共同意识。"①一项立法越符合一个社会、民族普遍认同的价值观念,那么民众对该项立法的价值认同感就越强烈,反之,价值认同感就越淡薄,甚至对该项立法的价值取向产生强烈的反感和抵触情绪。如果立法确定法的价值导向出现错误,将没有根据的法的价值观念强加于社会民众,那么民众"斗法"便成为必然。"一项立法的价值可能是多元的,但是,只有那些能够被社会所普遍认同的价值,才是赋予法律生命的灵魂。而一个社会、一个民族所普遍认同的价值观念,往往是历史性的,它深深地植根于这个社会、这个民族源远流长的传统文化之中。所以,立法的价值也应当是以一个国家、一个民族所特有的文化价值为底蕴的。可见,倘若欲使立法的价值真正地内化为社会民众的普遍诉求,那么立法者就一刻也不能无顾传统而自行其是。"②

(二)司法价值取向

有观点认为,司法的价值就是司法对满足个人、群体、社会、国家需要的积极意义。司法价值体现的是公正与效率的整合,在司法实践中,应根据情况的不同来决定公正和效率的价值取向。③ 另有观点认为,司法的价值取向受社会制度、司法环境、历史文化、个体意识等多种因素的影响。公正、效益、平等、自由、安全、秩序等价值目标反映了不同主体的利益需求。法官在司法过程中,对司法价值目标进行选择、侧重和取舍在所难免。……司法以公正为价值取向是现代法治国家的基本标志。主张在司法过程中不仅要追求"程序正义",更应充分关注司法的社会效果,兼顾当事人能力及国情,在诉讼中充分保证当事人平等的诉讼权利,尽量缩小实体公正与程序公正、法律真实与客观真实、个体公正与社会公正的差距,以获得社会对司法的信任和支持。④ 法官在司法活动中也会面临多种价值诉求,需要根据一定的原则和标准加以权衡和选择。司法的价值与立法的价值是一致的,正义是最根本、最

① [美]博登海默著:《法理学——法律哲学与法律方法》,邓正来译,中国政法大学出版社 1999 版,第 88 页。

② 江国华:《论立法价值——从"禁鞭尴尬"说起》,《法学评论》2005 年第 6 期,第 89 页。

③ 毛卉、王安异:《司法的价值取向——理想与经验的整合》,《华中科技大学学报》(社会科学版)2001 年第 2 期。

④ 宗志强:《司法的价值取向与司法的方法——从司法平衡的角度切入》,《山东审判》2005 年第 6 期。

核心的价值。当各种利益发生冲突时，法官同样要引入正义的价值标准，确定各种利益的归属，分配利益，公正、公平地处理当事人的纠纷。

确定司法价值取向同样受某一社会、民族的伦理文化、民俗习惯、个体意识等多种因素的影响。在我国，要做到司法公正不仅局限于程序公正，还要关注社会效果，关注广大民众对司法审判结果的认同度。因为，我国与西方国家不同，在西方国家的文化观念中，法是第一位的，其次才是理和情。而在中国文化观念中，不仅要讲法，更要讲情和理，情、理排在法之前。在我国民众法律意识普遍不高，法律援助不够到位的情况下，法官的司法活动须立足于我国的人文实际，尊重民众讲情理的心理特点，动之以情，晓之以理，示之以法。所以，司法价值取向的确立，审判实践中如何平衡当事人的利益，同样要以我国的社会伦理文化、民族习俗为基础。一项裁判结果如果是在违背社会伦理文化、民族习俗的情况下做出的，不仅不能得到民众的认同，还会遭到民众的抵触和反抗，这样司法者就不得不加以反思和改进了。

综上，要通过法律实现正义，需要在立法和法律适用两个环节努力：首先，立法者在制定法律时，要有意识地追求实质正义，在立法中禁止做出不合理的规定。其次，法官在适用法律时，要有意识地保持法律的连续性、稳定性和确定性，做到相似案件相似裁判，以实现"法律面前人人平等"的形式正义目标。再次，法官在裁决疑难案件时，如果适用法律会导致明显不公，就应当运用自由裁量权，追求公正的个案判决。最后，通过法律实现程序正义。程序正义是形式正义和实质正义得以实现的共同保障。①

三、婚姻家庭法的价值与价值取向

基于上述分析，从客体满足主体需要的角度讲，婚姻家庭法的价值可界定为，婚姻家庭法对于调整和规范人们婚姻家庭关系，保护和平衡婚姻家庭的个体利益、共同体利益和社会利益所具有的功能和作用。

婚姻家庭法的价值同样体现为平等、自由、安全、秩序、正义、效率与公平等，而各种价值往往在婚姻家庭关系中存在冲突，需要遵循一定的导向加以权衡和取舍。例如，实现离婚自由与保障婚姻家庭中弱势一方的权益，存在离婚自由与夫妻权利平等保护的法的价值权衡。婚姻个体私有财产的保护与婚姻家庭共同体利益的实现也存在着利益的博弈。离婚、丧偶农村妇女土地权益的保护与我国现行农村土地承包法律、法规、政策的落实和执行存在

---

① 文正邦主编：《法哲学研究》，中国人民大学出版社2011年版，第151—152页。

不衔接之处,也与农村根深蒂固的重男轻女封建思想产生激烈的碰撞和冲突,这也需要立法加以平衡和调处。婚姻家庭法的价值取向,是指当婚姻家庭法的各种价值发生冲突时,进行价值权衡和选择所遵循的基本导向,包括婚姻家庭立法价值取向和司法价值取向。

笔者赞同功利主义学派主张的利益是立法内在价值的观点,同时,在法的价值的诸目标中,正义是最基础、最核心的目标。在确定各种利益的归属和分配利益时,要遵循正义原则,引入正义标准,力求在各种利益之间寻求平衡点。婚姻也是一种利益,包括性生活、相互扶养、相互照顾、抚育子女等各项利益,婚姻当事人为实现这些利益有所付出,包括时间、金钱、情感等,婚姻破裂意味着投入的婚姻成本得不到回报。婚姻家庭立法要平衡婚姻当事人的利益,尤其是要给离婚的弱势一方合理的补偿和救济,才能体现法律的公平、正义价值。"婚姻关系的本质属性是社会属性。婚姻关系的存废,既是个人权利,具有自然属性,也负载着社会功能,具有社会属性。迄今为止的文明社会,婚姻都不仅仅是自然本能的私人行为,它负载着繁衍生命、养老育幼、维系伦理亲情的功能。因此,婚姻与家庭关系的稳定与否,涉及当事人的利益、子女利益和社会公共利益,必然直接或间接地影响社会的稳定与和谐。"[1]婚姻家庭法属于民法的组成部分,调整私人间的法律关系,但婚姻家庭承载着社会功能,婚姻关系的本质属性是社会属性,婚姻家庭法调整和规范婚姻家庭关系,维护家庭的稳定,既关系到个人、家庭的幸福,也关系到社会的和谐与稳定,因此,婚姻家庭立法和司法要实现婚姻个体利益、家庭利益和社会利益的平衡。

确定当代我国婚姻家庭法的价值取向,须立足于当今社会政治历史条件、经济发展水平和文化状况。我国目前社会发展多元化,私人权利意识增强,人们敢于追求个人自由,张扬个性,与传统"男大当婚、女大当嫁"、"婚姻者合二姓之好,上以事宗庙,下以继后世"的思想观念产生激烈的冲突和碰撞,还出现了"丁克家庭"、"单身家庭"、"同性家庭"等非传统家庭形式。因此,传统婚嫁习俗、家庭本位的观念在现今是否仍是主流?人口繁衍、养老育幼、精神抚慰等家庭功能是否仍完整地保留?这是确定当代我国婚姻家庭法价值取向的社会基础和根本依据。由于我国法律的规定过于原则性、概括性,无法应对千变万化的社会现实,最高人民法院做出统一性司法解释实际上成了"准立法行为",出现司法解释超越或替代立法的现象。然

---

① 夏吟兰:《对离婚率上升的社会成本分析》,《甘肃社会科学》2008年第1期,第27页。

而,各地法院适用司法解释处理婚姻家庭纠纷案件,出现了不公平的裁判结果,民众对某些婚姻家庭案件的审判结果认同度低,在一定程度上影响人们对婚姻家庭的信心,这是研究婚姻家庭法司法价值取向不得不关注和解决的问题。

四、研究的意义与内容

婚姻家庭法的价值取向是近几年来婚姻法学界讨论的热点和重点问题之一,其中一个主要原因是 2011 年《最高人民法院关于适用〈中华人民共和国婚姻法〉若干问题的解释(三)》〔以下简称《婚姻法解释三》〕的出台引起广大民众的强烈反响,网络论坛上诸如"公婆买房,儿媳没份儿"、"男人的离婚成本太低了"、"婚姻法司法解释未顾及农村现实"等质疑声音不断;《婚姻法解释三》围绕"房、钱、奴、娃"这个中心,抛弃了中年妇女的利益。随着我国社会经济的发展,家庭财富增多,社会多元化,人们的观念更加开放,私权意识、个人主义观念增强,但家庭义务和社会责任感相对减弱,离婚财产纠纷案件增多且难处理。最高人民法院出台《婚姻法解释三》旨在为各地法院裁判提供统一的法律依据。但是,有关夫妻财产制的规定,包括夫妻一方婚前个人财产在婚后产生的孳息和自然增值的归属、夫妻一方婚前贷款购买婚后双方共同还贷的不动产归属和利益分配、婚后父母出资为子女购买的不动产的归属、夫妻间赠与的效力与撤销等,存在诸多可商榷之处,适用产生不公平的法律后果,所以引起各方的质疑和批评。

改革开放 30 多年来,我国民商事立法不断完善,相继出台《中华人民共和国合同法》(以下简称《合同法》)、《中华人民共和国物权法》(以下简称《物权法》)、《中华人民共和国侵权责任法》(以下简称《侵权责任法》)等法律及其司法解释,有效地调整和规范财产法律关系。但是,婚姻家庭财产法律规定却很欠缺,没有建立起独立的婚姻家庭财产法律体系。最高人民法院出台的《婚姻法解释三》直接引入财产法律规则以调整夫妻财产关系,忽视了婚姻家庭法的伦理属性,强化了婚姻个体财产权利的保护,但却没有给家庭中弱势一方提供有效的法律救济措施,其适用产生利益失衡,造成不公。归根结底,是《婚姻法解释三》的相关规定"偏离"了《中华人民共和国婚姻法》(修正案)〔以下简称《婚姻法》(修正案)〕的价值取向,没有充分考虑我国婚嫁习俗和男女社会性别的差异,对家庭的社会功能强调不够,有关个人财产利益的保护走在前列了,但保护家庭中弱者权益的规定却相对落后。司法实践中,法官习惯性地依赖最高人民法院出台的统一司法解释,提高办案效率,以审理财产纠纷案件的思路和方式处理离婚财产纠纷,没有充分顾及婚姻家庭纠纷案件的特殊性。2001 年《婚姻法》(修正案)完善和设立了离婚经济帮助、离婚经济补偿和离婚损害赔偿三项离婚救济制度,但由于适用条件过于苛刻、适用范围过窄等,司法实践中极少得以适用,救济力度很低,无法起到维护离婚中无过错方、弱势一方合法权益的作用。因此,重新审视和确立当代中国婚姻家庭法的价值取向,对于正确引导婚姻家庭的立法和司法实践,构建完整的、配套的法律制度,推动司法公正,平衡家庭成员间的利益,促进人们形成良好的婚姻家庭观念,维护和谐稳定的家庭关系,具有重要的时代意义。

本书首先分析新中国成立以来 1950 年《中华人民共和国婚姻法》(以下简称《婚姻法》)和 1980 年《婚姻法》的价值取向,以夫妻财产制和离婚救济制度的规定为研究对象,基于历史的考察,论证婚姻家庭法价值取向的转变是社会政治、经济、文化发展的结果,而既定的婚姻家庭法价值取向对人们的婚姻家庭观念的形成产生巨大的反作用。其次,分析我国现行夫妻财产制度和离婚救济制度,提出《婚姻法》(修正案)已初步确立了平衡个人利益、家庭利益和社会利益的价值取向。但由于多种因素的综合影响,《婚姻法解释三》的相关规定却偏离了这一价值取向,加上现行离婚救济制度的救济力度过低,法律适用的结果造成离婚当事人利益失衡,产生不公平的法律后果。第三,基于我国夫妻财产制若干问题的社会调查结果,现今广大民众婚姻家庭价值观念、家庭功能变迁的实际情况,提出家庭本位仍是社会的主流价值,大多数人首肯家庭幸福是实现自我价值的一部分。并且,通过对婚姻利益的冲突与法律应有作为的分析,阐述当代中国婚姻家庭法确立平衡个人利益、家庭利益和社会利益价值取向的基础和依据。最后,提出完善相关法律制度的构想,包括:设立独立的婚姻家庭财产法律制度;完善现行离婚救济制度;完善离婚农村妇女土地承包权的法律规定;建立婚姻家庭判例制度;构建我国独立的家事诉讼模式等。

五、研究方法

(一)实证调研方法

本书论证确立我国当代婚姻家庭法价值取向的基础和依据是我国现今广大民众的婚姻家庭价值观念,而不仅是从法律原理、法律规定的角度进行论证,为了获得第一手资料,实证调研是重要的研究方法。

（1）采用问卷调查的方式，了解各地区不同年龄阶段的城镇居民和农村村民对我国传统家庭伦理、婚嫁习俗的认识和看法，对现行夫妻财产制、《婚姻法解释三》相关规定和离婚救济制度的评价，以及对完善我国《婚姻法》相关规定的期望。

（2）采用访谈的形式，访谈的对象是基层法院法官和妇联干部。了解基层法院法官在处理家事纠纷案件时遇到的法律适用上的难题，以及妇联干部在开展农村妇女土地权益保障工作中的困境，收集他们对确立我国婚姻家庭法价值取向以及完善相关法律制度的意见和建议。

（3）调取基层法院一个年度离婚案件的生效判决书，了解离婚经济帮助制度、离婚经济补偿制度和离婚损害赔偿制度的适用情况，为完善我国离婚救济制度提供实证依据。

（二）文献研究法

系统、全面地收集和整理国内外有代表性的学术成果，分析、总结各类观点，为课题研究找到文献资料的支撑。

（三）典型个案研究法

选取典型的婚姻家庭纠纷案例，分析审判结果及依据，评价《婚姻法》（修正案）及其司法解释相对规定的成功与不足。

（四）比较研究法

（1）纵向比较。以夫妻财产制和离婚救济制度为例，纵向分析新中国成立以来，不同历史阶段婚姻家庭法的价值取向。

（2）横向比较。比较分析美国、德国、法国、日本和我国台湾地区关于夫妻财产制和离婚救济制度的相关规定，借鉴域外立法经验，完善我国的法律规定。

（五）跨学科综合分析法

本书除了研究婚姻家庭法、《物权法》、《合同法》的相关规定外，还涵盖社会学、伦理学、历史学等学科知识，运用相关学科的数据和研究方法，进行全面、系统地分析论证。

第一章　两部《婚姻法》关于夫妻财产制和离婚救济制度规定的价值取向

立法具有历史的延续性，新中国成立以来，共颁布实施了两部婚姻法，即1950年《婚姻法》和1980年《婚姻法》。以夫妻财产制和离婚救济制度为例，分析这两部婚姻法的价值取向，有助于掌握特定历史条件下社会政治、经济、文化的发展和变革对婚姻家庭法价值取向的确定所产生的影响和作用。

第一节　1950年《婚姻法》侧重维护社会利益

新中国成立初期，婚姻家庭领域的旧社会制度影响相当严重。从全国情况看，强迫、包办和买卖婚姻很普遍，虐待和歧视妇女的现象也很严重。据不完全统计，山西省50个县，1949年1至9月，妇女的死亡事件有64起。其中，直接迫害致死的有25%，因离婚未成自杀的有60%，因虐待自杀的有24%，至于早婚、童养婚、换亲、纳妾、干涉寡妇再嫁等现象更是广泛存在。①为了维护社会秩序的稳定，巩固来之不易的革命成果，当时最重要的事务是颁布一部新中国的婚姻法，以"加速旧的封建主义婚姻制度底没落和死亡，同时保护新的新民主主义婚姻制度底生长和发展，以利于建立新家庭和建设新社会事业底发展，特别是促进具有决定一切意义的社会生产力底发展"②。基于特殊的历史背景，1950年《婚姻法》作为新中国成立后的第一部基本法律颁行，其基本精神是废旧立新，即废除封建主义的婚姻家庭制度，建立新民主主义婚姻家庭制度。该法第1条规定："废除包办强迫、男尊女卑、漠视子女利益的封建主义婚姻制度。实行男女婚姻自由、一夫一妻、男女权利平等、保护妇女和子女合法权益的新民主主义婚姻制度。"1950年《婚姻法》承载特

---

① 巫昌祯:《中国婚姻法学四十年》(上),《政法论坛》1989年第4期。
② 陈绍禹:《关于中华人民共和国婚姻法起草经过和起草理由的报告》,载刘素萍主编:《婚姻法学参考资料》,中国人民大学出版社1989年版,第48页。

殊的历史使命,为中国人民实现彻底解放提供了法律保障。因此,相关法律制度以侧重维护社会公共利益为目的设置,就夫妻财产制和离婚救济制度而言,具体如下:

一、确定法定夫妻财产制采一般共同制

1950 年《婚姻法》对夫妻财产制的规定仅有一个法律条文,即第 10 条:"夫妻双方对于家庭财产有平等的所有权与处理权。"1950 年 6 月 26 日,中央人民政府法制委员会《有关婚姻法施行的若干问题解答》对"家庭财产"的内容做出解释:"家庭财产主要不外下列三种:(一)男女婚前财产;(二)夫妻共同生活时所得的财产〔其中大体上可分三类:(1)夫妻共同劳动所得的财产——妻照料家务抚育子女的劳动应与夫获取生活资料的劳动,看作有同等价值的劳动。因此,男方劳动所得财产,亦应认为夫妻共同劳动所得的财产;(2)双方或一方在此时期内所得的遗产;(3)双方或一方在此时期内所得的赠与的财产〕;(三)未成年子女的财产(如土地改革中子女所得的土地及其他财产等)。"由此,确定了法定夫妻财产制采一般共同制,除特有财产外,夫妻婚前婚后所得一切财产均为夫妻共同财产。

二、承认妻子家务劳动的价值

中央人民政府法制委员会《有关婚姻法施行的若干问题解答》还对《婚姻法》第 10 条规定的"有平等的所有权与处理权"的涵义做出解释:"问题八、夫妻双方对于家庭财产有平等的所有权与处理权是什么意思?答:这有两方面的意思:一方面的意思是:中国大多数人的家庭财产,形式上均只操于男方之手,女方无权过问或很少有权利过问。根据男女权利平等和夫妻在家庭中地位平等的原则,夫妻双方对于上述第一种和第二种家庭财产有平等的所有权与处理权;对于第三种家庭财产有平等的管理权。另一方面的意思是:根据男女权利平等和夫妻在家庭中地位平等的原则,夫妻对于任何种类家庭财产的所有权处理权与管理权,均得由双方自愿约定。"这个关于夫妻双方对家庭财产有平等的所有权与处理权的规定不算是对妇女片面的照顾,"因为即使是在家庭中不直接参加生产劳动的妇女,她们操持家计及抚养孩子,实际上也是一种劳动。……苏联乌克兰共和国就有一条法律规定:'妇女在家庭抚养子女照顾家庭,与男子在外从事生产具有同等的价值。'"①此规定确定了

---

① 王廼聪编著:《婚姻法问题解答汇编》,文化供应社 1951 年版,第 105 页。

妻子的家务劳动与丈夫获取生活资料的劳动具有同等价值,基于此,男方劳动所得财产应为夫妻共同劳动所得财产,双方共同享有所有权。

三、离婚时女方婚前财产归女方所有

关于离婚时夫妻财产的处理,1950年《婚姻法》第23条第1款规定:"离婚时,除女方婚前财产归女方所有外,其他家庭财产如何处理,由双方协议;协议不成时,由人民法院根据家庭财产具体情况、照顾女方及子女利益和有利于发展生产的原则判决。"为什么规定离婚时女方的婚前财产归自己所有,而男方的婚前财产不规定?时任司法部部长的史良在答记者问时说道:"这是人民政府负责保护妇女利益的表示。规定了此条,女方要离婚时,财产权有了保障,就不致因受财产束缚而影响其婚姻自由。同时因为社会上一般习惯,目前家庭还是以男子为中心的,结婚时多为女子嫁到男子家里去。她的财产,也带到男家,离婚时,一定要离开男家,因此,离婚时就要规定女方的婚前财产仍归女方所有。婚姻法上虽没有明文规定男方的婚前财产应归男方所有,但事实上,男方的婚前财产所有权仍被承认的。"①

四、离婚后男方负担较重的责任

离婚后,未成年子女的抚养和教育费用,夫妻共同债务的偿还,男方均负担较重的责任。根据1950年《婚姻法》第21条的规定,离婚后,女方抚养的子女,男方应负担必需的生活费和教育费的全部或一部。根据该法第24条的规定,离婚时,原为夫妻共同生活所负担的债务,以共同生活时所得财产偿还;如无共同生活时所得财产或共同生活时所得财产不足清偿时,由男方清偿。中央人民政府法制委员会《有关婚姻法施行的若干问题解答》对如此规定的原因做出解释:"在我国目前一般情况下,女方的经济能力不如男方,在义务上还不能与男方完全平等,所以男方在经济上应多负担一些。如女方的经济情况确比男方充裕时,也可以负担较男方为多的子女生活费和教育费,也可以偿还共同生活时所负担的债务。"

五、规定离婚后生活帮助义务

1950年《婚姻法》第25条规定了离婚后的生活帮助义务:"离婚后,一方

---

① 史良:《婚姻法中一些问题的解答》,载李心远编:《新中国的婚姻问题》,文化出版社1950年版,第58—59页。

未再行结婚而生活困难,他方应帮助维持其生活;帮助的办法及期限,由双方协议;协议不成时,由人民法院判决。"虽然此规定没有明显有利于女方利益,但一般情况是女方如未再行结婚而生活困难者多,所以本条也是《婚姻法》第1条关于保护妇女合法利益原则的另一个具体表现。[①]

中国几千年来,妇女在婚姻制度中受到比男子更深、更重的压迫和痛苦,没有独立的地位,经济上依附于男子。1950 年《婚姻法》规定男性比女性承担更重的义务和责任,才能真正实现婚姻自由,达到男女平等。1950 年《婚姻法》没有明确规定夫妻个人财产权和约定夫妻财产制,虽然《有关婚姻法施行的若干问题解答》规定:"夫妻对于任何种类家庭财产的所有权处理权与管理权,均得由双方自愿约定。"体现了尊重夫妻财产约定的精神,但由于没有在立法中加以明确化、具体化,在当时男女社会地位、经济能力悬殊的情况下,不可能在日常生活中得以推广和普及。因此,在婚姻家庭中,不存在个人财产权利和意思自治的空间。1950 年《婚姻法》是一部"有性别的法律",是国家政权推进妇女解放运动的产物,许多特别保护妇女这一弱势群体权益的规定,为广大劳动妇女实现自立自强提供了强有力的法律保障。在当时社会历史条件下,1950 年《婚姻法》侧重于维护社会利益的立法宗旨,有力地推动实现男女平等,保障婚姻自由,促进新民主主义婚姻制度的建立和发展。

第二节　1980 年《婚姻法》维护社会利益并开始关注个人利益

20 世纪八九十年代是我国社会转型的一个特殊年代,1980 年《婚姻法》相关规定做了适应时代发展需要的修改和完善,确立了维护社会利益的目标,开始关注婚姻个体利益的价值取向。

一、1980 年《婚姻法》关于夫妻财产制与离婚救济制度的规定

随着广大妇女参加社会劳动,经济能力增强,男女平等,婚姻自由,妇女的受教育权、参政权、就业权等被全社会接受,妇女的地位显著提高。基于此,1980 年《婚姻法》关于夫妻财产和离婚救济制度做了较大的修改,主要有以下几方面:

---

① 陈绍禹:《关于中华人民共和国婚姻法起草经过和起草理由的报告》,载刘素萍主编:《婚姻法学参考资料》,中国人民大学出版社 1989 年版,第 83 页。

（一）法定夫妻财产制采婚后所得共同制，并以约定夫妻财产制为补充

1980 年《婚姻法》关于夫妻财产制的规定同样相当简略，该法第 13 条规定："夫妻在婚姻关系存续期间所得的财产，归夫妻共同所有，双方另有约定的除外。夫妻对共同所有的财产，有平等的处理权。"此规定明确了法定夫妻财产制采用的是婚后所得共同制，并以约定夫妻财产制为补充，体现了维护社会利益、家庭共同体利益的同时，关注婚姻个体利益的价值取向。

1980 年《婚姻法》没有规定夫妻共同财产的内容，1984 年最高人民法院《关于贯彻执行民事政策法律若干问题的意见》第 12 条则明确："婚前的个人财产和双方各自所用的财物，原则上归个人所有。在婚姻关系存续期间，夫妻各自或共同劳动所得的收入和购置的财产，各自或共同继承、受赠的财产都是夫妻共同财产。婚前财产与婚后财产无法查清的，或虽属婚前个人财产，但已结婚多年，由双方长期共同使用、经营、管理的，均可视为夫妻共同财产。"其中，"已结婚多年"具体为多长时间？1993 年最高人民法院《关于人民法院审理离婚案件处理财产分割问题的若干具体意见》第 6 条明确："一方婚前个人所有的财产，婚后由双方共同使用、经营、管理的，房屋和其他价值较大的生产资料经过 8 年，贵重的生活资料经过 4 年，可视为夫妻共同财产。"1993 年最高人民法院《关于人民法院审理离婚案件处理财产分割问题的若干具体意见》第 2 条进一步规定："夫妻双方在婚姻关系存续期间所得的财产，为夫妻共同财产，包括：（1）一方或双方劳动所得的收入和购置的财产；（2）一方或双方继承、受赠的财产；（3）一方或双方由知识产权取得的经济利益；（4）一方或双方从事承包、租赁等生产、经营活动的收益；（5）一方或双方取得的债权；（6）一方或双方的其他合法所得。"

上述规定所确定的夫妻共同财产范围与 1950 年《婚姻法》及其法律解释的规定大体一致，即婚姻关系存续期间，夫妻一方或双方获得的财产为夫妻共同财产。所不同的是，1950 年中央人民政府法制委员会《有关婚姻法施行的若干问题解答》规定婚前个人财产在结婚后归夫妻共同所有，而 1980 年《婚姻法》的两个司法解释规定，婚前个人财产原则上归个人所有，某些婚前个人财产在结婚后由夫妻共同使用、经营、管理的，经过一定年限后转化为夫妻共同财产。这表明当时立法对夫妻多年协力劳动创造家庭财富的认同，家务劳动的价值体现其中。

在夫妻财产制的规定方面，1980 年《婚姻法》与 1950 年《婚姻法》的价值取向基本一致，仍立足于维护社会利益，个人财产的范围很有限。1980 年《婚姻法》规定了约定夫妻财产制，但仅是法定夫妻财产制的补充，而且规定过于简单。人们普遍不进行夫妻财产约定，也不知如何约定，约定夫妻财产制的条款形同虚设。

（二）离婚时财产的分割和夫妻共同债务的偿还

关于离婚时财产的分割，1980 年《婚姻法》第 31 条规定："离婚时，夫妻的共同财产由双方协议处理；协议不成时，由人民法院根据财产的具体情况，照顾女方和子女权益的原则判决。"取消了"女方婚前财产归女方所有"的规定。关于离婚时夫妻共同债务的偿还，《婚姻法》第 32 条规定："离婚时，原为夫妻共同生活所负的债务，以共同财产偿还。如该项财产不足清偿时，由双方协议清偿；协议不成时，由人民法院判决。男女一方单独所负债务，由本人偿还。"据此，离婚时夫妻共同债务，男方与女方共同承担偿还责任，而不是仅由男方承担。

（三）规定离婚时经济帮助制度

1980 年《婚姻法》第 33 条规定："离婚时，如一方生活困难，另一方应给予适当的经济帮助。具体办法由双方协议；协议不成时，由人民法院判决。"与 1950 年《婚姻法》第 25 条的规定相比，帮助的时间短了，仅限于"离婚时"；帮助的负担小了，只是"给予适当的经济帮助"。此规定准确的应称为"离婚时的经济帮助"，而不是"离婚后的生活帮助"。学者认为："此规定反映了三十年来我国经济发展和妇女地位提高的事实。这一规定照顾了有困难、特别是年老、体弱或患病丧失劳动能力的一方面的利益，有助于反对那种有劳动能力而不参加劳动、依赖对方的错误思想。"[1]司法实践中，1980 年《婚姻法》颁布实施以后，一次或几次性短期帮助居多，约占 90%，个别年老的夫妻离婚时，接受帮助一方系病残、丧失劳动能力者，对方可给予长期帮助。如果接受帮助一方再行结婚，帮助应该停止。[2]

---

[1]　陈明侠：《新婚姻法是 1950 年婚姻法的继承和发展》，《河南师大学报》（社会科学版）1982 年第 1 期，第 58 页。

[2]　吕家琳、王道远：《离婚案件中有关财产分割的几个问题》，《人民司法》1983 年第 6 期。

二、1980 年《婚姻法》价值取向的成因

1980 年《婚姻法》是 1950 年《婚姻法》的继承和发展,关于夫妻财产制的规定虽然开始关注个体利益,但总的立法价值取向仍将维护社会利益置于首位,这是由当时特定的社会制度、社会政治经济条件决定的。

(一)1980 年《婚姻法》肩负的历史任务

"文革"期间,传统婚姻制度中一些落后的东西复活,旧社会的陈规陋习又有抬头蔓延之势:"惟成分论"制约着人们的婚姻自由,包办买卖婚姻、借婚姻索取财物的现象相当普遍,损害妇女权益的违法行为没有受到相应制裁,婚姻家庭纠纷也得不到妥善解决,在婚事上搞铺张浪费和迷信活动等。"文革"结束后,1978 年中国共产党的十一届三中全会召开,我国法制建设重新步入正轨。在婚姻家庭领域"拨乱反正",肃清"文革"十年遗留的不好影响,需要依靠法治的手段,一部新的婚姻法呼之欲出,肩负"动乱"结束后重建我国婚姻家庭法制的重要历史任务。

(二)社会经济条件使然

新中国成立后,我国全盘照搬苏联模式,建立了单一的公有制社会。1956 年年底,社会主义改造基本完成,建立起公有制经济占绝对优势的社会主义经济制度。公有财产制度成为主要财产制度,1975 年《中华人民共和国宪法》(以下简称《宪法》)第 8 条和 1978 年《宪法》第 8 条均规定:"社会主义的公共财产不可侵犯。"两部《宪法》第 9 条规定:"国家保护公民的劳动收入、储蓄、房屋和各种生活资料的所有权。"不使用财产或私有财产概念,个人财产的范围被严格限制。立法的重心侧重于保护公有财产,忽视对个人财产的保护。长期以来,人们的集体主义观念强,奉行"一大二公"的思想,重精神,轻物质。而且,当时社会生产力水平低,经济落后,居民收入低,私有财产极少,人们没有保护个人财产权的观念和愿望。因此,"两部'婚姻法'均表现出忽视财产法的特性;有关婚姻家庭中的利益关系、财产关系或空缺或简略带过"[1]。

---

[1]　曹诗权:《中国婚姻家庭法的宏观定位》,《法商研究》1999 年第 4 期,第 10 页。

（三）婚姻不完全是私人的事情

计划经济时代，个人服从于单位组织，单位组织服从于国家，国家以此实现对社会的管理。"从上世纪 50 年代后期，国家具备了普遍地通过单位来管理个人，并涉入家庭的条件。国家通过单位管理个人并涉入家庭成为具有中国特色的一种实现社会控制的方式。单位帮助个人选择配偶，为个人结婚出具介绍信，决定每个家庭生育的数量和时间，为家庭分配住房，负担个人家庭中没有工作的成员的医疗费用，帮助个人解决子女的入托，上学和就业问题，负担个人的探亲路费，帮助个人解决夫妻两地分居问题，补助经济困难的家庭，帮助家庭的婚丧事务和帮助家庭购买物品，表彰'五好家庭'，调解家庭成员间的纠纷。"①在"国家—单位—家庭"体制中，国家通过单位教育人民把国家和集体的利益放在优先地位，把个人的利益放在从属地位。通过单位对家庭生活的介入和调解，维系婚姻家庭关系，实现社会的稳定。"在西欧国家，1960 年以后离婚作为'私事'不受社会和国家的干预。而在计划经济时期的中国，国家和社会对家庭生活和个人生活进行干预是理所当然的事情。"②婚姻不完全是私人的事情，《婚姻法》调整的不仅是私人关系，法律保障家庭的稳固，这是维持社会秩序稳定极其重要的组成部分。

（四）婚姻家庭法独立法律部门的定位

1950 年《婚姻法》的颁布，开创了我国婚姻家庭法独立法律部门的立法模式。在长期高度集中的计划经济体制下，我国民法学研究薄弱，政治不稳定的年代，我国法律体系无法建立健全，1980 年《婚姻法》肩负历史任务，先于 1982 年《宪法》颁行，延续了新中国成立以来形成的婚姻家庭法作为独立法律部门的立法模式。20 世纪 70 年代末至 80 年代中期，我国婚姻家庭法学的研究仍很薄弱，学者们承袭 20 世纪 50 年代形成的婚姻法是独立法律部门的定位和理论依据。杨大文教授认为："以婚姻家庭法为主要内容的亲属法，所以成为资产阶级民法的附庸，这同他们把婚姻家庭关系从属于私有财产关系，把亲属法上的许多行为看成契约行为是分不开的。在社会主义制度下，婚姻家庭关系主要是一种具有特殊性质的人身关系。这方面的财产关系是由一定的人身关系而发生，并且完全依人身关系为转移的。……婚姻家庭

---

①　李楯编：《法律社会学》，中国政法大学出版社 1998 年版，第 659—660 页。
②　林明鲜：《中国的婚姻与社会干预的变迁》，山东人民出版社 2010 年版，第 113 页。

法具有社会主义法律体系的一个独立部门的性质,是由社会主义条件下婚姻家庭关系的本质和特点所决定的。"①佟柔教授主张,民法的调整对象不应包括婚姻家庭关系,"我国婚姻法中关于因赡养抚育而发生的财产关系,目的在于实现赡老、育幼的社会主义家庭职能,其中体现的既不是等价交换,也不是按劳分配,而是在家庭财产范围内的按需分配。……归根到底因为它们都不属于在商品关系中,以独立财产权利主体资格为前提的财产关系。所以不是民法调整的对象,不属于民法的范围"②。基于此,婚姻家庭法中人身关系是主要的,财产关系是次要的,附属于人身关系,立法的重心在于规范和调整家庭成员间的人身关系,实现养老育幼的社会主义家庭职能。婚姻家庭立法的价值取向,主要在于维护社会利益。

三、离婚时房产权益分配的规定与评析

20 世纪 80 年代初,我国开始实行住房制度改革,以公房使用、承租为主,租售结合。离婚案件中,当事人争执住房问题突出。不少单位在分配住房时,一般以分给男方为主,致使离婚时女方无住房,离婚不分家酿成新的纠纷。对此,法律无具体规定,政策也不明确,人民法院只能在实践中探索解决办法。兰州市西固区法院主要采取的办法是:从全心全意为人民服务的宗旨出发,着力解决当事人住房的实际困难;坚持调解,采取四疏通(即双方当事人、双方单位)、三敦促(敦促男方让房、女方找房、单位给房)、四调(调让、调分、调换、调配)的方针。③ 兰州市西固区法院将解决离婚当事人(尤其是弱势一方)的住房难问题置于首位,而不是一概地将房屋判给从单位分得住房的一方。单位在其中起着重要的作用,参与协调和解决离婚当事人的住房问题。计划经济时代,在"国家——单位——家庭"体制中,国家通过单位干预和介入个人的婚姻家庭事务,即使家庭破裂,人们仍能从单位获得帮助。虽然没有明确的法律依据,但法院协同单位,着重解决离婚时弱势一方当事人的住房问题。即使将房屋判归非分得住房的一方(往往是女方),另一方迫于单位、社会舆论的压力,不得不服从判决。

20 世纪 90 年代,住房制度改革全面推进,单位公有住宅补贴出售给职

---

① 杨大文主编:《婚姻法教程》,法律出版社 1982 年版,第 15—19 页。

② 佟柔:《佟柔文集》,中国政法大学出版社 1996 年版,第 63 页。

③ 甘肃省高级人民法院:《积极探索解决离婚案件中的住房问题》,《人民司法》1989 年第 9 期。

工,私买公房成为夫妻财产的重要组成部分。私买公房具有福利性、补贴性、优惠性、产权交易附条件性、巨大增值性等特点,是离婚当事人争执的焦点,房产的分割也成为法院处理离婚案件的"烫手山芋"。相关法律、法规不明确,最高人民法院出台的司法解释也没有公平、有效地解决此类问题,集中体现在:夫妻双方不在同一单位的,房屋应判归哪一方所有? 根据 1996 年最高人民法院《关于审理离婚案件中公房使用、承租若干问题的解答》,对于夫妻共同出资取得"部分产权"的房屋,人民法院应征求自管房单位(即原公房所有人)的意见。由于分配住房时以男方为主,其所在单位无论从公的利益还是从私人感情考虑,通常希望并支持自己的职工获得房屋的部分产权。在这种情况下,夫妻双方的权利肯定是不平等的。① 1993 年最高人民法院《关于人民法院审理离婚案件处理财产分割问题的若干具体意见》第 13 条规定:"对不宜分割使用的夫妻共有的房屋,应根据双方住房情况和照顾抚养子女方或无过错方等原则分给一方所有。分得房屋的一方对另一方应给予相当于该房屋一半价值的补偿。在双方条件等同的情况下,应照顾女方。"虽然抚养子女一方或无过错方优先分得房屋,但却要给予对方相当于房屋一半价值的补偿,这无疑是新的负担,而有过错一方却没有损失,也无需付出任何代价。只有在"双方条件等同的情况下",才照顾女方。何为"条件等同"? 没有明确规定参考因素。

此外,1993 年最高人民法院《关于人民法院审理离婚案件处理财产分割问题的若干具体意见》第 14 条规定:"婚姻存续期间居住的房屋属于一方所有,另一方以离婚后无房居住为由,要求暂住的,经查实可据情予以支持,但一般不超过两年。无房一方租房居住经济上确有困难的,享有房屋产权的一方可给予一次性经济帮助。"1996 年最高人民法院《关于审理离婚案件中公房使用、承租若干问题的解答》对于第六问的解答:"离婚时,一方对另一方婚前承租的公房无权承租而解决住房确有困难的,人民法院可调解或判决其暂时居住,暂住期限一般不超过两年。暂住期间,暂住方应交纳与房屋租金等额的使用费及其他必要的费用。"对于第七问的解答:"离婚时,一方对另一方婚前承租的公房无权承租,另行租房经济上确有困难的,如承租公房一方有负担能力,应给予一次性经济帮助。"由此可见,对离婚后无房居住一方的经济补偿是很有限的,无论是暂住还是经济帮助,都较难实现。

这与经济体制转变,单位体制变革紧密相关。在单位体制变革过程中,

---

①　王瑾:《浅议离婚时夫妻共有产权房的分割》,《甘肃社会科学》2001 年第 5 期。

国家力量从单位组织中撤出,也从私人家庭生活中撤出。中间集团不再发挥制约每个人生活的功能,只发挥经济功能,对个人的制约逐渐消减。人们"私"的观念形成,家庭生活和个人生活是"私事",拒绝公共权力的干涉和肆意介入。家庭纠纷通过法律途径解决,妇女权益交由法律保障。然而,国家制定一系列维护女性平等就业、保护女职工权益的法律法规,客观上使用人单位负担了较高的"女性成本"和"违法成本",用人单位想方设法减少或避免因招聘女员工而增加的负担。计划经济体制被抛弃,妇女需要参与劳动力市场的竞争。用人单位在招聘和用工过程中对女性的歧视和不公,在劳动力供大于求的状况下,女性只能无奈承受。女性成本大多由女性个人或家庭承担,但婚姻家庭法律并没能有效地保证家庭承担这部分女性成本,妇女的生育价值和家务劳动价值无从体现,无法补偿。20 世纪 50—70 年代,在妇女解放运动社会背景下,1950 年《婚姻法》及其法律解释关于夫妻财产制的规定明显侧重于保护妇女权利。1980 年《婚姻法》仍然将保护妇女、儿童利益确定为基本原则,相关司法解释确定夫妻共同财产的范围较大,但关于离婚时夫妻共有房产分割的规定,欠缺社会性别意识,没有考虑具体性别的差异,忽略了女性的价值和女性的体会。离婚后,无房居住一方获得的经济补偿有限,在适用中造成实质上的不平等,审判实践中侧重保护妇女权益方面大打折扣。

第二章　现行夫妻财产制的价值取向与离婚救济制度的缺失

　　为适应我国社会政治、经济、文化的发展，人们价值观念的转变，2001年《婚姻法》(修正案)对夫妻财产制和离婚救济制做了较大的修改和完善，确立了平衡个人利益、家庭利益和社会利益的价值取向。但2011年《婚姻法解释三》的相关规定"偏离"了这一价值取向，在离婚救济力度过低的情况下，适用产生不公平的法律后果。

第一节　《婚姻法》(修正案)力求平衡个人利益、家庭利益和社会利益

　　20世纪90年代，我国的经济体制由计划经济体制向市场经济体制转变，居民收入增加，家庭财产数量增多，人们权利意识、自主意识提高，国家公权力介入私人生活有限。针对家庭领域出现的新情况和新问题，2001年《婚姻法》(修正案)关于夫妻财产制度做了较大的修改和完善，并设立新的制度，体现出力求平衡个人利益、家庭利益和社会利益的价值取向。具体而言：

一、夫妻财产制的修改、完善和设立

　　2001年《婚姻法》(修正案)关于法定财产制的规定，其特点有二：一是将婚前个人财产和婚后所得财产的权属做了更明确的规定，二是对婚后所得中属于双方共有的财产和属于一方特有的财产做了清晰的区分，尤其是它将双方婚后所得分为共有财产和个人特有财产两部分，实际上是确立了"限定的婚后所得共同制"。① 《婚姻法》(修正案)还完善了约定夫妻财产制，较详细地规定了约定夫妻财产的形式、内容、对内对外效力等。

---

　　①　杨大文主编：《亲属法》(第四版)，法律出版社2004年版，第129页。

(一)缩小夫妻共同财产的范围

根据《婚姻法》(修正案)第 17 条规定,夫妻在婚姻关系存续期间所得的下列财产,归夫妻共同所有:1.工资、奖金;2.生产、经营的收益;3.知识产权的收益;4.继承或赠与所得的财产,但本法第 18 条第 3 项规定的除外;5.其他应当归共同所有的财产。夫妻对共同所有的财产,有平等的处理权。至于"其他应当归共同所有的财产",根据最高人民法院《关于适用〈中华人民共和国婚姻法〉若干问题的解释(二)》(以下简称《婚姻法解释二》)第 11 条的规定,包括婚姻关系存续期间一方以个人财产投资取得的收益;男女双方实际取得或者应当取得的住房补贴、住房公积金;男女双方实际取得或者应当取得的养老保险金、破产安置补偿费。此外,按照 1993 年最高人民法院《关于人民法院审理离婚案件处理财产分割问题的若干具体意见》第 7 条规定:"对个人财产还是夫妻共同财产难以确定的,主张权利的一方有责任举证。当事人举不出有力证据,人民法院又无法查实的,按夫妻共同财产处理。"就是说,离婚时双方对财产归属有争议,又不能证明属于夫妻个人财产的,推定为夫妻共同财产。

1950 年《婚姻法》与 1980 年《婚姻法》均概括地规定法定夫妻财产制,之后由法律解释或司法解释具体明确夫妻共同财产的种类。2001 年《婚姻法》(修正案)则具体列明夫妻共同财产的种类,这在一定程度上限定和缩小了夫妻共同财产的范围。

(二)设立夫妻特有财产制度

《婚姻法》(修正案)第 18 条首次设立夫妻特有财产制度,将部分财产排除在夫妻共同财产范围之外,同时,也缩小了夫妻共同财产的范围。依据《婚姻法》(修正案)第 18 条的规定,法定财产制下的夫妻个人特有财产包括:

(1)一方的婚前财产。20 世纪 90 年代,有学者对婚前个人财产转化为夫妻共同财产的司法解释提出异议,认为,不适当地强调这种转化,违背所有权取得的理论,违背民法的等价有偿原则和公平原则,实际上是一方侵害了另一方的财产所有权。这往往会助长不劳而获的思想,使一些人借婚姻敛财有可乘之机。[①] 在《婚姻法》修改过程中,大多数学者和人大代表对此司法解释持反对意见,认为:"这一司法解释在 1993 年出台时,针对当时情况,意在

---

① 杨立新:《民法判解研究与适用》,中国检察出版社 1994 年版,第 419—420 页。

保护女方利益,同时也在于防止有人借婚姻敛财。但它缺乏民法依据,不符合所有权变动的规则,应当予以取消。如果把它上升为法律,会产生一系列副作用:鼓励人们不将个人财产拿出与其家庭成员共同使用;使夫妻个人特有财产中'一方婚前财产'的规定形同虚设;迫使男女结婚前必须对这些婚前财产的归属作出约定。而这些都是不利于婚姻关系稳定的。"①最后,《婚姻法》(修正案)对此不做规定。《婚姻法》(修正案)第18条明确,一方的婚前财产为夫妻一方的个人财产。最高人民法院《关于适用〈中华人民共和国婚姻法〉若干问题的解释(一)》(以下简称《婚姻法解释一》)第19条进一步强调:"婚姻法第十八条规定为夫妻一方所有的财产,不因婚姻关系的延续而转化为夫妻共同财产。但当事人另有约定的除外。"

(2)一方因身体受到伤害获得的医疗费、残疾人生活补助等费用。这类费用具有强烈的人身属性,专用于治疗和维持受害人本人的生命、身体健康,保障残疾人的基本生活需要,因此,属于个人特有财产。《婚姻法解释二》第13条规定:"军人的伤亡保险金、伤残补助金、医药生活补助费属于个人财产。"

(3)遗嘱或赠与合同中确定只归夫或妻一方的财产。根据1980年《婚姻法》及其司法解释的规定,婚姻关系存续期间,夫妻各自或共同继承、受赠的财产属于夫妻共同财产。对此,20世纪80年代就有学者提出不同意见,认为:"当赠与人或被继承人明示将其财产只转让给夫妻一方时,其财产应作为受赠人或继承人一方个人所有的财产,而不是共同财产。这是以财产所有权的理论为依据的。……由夫妻双方共有便是违背了原财产所有权人的意志,不利于保护原所有人的利益。"②1980年《婚姻法》修改过程中,许多学者和司法部门工作者主张,在遗嘱中指明遗产只由夫或妻一方继承或受遗赠,在赠与合同中指明只赠与夫或妻一方的,应认定为继承人、受遗赠人或受赠人的个人财产,这是对遗嘱人、赠与人意志的尊重。2001年《婚姻法》(修正案)最终予以明确规定。

(4)一方专用的生活用品。

(5)其他应当归一方的财产。

---

① 薛宁兰:《共同关切的话题——"〈婚姻法〉修改中的热点、难点问题研讨会"综述》,《妇女研究论丛》2001年第1期,第63—64页。

② 巫昌祯、夏吟兰:《离婚新探》,《中国法学》1989年第2期,第52页。

(三)完善约定夫妻财产制

2001年《婚姻法》(修正案)第19条较详细地规定了夫妻财产制的内容、形式和效力。根据此规定,夫妻财产约定的范围是婚姻关系存续期间所得的财产以及婚前财产;约定的内容是,可以归各自所有、共同所有或部分各自所有、部分共同所有;约定的形式,应当采书面形式;约定对双方具有约束力。

(四)离婚时债务偿还的规定

2001年《婚姻法》(修正案)第41条规定:"离婚时,原为夫妻共同生活所负的债务,应当共同偿还。共同财产不足清偿的,或财产归各自所有的,由双方协议清偿;协议不成时,由人民法院判决。"夫妻共同财产制下,离婚时债务的偿还与1980年《婚姻法》第32条的规定基本一致。如果夫妻约定为分别财产制的,根据《婚姻法》(修正案)第19条第3款的规定,夫或妻一方对外所负的债务,第三人知道夫妻约定财产归各自所有的,以夫或妻一方所有的财产清偿。

从上述分析可以看出,2001年《婚姻法》(修正案)采限定的婚后所得共同制,加大了对婚姻家庭中个人财产保护的力度,约定夫妻财产制的规定,尊重当事人意思自治,而不是将社会利益置于个人利益之上,力求达到个人利益、家庭利益与社会利益的平衡。

二、离婚救济制度的修改、完善和设立

在无过错离婚法下,"离婚救济制度是法律为离婚过程中权利受到损害的一方提供的权利救济方式,也是为离婚时处于弱势一方提供的法律求助手段。离婚救济制度是离婚衡平机制中非常重要的一环,它是在离婚财产分割制度之外对离婚后处于不利地位的当事人一方所作的财产救助、补偿与赔偿,主要具有对因离婚而给当事人一方在经济上造成的不利予以调整的作用"[①]。因此,离婚救济制度的设计、内容安排是否合理,对于平衡离婚当事人的利益,实现法律的公平与正义至关重要。2001年《婚姻法》(修正案)完善了离婚经济帮助制度,增设了离婚经济补偿制度和离婚损害赔偿制度。

---

① 夏吟兰:《离婚自由与限制论》,中国政法大学出版社2007年版,第226—227页。

(一)离婚经济帮助制度的完善

1980 年《婚姻法》修改的过程中,学者对离婚时经济帮助制度提出了修改意见和建议。有学者提出,部分地修正困难帮助规定的改良道路是行不通的,建立有条件的扶养费给付制度是唯一可行的办法。[①] 还有学者认为,将"经济帮助"改为"扶助",明确夫妻离婚后的扶助义务;规定扶助的标准;根据不同情况确定扶助的数额和期限;建立扶助费支付的担保制度等。[②] 然而,2001 年《婚姻法》(修正案)并没有对原有的制度做实质性的修改,《婚姻法》(修正案)第 42 条规定:"离婚时,如一方生活困难,另一方应从其住房等个人财产中给予适当帮助。具体办法由双方协议;协议不成时,由人民法院判决。"只是增加规定了经济帮助的形式,即从住房等个人财产中给予适当帮助。最高人民法院《关于适用〈中华人民共和国婚姻法〉若干问题的解释(一)》第 27 条对何谓生活困难,以及住房经济帮助的方式进行了解释:"一方生活困难",是指依靠个人财产和离婚时分得的财产无法维持当地基本生活水平。一方离婚后没有住处的,属于生活困难。离婚时,一方以个人财产中的住房对生活困难者进行帮助的形式,可以是房屋的居住权或者房屋的所有权。上述规定有助于帮助弱势一方摆脱经济困境,尤其是以住房形式给予帮助,保障离婚当事人的生存权益,体现出婚姻立法人文关怀的精神。

(二)增设离婚经济补偿制度

夫妻双方书面约定采分别财产制的,离婚时,财产自然归各自所有,但对于共同生活中付出较多的一方,显然不公平。因此,与约定夫妻财产制相配套,《婚姻法》(修正案)增设离婚经济补偿制度,又称家务劳动补偿制度,以平衡婚姻当事人的利益。该法第 40 条规定:"夫妻书面约定婚姻关系存续期间所得的财产归各自所有,一方因抚育子女、照料老人、协助另一方工作等付出较多义务的,离婚时有权向另一方请求补偿,另一方应当予以补偿。"在家庭生活中,由于角色分工不同,夫妻双方对家庭的投入并不可能完全相同。一方在照顾家庭生活方面投入较多,必定会限制或阻碍其在工作、学习和事业上的发展,随着年龄的增长,谋生技能下降,就业机会减少,一旦婚姻解体,生活水平严重下降,甚至陷入经济困境。而从事家务劳动较少的一方,则可以

[①]　蒋月、庄丽梅:《我国应建立离婚后扶养费给付制度》,《中国法学》1998 年第 3 期。
[②]　王岩:《对离婚制度的思考与探讨》,《中华女子学院学报》1998 年第 2 期。

利用婚姻关系中取得的优势,在工作和事业上获得更多的晋升和发展机会,离婚后仍可以保证与婚前相同或更好的生活条件。离婚经济补偿制度的设立,肯定了家务劳动的价值,平衡了采约定财产制的离婚当事人的利益,保障了承担较多家务、给予对方情感支持和帮助的一方,主要是女方的合法权益。有助于加强人们的家庭责任意识,对维护家庭和睦、社会稳定具有重要的意义。

(三)增设离婚损害赔偿制度

20世纪80年代末期,法学界开始关注离婚损害赔偿的问题。巫昌祯教授提出,长期以来,对离婚案件中的过错方一直没有惩罚性措施,只是在财产分割问题上,最高法院做过"照顾无过错方"的规定。在婚姻法中,如果把"照顾无过错方"的原则改为"惩罚有过错方"的原则,对于分清是非、伸张正义、树立良好的社会风气会有积极的意义。[①] 在1980年《婚姻法》修改过程中,关于是否应增设离婚损害赔偿制度,有"肯定说"与"否定说"两种对立的观点。婚姻法学研究会专家向立法机关提出婚姻法应当设立离婚损害赔偿制度的建议,分析建立该制度的必要性:依法治国,完善婚姻法的需要;保障离婚当事人合法权益的需要;保持社会稳定的需要;司法公正部门执法的需要。并指出该制度具有填补无过错方的损害,制裁、预防违法行为的作用。[②] 最终,立法机关采纳了肯定说,根据《婚姻法》(修正案)第46条的规定,有下列情形之一,导致离婚的,无过错方有权请求损害赔偿:1.重婚的;2.有配偶者与他人同居的;3.实施家庭暴力的;4.虐待、遗弃家庭成员的。离婚损害赔偿制度的设立,平衡了离婚当事人的利益,使过错方因其过错行为导致离婚时受到惩罚,补偿无过错方因离婚受到的损害,包括物质损害和精神损害,体现了法律的公平和公正。并且,为人们树立正确的婚姻家庭伦理观念提供了价值评判依据,体现出婚姻家庭法的伦理特性。

综上,2001年《婚姻法》(修正案)完善和增设的离婚救济制度,旨在保护离婚时弱势一方的权益,实现社会的公平,同样体现出力求平衡个人利益、家庭利益和社会利益的价值取向。

---

① 巫昌祯:《完善离婚制度的几点设想》,《法学杂志》1989年第1期。

② 王胜明、孙礼海:《〈中华人民共和国婚姻法〉修改立法资料选》,法律出版社2001年版,第238—239页。

第二节　《婚姻法解释三》夫妻财产制的规定
出现价值取向的"偏离"

进入 21 世纪,我国社会主义市场经济体制已逐步建立和完善,居民家庭财富增多,私权意识增强,由于各种因素引发的家庭矛盾,往往最终集中体现在家庭财产的分配和争夺上,离婚案件中当事人对财产的争执大且难处理。2001 年《婚姻法》(修正案)施行至今,最高人民法院相继出台了三部司法解释,大部分内容是关于夫妻财产关系的规定。《婚姻法解释二》共 29 个条文,关于夫妻财产关系的规定就有 20 条,即第 8 至 26 条和第 28 条,约占68.97%;《婚姻法解释三》共 19 个条文,关于夫妻财产关系的规定有 12 条,即第 4 至 7 条、第 10 至 16 条和第 18 条,约占 63.16%,其中,婚姻不动产的归属和离婚时利益分配的规定是广大民众普遍关注的问题,但不少规定的合理性值得商榷,其反映出的价值取向偏离了《婚姻法》(修正案)的价值取向,具体分析如下:

一、夫妻一方婚前个人财产在婚后产生的孳息和自然增值的归属

按照 1950 年和 1980 年两部《婚姻法》的精神,夫妻一方婚前财产在婚后所得的收益,包括孳息和自然增值等,属于夫妻共同财产。1980 年《婚姻法》修订过程中,关于夫妻一方婚前财产在婚后所得孳息是否应属于该方的个人财产,有肯定说和否定说两种意见。肯定说认为,根据婚姻生活共同体的需要和婚后所得共同制的要求,夫妻一方婚前财产在婚后所得的孳息应属于夫妻共同财产;否定说则认为,根据民法所有权取得的原理,夫妻一方婚前财产在婚后所得的孳息应属于该方的个人财产。2000 年 8 月《中华人民共和国婚姻法》(修正案征求意见稿)第 16 条曾规定:"婚前财产的孳息",归夫妻共同所有,双方另有约定的除外。但 2000 年 10 月提请全国人大常委会审议的《中华人民共和国婚姻法修正案》(草案)删除此规定。[①] 最终,2001 年《婚姻法》(修正案)对此没有加以规定。2004 年《婚姻法解释二》第 11 条第 1 项明确规定,一方以个人财产投资取得的收益属于夫妻共同财产,但未涉及一方个人财产的孳息和自然增值的归属。《婚姻法解释三》第 5 条加以明确:"夫

---

① 陈苇:《婚姻家庭继承法学》,法律出版社 2002 年版,第 196 页。

妻一方个人财产在婚后产生的收益,除孳息和自然增值外,应认定为夫妻共同财产。"这就将夫妻一方个人财产在婚后产生的孳息和自然增值排除在夫妻共同财产范围之外,认定属于夫或妻一方的个人财产,缩小了夫妻共同财产的范围,增加了夫妻个人特有财产的种类。然而,此规定值得商榷:

（一）《婚姻法》（修正案）第 17 条和第 18 条均设"兜底"条款是立法技术的疏漏

《婚姻法》（修正案）第 17 条关于法定夫妻共同财产的范围和第 18 条关于夫妻个人特有财产的范围,均采概括加列举的立法模式,其中第 17 条第 1 款第 5 项和第 18 条第 5 项均规定"兜底"条款,如此立法是不科学、不严谨的。实际生活中,该两个法律条文都没有列举的某些财产类型,应该属于夫妻共同财产还是夫妻个人财产,往往引起争议,而判断归类的标准,也没有明确的规定。所以,《婚姻法解释三》第 5 条将夫妻一方个人财产婚后产生的孳息和自然增值确定为夫妻个人财产,值得商榷。

（二）过于简略、概括的规定造成利益分配的不公平

《婚姻法解释三》（征求意见稿）第 6 条曾规定:"夫妻一方的个人财产在婚后产生的孳息或增值收益,应认定为一方的个人财产;但另一方对孳息或增值收益有贡献的,可以认定为夫妻共同财产。"但多数意见认为,征求意见稿中的"贡献"一词不是法律用语,理解上也会产生歧义,审判实践中很难把握。经过反复斟酌,《婚姻法解释三》第 5 条规定:夫妻一方个人财产在婚后产生的收益,除孳息和自然增值外,应认定为夫妻共同财产。[①] 也就是说,删除了"贡献"一词,夫妻一方个人财产在婚后产生的孳息和自然增值一概认定为夫妻个人财产。这样的处理显然粗糙、草率,虽然不使用"贡献"一词,但其意旨与《婚姻法解释三》（征求意见稿）是一致的,即夫妻一方个人财产在婚后产生的孳息和自然增值,另一方没有劳动付出,因此不能认定为夫妻共同财产。根据《物权法》规则,孳息由原物产生,归原物所有人所有;天然孳息的产生基于自然规律,如母畜产生的仔畜,树上结出的果实等;法定孳息的产生基于法律规定,通过就原物实施一定的法律行为而取得,如租金、利息、股息等。

然而,实际上,婚后自然孳息的取得往往是夫妻共同劳动的结果,例如,

---

① 孙军工:《关于最高人民法院适用〈中华人民共和国婚姻法〉若干问题的解释（三）的新闻发布稿》,http://news.qq.com/a/20110812/001034.htm.

婚后夫妻另一方进行土地耕作、浇灌、饲养动物、栽培植物等,收获的自然孳息认定为夫妻一方的个人财产,显然有失公允。司法实践中,有的法院将此认定为因生产而原始取得,可确定为夫妻共同财产。但是,"生产不是一种取得所有权的独立方法,而是在不同的生产条件下体现着不同的所有权取得方法。例如,从事牧业生产以取得仔畜,为天然孳息的收取;而从事远洋捕捞生产作业以取得海生动植物,则为无主物的先占取得"①。司法实践的上述做法只是解决利益分配不公的权宜之计,避开《婚姻法解释三》第 5 条的适用,但理由牵强,反而造成法理的混乱,同时也反映出法律适用的无奈。法定孳息的取得同样会有对方的付出,例如,夫妻一方婚前的个人房产,在婚后双方共同管理、修缮、装修等,投入了管理或劳务,获取的租金应当认定为夫妻共同财产。②

在《婚姻法解释三》出台前,上海市高级人民法院《关于适用〈最高人民法院婚姻法司法解释(二)〉若干问题的解答一》(沪高法民一[2004]25 号)即是区分不同情况加以规定的,该解答规定:"一、夫妻一方个人财产在婚姻关系存续期间所取得的收益中,哪些属于司法解释(二)第十一条(一)项规定的'应当归夫妻双方共同所有的投资收益'? 答:由于司法解释(二)对'投资收益'的概念并无明确界定,在诉讼中,对于当事人主张的所谓'投资收益',应根据不同财产形态的性质区别认定:1.当事人以个人财产投资于公司或企业,若基于该投资所享有的收益是在婚姻关系存续期间取得的,则对该公司或企业生产经营产生的利润分配部分如股权分红等,依照《婚姻法》第十七条第(二)项的规定,应为夫妻双方共同所有;2.当事人将属于个人所有的房屋出租,因对房屋这类重大生活资料,基本上是由夫妻双方共同进行经营管理,包括维护、修缮,所取得的租金事实上是一种夫妻共同经营后的收入,因此,婚姻关系存续期间所得的租金一般认定为共同所有,但若房屋所有人有证据证明事实上房屋出租的经营管理仅由一方进行,则婚姻存续期间的租金收益应归房产所有人个人所有;3.当事人以个人财产购买债券所得的利息,或用于储蓄产生的利息,由于利息收益是债券或储蓄本金所必然产生的孳息,与投资收益具有风险性的特质不同,应依本金或原物之所有权归属为个人所

---

① 彭万林主编:《民法学》,中国政法大学出版社 2007 年版,第 243 页。
② 另有观点认为,租金宜作经营性收益看待,而不是法定孳息,租金收益应当属于夫妻共同共有。参见杜万华、程新文、吴晓芳:《〈关于适用婚姻法若干问题的解释(三)〉的理解与适用》,《人民司法》2011 年第 17 期。

有;4.当事人以个人财产购买了房产、股票、债券、基金、黄金或古董等财产,在婚姻关系存续期间,因市场行情变化抛售后产生的增值部分,由于这些财产本身仅是个人财产的形态变化,性质上仍为个人所有之财产,抛售后的增值是基于原物交换价值的上升所致,仍应依原物所有权归属为个人所有。具体实践中,判断个人财产在婚姻关系存续期间所取得的收益是否属于夫妻共同所有时,人民法院可根据案件实际情况,对各种形式的个人财产的婚后收益,从是基于原个人财产的自然增值还是基于夫妻共同经营行为所产生来判断,前者原则为个人所有,后者原则为共同所有。此外,若收益是基于个人财产与共同财产混同后进行投资行为所产生,无证据证明具体比例的,推定为共同财产投资收益,归夫妻共同所有。"相较而言,《婚姻法解释三》第 5 条"一刀切"的概括性规定不尽合理,需要修改和完善。

二、夫妻一方婚前贷款购买、婚后双方共同还贷的不动产归属和利益分配

(一)《婚姻法解释三》颁布前各地法院的不同意见

自 1998 年年底,我国全面停止实物分房后,在执行住房货币化改革过程中,住房补贴的发放和对群众住房需求的满足程度不尽人意,住房不公平的现象扩大,房价飙升,房地产炒作造成市场混乱,这对婚姻家庭关系产生了影响和冲击。对于婚前一方支付首付款购房,婚后夫妻双方共同还贷的情况,原有的法律规定无法解决以下难题:①该房产属于一方婚前个人财产,还是夫妻共同财产? ②房产的增值部分属于个人财产还是夫妻共同财产? ③离婚时,此类房产如何分割,才能真正体现权利义务一致原则,才能切实维护弱势一方的权益? 对此,我国各地法院做法不一,主要有以下几种处理意见:

1. 房产及其婚后增值均属于购房人的个人财产

上海市高级人民法院《关于适用〈最高人民法院婚姻法司法解释(二)〉若干问题的解答一》(沪高法民一[2004]25 号)对"夫妻一方婚前以个人财产按揭购买房屋,婚后夫妻共同清偿贷款,在离婚诉讼中如何处理"的解答如下:"夫妻一方婚前以个人财产购买房屋并按揭贷款,产证登记在自己名下的,该房屋仍为其个人财产。同样,按揭贷款为其个人债务。婚后配偶一方参与清偿贷款,并不改变该房屋为个人财产的性质。因此,在离婚分割财产时,该房屋为个人财产,剩余未归还的债务,为个人债务。对已归还的贷款中属于配

偶一方清偿的部分,应当予以返还。对于产证登记在一方名下,但配偶方有证据证明婚前购房时其也共同出资的,在离婚分割财产时,该房屋仍为产证登记人的个人财产,剩余未归还的债务,为其个人债务,但于首付款和已归还的贷款中属于配偶一方出资和清偿的部分,应当予以返还。"广东省高级人民法院持相同立场。广东省高级人民法院《关于审理婚姻纠纷案件若干问题的指导意见》(粤高法发〔2006〕39 号)第 9 条规定:"一方婚前以个人财产购买房屋并按揭贷款,房屋预售合同的买受人为该方且产权证登记在该方名下的,该房屋属于其个人财产。另一方婚后参与清偿贷款,不改变该房屋为个人财产的性质,但对以夫妻共同财产或另一方个人财产清偿的贷款部分,离婚时取得房屋所有权的一方应对另一方给予合理的补偿。双方就补偿问题达不成协议的,可以参照该房屋的市场价值,按另一方的出资比例(以夫妻共同财产偿还的贷款部分,各占一半出资额)计算一方应支付给另一方的补偿数额。"

此意见单以产权登记确定房产及其增值的归属,婚后夫妻另一方参与共同还贷,在离婚时,只有权要求产权方归还相应的款项,夫妻间是债权债务关系。即使婚后夫妻共同还贷部分占总价款的半数以上,非产权登记方也无权主张房屋产权,无权要求分割房产的增值部分。此一处理意见绝对保护个人财产权益,没有考虑到婚姻家庭共同体的利益,不顾及家庭成员间利益的平衡。

2. 以产权证取得时间确定房产归属,婚后房产增值属于夫妻共同财产

江苏省高级人民法院《关于适用〈中华人民共和国婚姻法〉及司法解释若干问题的讨论纪要》(征求意见稿)(苏高法电〔2008〕464 号)第 13 条规定:"夫妻一方婚前以个人名义办理房贷,且用个人财产支付首期房款,在婚姻关系存续期间用夫妻共同财产还贷,如果婚后取得房屋所有权的,无论登记于一方还是双方名下,均应当认定为夫妻共同财产,离婚时作为夫妻共同财产进行分割。对于一方婚前支付的首期付款,由另一方返还一半;尚欠的贷款,作为夫妻共同债务,由双方返还。夫妻一方婚前以个人名义办理房贷,且用个人财产支付首期房款,如果所有权系婚前取得且登记在一方名下,但在夫妻关系存续期间又用共同财产还贷的,该房屋应认定为登记一方的个人财产。对于婚后以夫妻共同财产偿还的贷款部分,由享有所有权的一方予以返还。如夫妻另一方要求分割房屋增值部分收益的,人民法院应予支持。"据此,夫妻一方婚前贷款购买房产,婚后夫妻双方共同还贷,如果房产证是在婚

后取得的,无论登记在一方还是双方名下,均认定为夫妻共同财产;如果房产证是在婚前取得且登记在一方名下的,认定为登记方的个人财产。以产权证取得时间确定房产的归属,以《物权法》第9条第1款为依据,即"不动产物权的设立、变更、转让和消灭,经依法登记,发生效力;未经登记,不发生效力,但法律另有规定的除外"。并且严格遵循了《婚姻法》(修正案)第17条关于夫妻共同财产范围的规定和第18条关于夫妻个人特有财产的规定。而且,即使房产是夫妻一方婚前个人财产,婚后共同还贷的,夫妻另一方有权主张分割房屋增值部分收益。"这种意见较充分地考虑到了婚姻共同生活体的整体利益与作为个体的夫妻各自利益之间的关系,以及非买受人在共同生活过程中对买受人所购置的不动产有形和无形的贡献,对两个利益主体各自的利益都有所兼顾。"①

3. 按出资比例确定房产的归属

2003年河南省高级人民法院(民事审判第一庭)《关于当前民事审判若干问题的指导意见》第58条第3款规定:"一方婚前借款或通过银行按揭、贷款购买的房屋,购房所欠债务主要是用婚后共同所得偿还的,视为夫妻共有财产。"此意见按出资比例确定房产的归属,但该意见没有明确具体的比例,只是使用了"主要"一词,据此可以推定,如果一方婚前购房所付款项占房屋总价款一半以上的,认定为一方个人财产;如果婚后共同偿还的款项占房屋总价款一半以上的,认定为夫妻共同财产。此意见虽然没有明确的法律条文作为依据,但更接近于实质公平,体现了夫妻一方或双方对购置房产的付出相应获得的产权利益。对于认定为一方个人所有的房产在婚后增值部分如何分配,该意见没有明确。

(二)《婚姻法解释三》的规定与评析

《婚姻法解释三》第10条规定:"夫妻一方婚前签订不动产买卖合同,以个人财产支付首付款并在银行贷款,婚后用夫妻共同财产还贷,不动产登记于首付款支付方名下的,离婚时该不动产由双方协议处理。依前款规定不能达成协议的,人民法院可以判决该不动产归产权登记一方,尚未归还的贷款为产权登记一方的个人债务。双方婚后共同还贷支付的款项及其相对应财产增值部分,离婚时应根据《婚姻法》第三十九条第一款规定的原则,由产权

---

① 蒋月:《论夫妻一方婚前借款购置不动产的利益归属——对"〈婚姻法〉司法解释(三)征求意见稿"第11条的商榷》,《西南政法大学学报》2011年第2期,第102页。

登记一方对另一方进行补偿。"据此,离婚时双方不能协议处理的,人民法院可将不动产判归产权登记一方,即认定为夫妻一方婚前的个人财产。双方共同还贷支付的款项及其相对应的财产增值部分,由产权登记方给予对方补偿。此规定在确认产权归属方面,与上海市高级人民法院的意见一致,以产权登记确定不动产的归属;在婚后财产增值的分配方面,与江苏省高级人民法院的意见一致,夫妻共同还贷部分相对应的财产增值,非产权登记方有权要求对方给予补偿。《婚姻法解释三》第 10 条的规定有其合理之处,考虑到了婚姻关系存续期间,夫妻一方对另一方购置不动产的贡献。

但是,此规定的适用产生了不公平的后果,遭到了各方的批评和质疑。许多人认为,该解释脱离中国现实,把家庭当成合伙企业经营,无视家务劳动的价值,没有保护弱势一方(尤其是女性)的权益。《婚姻法解释三》才出台十多天,在上海、北京等一些城市曾掀起一场房产"加名"热潮。女性一门心思扑在丈夫、孩子和家庭上,到头来一无所有,还不如多花时间发展自己的事业,积累足够的财富、自己买房更重要。在学界,很多学者持否定意见,认为该解释过于保护个人财产权利,有悖《婚姻法》的精神,引导不正确的价值取向。蒋月教授提出,在婚姻家庭生活中,投资是多元的,绝不仅仅是房产一项,在我国现实仍是男强女弱、男尊女卑的结构下,这些规则适用的结果是不平等的。[1] 赵晓力教授认为,此解释将资本的逻辑贯彻到家庭之内的房产,在家庭中建立资本主义式的个人财产制,把《婚姻法》从人身关系法变成投资促进法,这种彻底告别家产制的制度安排将驱赶中国人集体走向鲁滨孙的荒岛世界。[2] 傅达林教授提出疑问:从同样的司法解释中,不同价值取向的人读到的是完全不同的婚姻家庭想象:自由主义者从中感到了财产分割的公平,符合其对自由而有个性的婚姻生活的追求;而传统主义者则认为司法解释让离婚越来越简单,是在摧毁我们的婚姻家庭秩序;在司法者那里,只不过是将复杂的婚姻家庭财产关系化约为自然人,以便更容易离析家产而已。真正的问题是:处在观念、制度、人身依附关系急剧变革的时代,什么样的婚姻家庭想象才符合我们的最终目的? 婚姻法律规则又应当捍卫什么样的终极价值?[3]

---

[1]　蒋月、陈朝仑、周航、黎乃忠:《聚焦婚姻法司法解释(三)》,《中国审判》2011 年第 10 期。

[2]　赵晓力:《中国家庭资本主义的号角》,《文化纵横》2011 年第 2 期。

[3]　傅达林:《婚姻法司法解释关乎未来家庭想象》,http://www.legaldaily.com.cn/bm/content/2011-08/15/content_2863666.htm。

笔者认为,这一表面周全的规定确实存在许多缺陷和有待明确之处,适用产生不公平的法律后果:

1."以个人财产支付首付款并在银行贷款","个人财产"的界定不明确

现今,年轻人普遍无力支付高额的不动产首付款,大多靠父母、亲戚资助,或向朋友借款。如果婚前借款支付首付款,婚后用夫妻共同财产偿还,从财产来源看,还能将此不动产认定为夫妻一方婚前的个人财产吗? 1996 年最高人民法院《关于审理离婚案件中公房使用、承租若干问题的解答》规定,一方婚前借款投资建房取得的公房承租权,婚后夫妻共同偿还借款的,离婚后,双方均可承租。相较之下,《婚姻法解释三》没有明确"个人财产"的来源,如果婚后夫妻共同财产偿还婚前个人借款的,仍将此不动产认定为一方个人财产,显然不公平。

2.模糊了不动产归属的定性

"不动产登记于首付款支付方名下的,离婚时该不动产由双方协议处理。依前款规定不能达成协议的,人民法院可以判决该不动产归产权登记一方",如此表述模糊了此类不动产属于一方个人财产还是夫妻共同财产。《婚姻法解释三》(征求意见稿)第 11 条曾明确:"离婚时可将该不动产认定为不动产权利人的个人财产",鉴于反对意见过大,《婚姻法解释三》第 10 条做了修改。有学者认为:"这里规定的是'可以'而不是'必须'或者'应当'判决归产权登记一方,'可以'这个表述就包含另外的可能,就是根据婚后双方共同还贷的比例大小,作出不归产权登记一方的判决。"[1]然而,2011 年 8 月 12 日,最高人民法院新闻发言人孙军工在《婚姻法解释三》的新闻发布会上指出,《婚姻法解释三》首次明确离婚案件中一方婚前贷款购买的不动产应归产权登记方所有。"根据《婚姻法解释三》第十条的规定,一方在婚前已经通过银行贷款的方式向房地产公司支付了全部购房款,买卖房屋的合同义务已经履行完毕,即在婚前就取得了购房合同确认给购房者的全部债权,婚后获得房产的物权只是财产权利的自然转化,故离婚分割财产时将按揭房屋认定为一方的个人财产相对比较公平。"[2]这表明了最高人民法院的立场,也统一了各地人民法院的认识,即一方婚前贷款购买的不动产,无论是在婚前还是婚后取得

---

[1] 杨立新:《关于适用〈婚姻法〉若干问题的解释(三)的民法基础》,《法律适用》2011 年第 10 期,第 42 页。

[2] 孙军工:《关于最高人民法院关于适用〈中华人民共和国婚姻法〉若干问题的解释(三)的新闻发布稿》,http://news.qq.com/a/20110812/001034.htm.

不动产产权证书,也无论夫妻共同还贷的比例大小,离婚时双方不能达成协议的,该不动产认定为产权登记方所有。为兼顾社会各界的意见,《婚姻法解释三》第 10 条的表述着实煞费苦心。

3.《婚姻法解释三》第 10 条与第 5 条的规定不衔接

根据《婚姻法解释三》第 10 条的规定,离婚时,双方不能就不动产的归属达成协议的,判决该不动产属于产权登记方的个人财产。不动产的增值属于自然增值(被动增值),根据《婚姻法解释三》第 5 条的规定,应该属于产权登记方的个人财产。但该解释第 10 条第 2 款又规定产权登记方应对共同还贷部分及相对应的财产增值部分予以补偿,自相矛盾,既然个人财产的增值属于个人财产,就无需就增值部分对他方进行补偿。[①]

《婚姻法解释三》第 10 条没有区分一方婚前购买不动产用于投资还是自住,如果一方婚前旨在投资而贷款购买的不动产,例如商铺或用于盈利的商品房等,该不动产在婚后的增值部分应认定为投资收益,根据《婚姻法解释三》第 5 条规定:"夫妻一方个人财产在婚后产生的收益,除孳息和自然增值外,应认定为夫妻共同财产。"此投资收益应认定为夫妻共同财产。可见,《婚姻法解释三》第 10 条与第 5 条的规定并不衔接。

有观点认为,这类房产完全认定为夫妻共同财产或者一方的个人财产都不太公平,该房产实际是婚前个人财产(婚前个人支付首付及还贷部分)与婚后共同财产(婚后双方共同还贷部分)的混合体,《婚姻法解释三》第 10 条规定离婚时处理此类纠纷的主导原则是,既要保护个人婚前财产的权益,也要公平分割婚后共同共有部分的财产权益,同时还不能损害债权人银行的利益。[②] 但是,当离婚时双方不能就此类不动产的归属达成协议时,将不动产判归产权登记方的规定,参与还贷一方只获得有限的补偿,实际上就产生了不公平的法律后果,尤其婚后共同还贷部分占不动产总价款超过 50%的情形,参与还贷的非产权登记方的付出与得到的补偿不成正比。

4. 非产权登记方获得的补偿"杯水车薪"

"双方婚后共同还贷支付的款项"无疑是夫妻共同财产,也就是说,以夫妻共同财产偿还了一方婚前个人购买不动产的贷款,成就了该不动产归一方

---

①　陈苇、石婷:《中国法学会婚姻家庭法学研究会 2011 年年会综述》,《西南政法大学学报》2012 年第 1 期。

②　杜万华、程新文、吴晓芳:《〈关于适用婚姻法若干问题的解释(三)〉的理解与适用》,《人民司法》2011 年第 17 期。

个人所有并获得巨额增值的结果。非产权登记方无法享有该不动产的所有权，却因为结婚的客观事实而参与共同还贷，实际上放弃了个人购房的机会。离婚时，只能就婚后共同还贷支付的款项及其相应财产增值部分，根据《婚姻法》(修正案)第 39 条第 1 款规定的原则获得补偿。这是过于保护个人财产权利而忽视家庭共同体利益的规定；是只追求与《物权法》所有权取得规则相一致，而无视婚姻家庭法特殊性的规定。实践中，产权登记方迫于偿还剩余贷款的压力或因情感纠葛，没有能力或不情愿给予对方补偿，存在执行难的问题。非产权登记方即使获得补偿，数额有限，用于购房"杯水车薪"，甚至无法承租比原先住房条件差得多的房屋。

5. 仅规定在银行贷款的情形过于狭窄

实际生活中，鉴于房贷利率过高，年轻人向亲朋好友低息或无息借款购房的情况普遍存在。《婚姻法解释三》第 10 条仅规定向银行贷款的情形，遗漏了其他借款途径。婚后用夫妻共同财产偿还借款的，共同偿还借款及其相对应财产增值部分如何处理？司法解释也应该明确规定。

综上，《婚姻法解释三》第 10 条的规定与 1993 年最高人民法院《关于人民法院审理离婚案件处理财产分割问题的若干具体意见》第 6 条扩大夫妻共同财产范围的规定相比，走向了过分保护婚姻个体财产权利的极端。对引导人们形成良好的婚姻家庭观念产生了一定的负面效果，反而在警示人们，尤其是广大女性，时常关注自身的利益，要为维护私人利益"留一手"，以防止婚姻解体时"人财两空"，陷入困境。

三、婚后父母出资为子女购买的不动产的归属

按中国传统习俗，父母往往攒钱为子女置办家产，帮助子女成家立业。尤其，我国现今房价过高，年轻人仅凭自己的收入没有能力买房，需要父母的资助，否则结婚成家很困难。据调查，婚后独立门户的夫妻中，12.0% 的被访者的住房是父母提供的(哈尔滨的比例最高，达 30.2%)；还有 7.74% 的男方父母和 2.79% 的女方父母为他们提供资金。[1] 这就形成了由夫妻一方或双方的父母出资，或者夫妻一方或双方父母与夫妻共同出资购买不动产的特殊情形。父母为子女结婚购房，往往倾尽其所有，甚至透支准备养老的积蓄。如果不动产只登记在夫或妻一方名下，离婚时，分割不动产不仅是夫妻双方利益的

---

[1] 马春华、李银河、唐灿、王震宇、石金群：《转型期中国城市家庭变迁——基于五城市的调查》，社会科学文献出版社 2013 年版，第 17 页。

分配,还关系到出资父母的财产利益。因此,婚姻家庭立法如何平衡集中在不动产上的各方利益,关系重大,《婚姻法解释三》第 7 条对此做出了规定。

（一）婚后由一方父母出资购买不动产,产权登记在出资人子女名下

婚后一方父母支付全款给子女购房,涉及三方利益的平衡:

(1)出资父母的财产利益。父母出资为子女购房,希望子女的家庭稳定,因担心伤及儿媳或女婿的感情,一般不明确表示房屋只赠与自己的子女,按照《婚姻法》(修正案)第 17 条第 4 项的规定,应认定为夫妻共同财产。但是,如果子女离婚,双方平均分割房产,父母出资的一半将被对方无偿分得,这对出资父母财产利益的保护失衡,也违背父母出资为子女购房的初衷。

(2)接受父母赠与一方的利益。根据《物权法》的所有权取得规则,接受自己父母出资购买的不动产,是受赠所得财产,属于个人财产。但如果按照《婚姻法》(修正案)第 17 条第 4 项的规定认定为夫妻共同财产,离婚时,对方有权请求分割,这对婚姻个体财产利益的保护失衡,接受父母赠与一方的利益损失大。

(3)接受赠与一方的配偶的利益。若认定为夫妻共同财产,接受赠与一方的配偶因结婚即取得巨额财富,收益大于付出。尤其是婚姻关系存续时间较短,或者因接受赠与一方的配偶的过错导致离婚时,其仍有权请求分割该不动产,则有失公允,助长不劳而获的思想。

对此,《婚姻法解释三》第 7 条第 1 款规定:“婚后由一方父母出资为子女购买的不动产,产权登记在出资人子女名下的,可按照婚姻法第十八条第(三)项的规定,视为只对自己子女一方的赠与,该不动产应认定为夫妻一方的个人财产。”将“产权登记在出资人子女名下”推定为父母只对自己子女的赠与,有效地平衡了三方的财产利益,将人们碍于情面不便言明的真实意愿表达出来。“将产权登记主体与明确表示赠与一方联系起来,可以使父母出资购房真实意图的判断依据更为客观,便于司法认定及统一裁量尺度,也有利于均衡保护婚姻双方及其父母的权益。”①

但是,《婚姻法解释三》第 7 条第 1 款规定的“婚后由一方父母出资为子女购买的不动产”,其中的“出资”仅限于全部出资,还是包括了部分出资的情

①　孙军工:《关于最高人民法院关于适用〈中华人民共和国婚姻法〉若干问题的解释(三)的新闻发布稿》,http://news.qq.com/a/20110812/001034.htm.

形？法学界有不同的理解，2011年"北京首例夫妻房产证加名案"的判决引发争议。案情：原告荆女士与李先生于2006年8月16日登记结婚，婚后双方于2007年1月按揭购买了一套经济适用房，总价40万元。买房时，她没有北京户口，丈夫李先生有北京户口。由于涉案房屋只能由有北京户口的人购买，他们在办理房屋产权过户登记时，只记载了李先生的名字，荆女士的名字未能记载。荆女士称，买房时她和李先生共同支付了首付款，共同贷款，后来，两人以家庭的共同收入偿还贷款本息至今。如今，李先生提出种种理由想和她离婚，且拒绝在房产证上署上她的名字，有独占房产的意思。为了维护自己的权益，她请求法院确认自己对涉案房屋的共有产权。然而，被告李先生不同意荆女士的说法。李先生说，涉案房屋首付款是自己的父母出资的，该房屋登记在其本人名下，是对他个人的赠与，他从未多次提出离婚。李先生认为，根据《婚姻法解释三》的规定，涉案房屋应认定为夫妻一方的个人财产，他要求驳回荆女士的诉求。为了证明自己的说法，李先生请来自己的母亲出庭作证。李先生的母亲说，是她主动要求给儿子李先生买房，她和老伴陪着儿子儿媳一起去看的房，她总共给了儿子17万多元用于购房。荆女士不认可证人李母的说法，她表示婚后购房其父母也出资了，购房款中还有夫妻共同的存款。北京市丰台区人民法院认为，涉案房屋是荆女士和李先生在婚姻关系存续期间购买的，但购房首付款系李先生的父母支付，房屋产权登记在李先生名下，根据《婚姻法解释三》的有关规定，婚后由一方父母出资为子女购买的不动产，产权登记在出资人子女名下的，可视为只对自己子女一方的赠与，该不动产应认定为夫妻一方的个人财产。涉案房屋应当属于李先生的个人财产，原告荆女士要求确认为夫妻共同财产，法院不予支持。据此，法院判决驳回荆女士的诉讼请求。①

　　本案中，李先生的父母只支付了购房的首付款，房屋登记在李先生名下，北京市丰台区人民法院就根据《婚姻法解释三》第7条第1款的规定将房屋认定为李先生的个人财产，即将《婚姻法解释三》第7条第1款规定的"父母出资"理解为包括全部出资和部分出资的情形。对此，有观点提出商榷意见，认为：夫妻在婚内按揭购房，除非是一方父母出全资的理想情况下，按照《婚姻法》的立法原则，在婚姻存续期间取得的财产应首先认定为夫妻共同财产。如果父母只是在子女婚后支付首付款，夫妻共同还贷，产权登记在出资方子

---

① 《北京首例夫妻房产证加名案：诉讼被驳回》，http://bj.bendibao.com/news/20111219/76590.shtm.

女名下,首付款可以认定为只赠与出资父母的子女,离婚时该房屋应认定为夫妻共同财产,对首付款部分应认定为出资人子女的个人财产。《婚姻法解释三》第 7 条中"婚后由一方父母出资为子女购买的不动产"中的"出资"应该是"出全款购房"。[①] 夫或妻一方的父母只支付了首付款,其余房款由夫妻共同偿还,产权只登记在出资方子女名下的,将房屋认定为出资方子女的个人财产,确实值得商榷。因为首付款一般只占房款总额的 30% 或 40%,其余大部分房款是由夫妻共同财产支付的,夫妻共同出资额大于父母支付的首付款数额。而且,如果本案荆女士所述属实,房产登记在丈夫李先生名下是由于购买经济适用房要求北京户口的限制,这是客观原因,不是荆女士自愿主动放弃房屋共有权,但这却成了李先生独占该房屋的契机。《婚姻法解释三》第 7 条第 1 款规定的"父母出资"也包括部分出资的话,是不是对夫妻离心离德起了助推作用呢? 这一点值得思考。

(二)婚后双方父母出资购买不动产,产权登记在一方子女名下

《婚姻法解释三》第 7 条第 2 款规定:"由双方父母出资购买的不动产,产权登记在一方子女名下的,该不动产可认定为双方按照各自父母的出资份额按份共有,但当事人另有约定的除外。"对此持否定观点者认为,此规定不符合我国现行《婚姻法》(修正案)的精神;不符合我国现代婚姻家庭法的自由价值取向。主张若双方父母没有明确表达其对子女的赠与是由子女按份共有的,应当推定该赠与的不动产由夫妻双方共同共有,这才有利于保障实现双方父母自由处分财产的意愿。[②] 持肯定观点者认为,由于《婚姻法解释三》第 7 条的规定,在很大程度上是要侧重保障赠与人的合法权益,因而,无论将《婚姻法解释三》第 7 条第 2 款规定界定为夫妻共同共有或一方所有,都不符合赠与人的本意。为平衡和保障各方的利益,追求实质意义上的公平,避免出现不必要的纷争和怨恨,《婚姻法解释三》第 7 条第 2 款作为法律的特别规定,按双方父母各自的出资比例分割财产是较为适宜的。[③]

---

① 《杨晓林律师接受湖南卫视采访点评北京首例婚内房产加名案》,http://www.fam-law.cn/news-detail.aspx? id=3367.

② 陈苇、黎乃忠:《现代婚姻家庭法的立法价值取向——以〈婚姻法解释(三)〉有关夫妻财产关系的规定为对象》,《吉林大学社会科学学报》2013 年第 1 期。

③ 孙若军:《论夫妻财产制的定位及存在的误区——以〈婚姻法〉司法解释(三)第 7 条为视角》,《法律适用》2013 年第 4 期。

笔者认为,《婚姻法解释三》第 7 条第 2 款的规定不适当,违背《婚姻法》(修正案)第 17 条第 4 项的规定,反而产生夫妻间离心离德、互相算计的消极影响。因为,婚后双方父母出资为子女购买不动产,他们共同的愿望是希望子女有房可居,而不是明确不动产产权分配比例。此规定直接适用物权法的按份共有规则,方便了法官判案,但却欠缺对婚姻家庭共同体利益的考量。

四、夫妻间赠与的效力与撤销

《婚姻法解释三》第 6 条规定:"婚前或者婚姻关系存续期间,当事人约定将一方所有的房产赠与另一方,赠与方在赠与房产变更登记之前撤销赠与,另一方请求判令继续履行的,人民法院可以按照合同法第一百八十六条的规定处理。"此规定为审判实践中处理夫妻间房产赠与纠纷提供了依据,得以统一裁判结果,但是否合理? 存在较大的争议。持肯定观点者认为:"婚姻家庭领域的协议常常涉及财产权属的条款,对于此类协议的订立、生效、撤销、变更等并不排斥《合同法》的适用。在实际生活中,赠与往往发生在具有亲密关系或者血缘关系的人之间,《合同法》对赠与问题的规定也没有指明夫妻关系除外。一方赠与另一方不动产或约定夫妻共有,在没有办理变更登记之前,依照《合同法》第 186 条的规定,是完全可以撤销的,这与婚姻法的规定并不矛盾。"[1]否定观点认为,赠与系建立在当事人对婚姻和共同生活的期待的基础上,法律应当本着促进婚姻、平衡当事人利益的指导思想对此种赠与特别是其效力和撤销问题进行相关的制度设计。具体来说,在婚姻关系存续期间,夫妻间赠与原则上应当具有强制执行的效力,《合同法》第 186 条对赠与人任意撤销权的规定在此并不适用。[2] 对于夫妻间的赠与不能简单视为"无偿",应充分注意到夫妻双方对于家庭维护方面做出的不一定等值但同等重要的贡献。对于这种并没有"创设法律意图"的家庭契约,法律应当不予调整。从这种意义上说,《婚姻法解释三》第 6 条的规定,似无存在的必要。[3]

笔者认为,《婚姻法解释三》第 6 条的规定不合理。"立法赋予赠与人任

---

① 吴晓芳:《〈婚姻法〉司法解释(三)适用中的疑难问题探析》,《法律适用》2014 年第 1 期,第 72 页。

② 田韶华:《夫妻间赠与的若干法律问题》,《法学》2014 年第 2 期。

③ 汪家元:《婚姻法司法解释中夫妻财产"赠与"规定之反思》,《上海政法学院学报》(法治论丛)2014 年第 1 期。

意撤销权，主要是基于赠与合同的单务性、无偿性，让赠与人在未为履行或未为完全履行之前，有机会再次审度是否果真要继续此对其不利的合同，如果赠与人改变其原先的想法，则容许赠与人撤销该合同，无须有任何理由或事由。"①但夫妻间的赠与较为特殊，夫妻间的赠与往往出于感情而为，是赠与方对受赠方为家庭的付出的回报，或出于增进感情、维护和谐家庭关系的目的。如果赠与方有权随意撤销赠与，将无益于增进夫妻感情，甚至给本来就紧张的夫妻关系火上浇油，违背《婚姻法》"维护和睦婚姻家庭关系"的立法宗旨。

综上所述，《物权法》、《婚姻法解释三》的出台，个人财产权利保护的立法完善了，但保障家庭中弱者权益，维护家庭共同体利益的规定却相对落后。"回顾新中国成立以来夫妻财产关系的立法，关于婚姻财产关系的法律调整，是逐渐向扩大一方个人财产权益的方向倾斜的。婚姻财产中双方共有的因素和一方个人所有的因素是此消彼长的。历来有关司法解释的变化大体上与立法上的变化同步，《婚姻法解释三》中的某些规定，又在一定程度上强化了保护一方个人财产权益的力度。"②《婚姻法解释三》过于保护个人财产权利规定适用的结果，偏离了《婚姻法》（修正案）旨在平衡个人、家庭与社会利益的价值取向。基于方便法官判案、统一裁判依据的出发点制定法律制度，放弃了婚姻家庭的价值追求，忽视婚姻家庭法提升婚姻价值、促进家庭功能实现的作用，对人们形成良好的婚姻道德和对家庭和谐的信心产生消极影响。

第三节　《婚姻法解释三》夫妻财产制规定
价值取向"偏离"的成因

在我国现今社会保障水平较低的状况下，婚姻家庭对于许多人，尤其是低收入群体来说，仍是基本生活的保障。而对于倾尽毕生积蓄（有的还有父母的出资）购买房产的一方而言，该房产是其一生的安居之处。离婚时，一方以其安身立命的房产的价值补偿对方家务劳动的价值，同样存在权利义务不对等、利益保护失衡的可能。因此，当事人不得不对不动产利益展开争夺。《婚姻法解释三》的相关规定将婚姻不动产的归属和利益分配"算计"得清清

---

① 马俊驹、余延满：《民法原论》，法律出版社 2007 年版，第 661 页。
② 杨大文：《略论婚姻财产关系法律调整的价值取向——由婚姻法司法解释（三）引起的社会反响谈起》，《中华女子学院学报》2011 年第 6 期，第 5—6 页。

楚楚,使得本应充满温情的家庭关系显得"冰冷"和计较,偏离《婚姻法》(修正案)的价值取向。成因何在? 笔者认为主要有以下几个方面:

一、市场经济功利取向冲击婚姻伦理产生的负面影响

所谓市场经济,就是利用市场交换关系,依靠市场供求、竞争和价格机制组织和调节社会经济,实现资源的最优配置的一种经济体制。[①] 市场经济的特征主要体现在五个方面,即市场主体的自主性,市场目的的利益性,市场运行的开放性,市场活动的竞争性和市场关系的平等性。[②] 经济理性是适用于经济领域的逻辑,它追求效益最大化;而在社会领域,追求的是和谐、均衡和人性化。自我国 1992 年建立市场经济体制以来,市场经济的效益最大化和功利取向已渗透到人们社会生活的方方面面,也全面冲击着中国的婚姻伦理。婚姻的功利取向明显,婚姻被物化了,物质财富成为缔结婚姻和巩固家庭关系的基础性条件。择偶的标准更加现实,更加看重对方的收入、职业、受教育程度、家庭背景等经济因素;婚前进行财产公证;婚姻中约定财产归属,实行分别财产制,家庭开支 AA 制;离婚时双方为财产的分割大动干戈,有的人甚至隐藏、转移、变卖、毁损、挥霍夫妻共同财产或伪造夫妻共同债务。

婚姻家庭中经济因素的强化,冲击着理想化的婚姻,人们变得更现实、讲究实际,有时忽视了家庭成员间的相互关心、相互扶持。当夫妻双方的收入、经济能力不平衡,尤其一方依靠另一方扶养和经济供给时,婚姻关系变得极不稳定,家庭矛盾增多,最终走向解体或者婚姻名存实亡。没有必要的财产,难以维系家庭生活,婚姻家庭关系的稳定丧失物质保障,同样极易导致婚姻的解体。此时,有些人不再考虑家庭的义务和责任,也不顾及完整家庭对后代成长的重要性,不顾一切寻找机会过上"好日子",甚至"婚姻交易"、买卖"爱情"、非法同居等。计划经济体制下,人们的婚恋价值观是优先考虑革命利益,优先考虑工作和社会,个人利益服从国家利益和集体利益。社会主义的爱情和婚姻是"利他的"、"无私的",以对家庭的义务和责任来稳定婚姻家庭关系。市场经济体制下,人们的婚恋观的特点是功利化、市场化、人本化、

---

① 吴忠等主编:《市场经济与人口分析》,北京大学出版社 1994 年版,第 137 页。

② 许经勇主编:《政治经济学(社会主义部分)》,厦门大学出版社 1996 年版,第 57—59 页。

开放化和多样化。① 经济因素在婚姻家庭中的比重加大，财富的多少、夫妻双方经济实力、家庭背景的对比直接影响到婚姻家庭关系的稳定。人们的家庭义务和责任感减弱，却没有足够强大的外部力量加以约束和提升。自 20 世纪初以来，在谋求民族解放、国家富强的努力中，传统道德、西方文明的有益成分被解构了，但是新的、富于引导性和操作性的道德体系没有建立。一方面个人主义倡行，一方面是道德律令的沉寂。上述价值观的失衡直接反映在家庭这一人们经济、生活、情感联系最为密切的共同体之中，直接损害着家庭的根本价值（关爱与责任）。②

由于市场经济对婚姻伦理的全面冲击和深远影响，经济理性进入家庭领域，经济关系超越亲情关系，在许多家庭中充满着算计。相应地，在规范夫妻财产关系时，直接引用物权、债权一般财产法律制度，使得夫妻间的财产归属和利益分配算得清清楚楚、明明白白。本应充满温情的家庭成员关系，在面对经济利益和财产权益争夺时，变得现实和"冷漠"。

二、《婚姻法》司法解释的局限

从立法指导思想上看，宜粗不宜细，法律只做概括性、原则性规定，由有权部门（包括中央人民政府法制委员会、最高人民法院和司法部等）针对重点、疑难问题出台解释加以明确和细化的立法思想和立法模式，在新中国成立初期既已形成。③ 当时法律颁布较少，而且较为粗略，法官在审理案件中既需要综合判断各类案件事实，也需要选择和裁量裁判依据。1950 年陈绍禹《关于中华人民共和国婚姻法起草经过和起草理由的报告》曾就离婚时因女方带走土地引起的纠纷问题指出：离婚时，因女方要带走土地而引起的纠纷突出，问题复杂，在处理时，根据离婚当事人的家庭财产具体情况、照顾女

---

① 王萌：《从经济体制的演变简析人们婚恋观的发展》，《学理论》2013 年第 5 期。

② 孟宪范：《家庭：百年来的三次冲击及我们的选择》，《清华大学学报》（哲学社会科学版）2008 年第 3 期。

③ 新中国成立初期，有权部门颁布了大量调整婚姻家庭关系的法律解释，这些解释有的由最高人民法院单独颁布，例如：1955 年最高人民法院《关于一般刑事犯的配偶提出离婚应如何处理的解答》；有的是由最高人民法院与最高人民检察院、公安部或司法部联合颁布，例如：1953 年最高人民法院、司法部《关于"五代内"的解释的复函》等；还有的由司法部或内务部单独颁布，例如：1952 年《中央人民政府司法部关于婚姻法施行前重婚处理原则》等。其中，最高人民法院单独或与其他部门联合颁布的司法解释居多。法律解释的形式包括意见、批复、复函、通知等。

方及子女利益,以及有利发展生产这些原则来决定。在立法者看来,1950 年《婚姻法》第 23 条第 1 款这种概括性原则规定,比列举性的具体规定更便利于对实际问题的解决。① 1950 年《婚姻法》第 10 条关于夫妻财产制的规定虽然过于简略、概括,但相关法律解释的内容涵盖了家务劳动的价值、夫妻约定财产制、个人婚前财产在结婚后的归属、婚姻关系存续期间夫妻一方或双方接受赠与或继承的财产的归属、个人特有财产等现今人们普遍关注的夫妻财产问题,而且立法侧重于保护妇女的财产权利,最大限度地确定夫妻共同财产的范围。有关离婚时财产处理的法律解释与《婚姻法》的宗旨和精神一致,指导各级人民法院严格按照男女权利平等、照顾女方及子女利益的原则审理离婚财产纠纷案件。2001 年全国人大法律委员会《关于〈中华人民共和国婚姻法修正案(草案)〉修改意见的报告》表达了相同的婚姻立法指导思想:鉴于婚姻家庭问题的复杂性,法律宜做概括性、原则性的规定,在实施过程中再由法律解释和司法解释加以解决。

抽象法律解释权归属于全国人大常委会,但新中国成立以来,中央人民政府法制委员会、全国人大常委会关于《婚姻法》的法律解释屈指可数,《婚姻法》立法解释"不作为"。为了指导审判实践,每次《婚姻法》颁行不久,最高人民法院随即以批复、解答、解释等形式出台大量司法解释。1981 年《全国人民代表大会常务委员会关于加强法律解释工作的决议》明确:"凡属于法院审判工作中具体应用法律、法令的问题,由最高人民法院进行解释。"2006 年修订的《中华人民共和国人民法院组织法》第 32 条规定:"最高人民法院对于在审判过程中如何具体应用法律、法令的问题,进行解释。"据此,司法解释只是"具体法律解释",是对如何具体应用法律解决案件做出解释,而不是"抽象法律解释"。然而,最高人民法院颁布的司法解释大多数关涉社会公众的切身利益,关涉社会各阶层存在较大分歧的重点、疑难问题,这些本应由基本法律和立法解释规定,却由司法解释代劳。自 20 世纪 80 年代以来,空前发展的司法解释的性质已不再属于对法律条款的文字含义和文字表述的技术性阐释,而是逐步扩大到整个法律文本,最后演变成脱离原有的法律文本甚至文件系统所指向的法律调整框架和调整范围的"准立法行为"。② 司法解释超越或替代立法的现象受到法学界的广泛质疑和批评,《婚姻法解释三》关于夫

---

① 陈绍禹:《关于中华人民共和国婚姻法起草经过和起草理由的报告》,载刘素萍主编:《婚姻法学参考资料》,中国人民大学出版社 1989 年版,第 82—83 页。

② 袁圣明:《司法解释"立法化"现象探微》,《法商研究》2003 年第 2 期。

妻不动产权益分配的条款备受争议,再次暴露出司法解释"立法化"现象的弊端和诟病:

(一)《婚姻法》司法解释制定的时间短、程序不严格

根据 2000 年《中华人民共和国立法法》的规定,全国人民代表大会、全国人民代表大会常委会的立法程序是:提案——审议——表决——通过。列入全国人大常委会会议议程的法律案,一般应当经三次常委会会议审议后再交付表决,争议较大时甚至进行四次、五次审议。列入全国人大常委会会议议程的法律案,应当进行立法听证,听取各方面意见;重要法律案,经委员长会议决定,可将法律草案公布,向社会公众征求意见。1980 年《婚姻法》修改从提议到公布经过了十年时间,1990 年,中国法学会婚姻法学研究会在《当代中国婚姻家庭问题》一书中,首次提出修改建议。1993 年,全国人大内务司法委员会主持召开了修改《婚姻法》的论证会。1994 年和 1995 年全国人大和全国政协会议上,人大代表和政协委员提出议案和提案,呼吁修改《婚姻法》。1995 年,八届全国人大常委会第十六次会议通过修改《婚姻法》的决定,修改《婚姻法》进入立法日程。1996 年,有关部门和专家学者分赴各地进行调研,1999 年年初,形成《婚姻家庭法》(专家建议稿)。从 1999 年起,《婚姻法》修改正式进入立法程序。由全国人大常委会法制工作委员会组织调研组分赴全国各地调研,还委托全国妇联开展全国最大规模的针对《婚姻法》修改的抽样调查。2000 年 8 月,《婚姻法》(修正案草案)拟毕。2000 年 10 月和 12 月,全国人大常委会第十八次和第十九次会议先后对《婚姻法》(修正案草案)进行了两次审议。2001 年 1 月 11 日,《婚姻法》(修正案草案)向社会公布,在广泛征求意见的基础上,全国人大常委会法制工作委员会做了进一步研究、修改和审议。2001 年 4 月 24 日,全国人大常委会第二十一次会议进行第三次审议,同年 4 月 28 日通过并公布实施。

根据 1997 年最高人民法院《关于司法解释工作的若干规定》,最高法院司法解释的制定一般包括立项、起草、审判委员会讨论通过、发布四个阶段。就一些重要问题,最高人民法院会采用召开座谈会、专家论证会、实地调研、公布征求意见稿等形式征求意见。最高人民法院制定司法解释程序的严格性显然比立法程序差很多,且在短时间内迅速出台。2001 年 12 月 24 日最高人民法院通过《婚姻法解释一》,离《婚姻法》(修正案)实施日不到 8 个月,内容包括家庭暴力的界定、事实婚姻、无效婚姻、可撤销婚姻、夫妻财产关系、子女抚养费、军人离婚、探望权、离婚时经济帮助、离婚损害赔偿等涉及婚姻家

庭利益的重大问题,这无异于最高人民法院与全国人大常委会同步进行婚姻家庭立法。《婚姻法》(修正案)实施两年后,最高人民法院于 2003 年 12 月 25 日出台《婚姻法解释二》。2008 年 1 月,最高人民法院启动《婚姻法解释三》的起草工作,2010 年 11 月 15 日向社会公众发布《婚姻法解释三》(征求意见稿),当时许多专家学者针对一方婚前按揭购房的权益、父母赠与夫妻不动产的归属、婚前个人财产增值等问题提出批评和修改意见[①],社会公众几乎形成男女两大阵营进行对立的褒贬评价。但是,这些对最终于 2011 年 7 月 4 日最高人民法院审判委员会第 1525 次会议通过的《婚姻法解释三》影响甚小,相关规定的表述换汤不换药。为提高审判效率,最高人民法院短时间内迅速出台司法解释,对关乎民众婚姻家庭切身利益、争议很大的问题,没有开展充分的调研和论证,主要从统一审判、方便办案出发,搞"一刀切",导致事后立法、因事设法的现象。

(二)最高人民法院制定《婚姻法》司法解释欠缺价值取向的考量

从立项到公布,制定司法解释整个过程只有最高人民法院一个机关在进行,实际上是最高人民法院审判委员会十几个大法官在运作。法院是一个相对独立、封闭的机构,最高人民法院的大法官具有高学历和法院系统内部工作经历,但并不见得比基层法院办案经验丰富的法官对案件裁判的社会效果有更深的洞察力。尤其是婚姻家庭、继承纠纷案件,受地方风俗、民族习惯、地区经济、文化发展水平等因素的影响,判决结果是否公正,最高人民法院法官不可能全面掌握,对普通老百姓的需求反应迟缓。现今中国社会价值多元,国家公权力介入私人家庭生活的力量弱,司法解释的制定者只依据法律进行判断,不直接考虑婚姻道德伦理、社会性别差异、男女实质上平等等影响立法和司法价值取向的因素,对学术界研究成果和国外立法经验的借鉴甚少,对司法解释适用产生的后果缺乏准确、全面的预测。"……结果是婚姻法的特性在减退而财产法在婚姻家庭领域的运用在增加,进退之间是对中国人婚姻家庭理念的疏远,结果则是削弱了婚姻家庭法共同体存在的基础(包括

---

① 张永英:《婚姻法司法解释(三)专家研讨会观点撮要》,《妇女研究论丛》2011 年第 1 期;蒋月:《论夫妻一方婚前借款购置不动产的利益归属——对"〈婚姻法〉司法解释(三)征求意见稿"第 11 条的商榷》,《西南政法大学学报》2011 年第 2 期;陈苇:《论双方父母赠与夫妻的不动产之归属——对"〈婚姻法〉司法解释(三)征求意见稿"第 8 条第 2 款之我见》,《西南政法大学学报》2011 年第 2 期;杨大文:《略论婚姻法及其适用的价值取向——兼析婚姻法司法解释(三)草案第六条》,《中华女子学院学报》2011 年第 2 期;等等。

精神上与财产法上的共同基础），客观上更是在鼓励人们的功利、计较和算计。"①

(三)司法解释无法完善《婚姻法》配套规定

针对审判实践中急需解决的问题，需要进一步明确法律适用标准，最高人民法院出台司法解释，为各级人民法院判案提供具有可操作性的裁判依据。但是，这种一事求一解、高效统一裁判依据的做法，造成法律制度之间的混乱和不衔接。各项婚姻家庭法律制度构成一个相互协调、相互制约、配套统一的法律体系，《婚姻法解释三》的相关规定充分保护了夫妻个人财产权益，但现行离婚救济制度存在缺失，离婚救济力度过低（本章第四节将详细阐述），适用导致离婚时夫妻利益的分配失衡。然而，最高人民法院对离婚救济制度的完善却无所作为，也许在司法解释制定者看来，这些问题还远没有达到急待解决的程度。仅以一个法律条文就想达到既与《物权法》所有权取得规则一致，保护离婚当事人的个人财产权利，又能救济弱者，平衡离婚当事人利益，使没有取得不动产所有权的一方对不动产保值增值的贡献以及对家庭的付出得到相应的回报，那是很难的！

(四)抽象性司法解释陷入解释再解释的"怪圈"

如前所述，关于《婚姻法解释三》第 5 条"孳息和自然增值"的范围，有不同的理解。第 7 条第 1 款是否限于父母支付全部款项的情形，有不同的意见。第 10 条关于"夫妻一方婚前签订不动产买卖合同"，所购不动产用于投资还是自住不加以区分；"以个人财产支付首付款并在银行贷款"，"个人财产"的界定不明确；仅规定了在银行贷款的情形，借款购买不动产是否包括其中？还需进一步解释。有限的法律语言无法概括和界定千变万化的现实生活，在案件审理的过程中，法官要根据具体情况对如何适用法律规定加以理解和解释。但是，最高人民法院以抽象性法律条文解释既定的、概括性很强的法律规定，在审判实践中，必定要对司法解释的规定再加以解释，从而陷入解释再解释的"怪圈"。

即使几十年来最高人民法院司法解释存在诸多的弊端，但这样"一个权

---

① 金眉：《简论〈婚姻法〉司法解释的困境》，中国法学会婚姻法学研究会 2011 年年会论文集，第 83 页。

力相对薄弱的法院却拥有世界上最为广泛的法律解释权"①，成为除全国人大及其常委会和国务院以外的"第三立法部门"。法官既当"裁判员"，又当"运动员"，具备制定规则和使用规则的双重身份。"如果司法权和立法权合而为一，则将对公民的生命和自由施行专断的权力，因为法官就是立法者，它可以用它的'一般意志'（立法权）去蹂躏全国，它可以用它的个别意志去毁灭每一个公民。"②由最高人民法院以简单易行、"一刀切"的"准立法"形式制定关涉男女老少、千家万户切身利益，关系家庭和谐、社会稳定的婚姻家庭法律，并不妥当，有些规定对人们形成正确的婚恋观产生负面影响。

三、没有建立独立的家事审判机制

20 世纪 50 年代，我国学界开展了一场关于离婚法定标准的大讨论，形成"感情论"与"理由论"的对立。由于"左"的思潮的影响，"理由论"即过错离婚主义占据上风。司法实践中，"理由论"是法院判决离婚的唯一标准，婚姻当事人一方须提供对方在政治或其他方面犯有严重错误的理由，否则要解除婚姻关系是相当困难的。当事人提起离婚需要经过所在单位的批准，法官审理离婚案件，往往多次上门，联合单位有关领导耐心调解，"宁拆百座庙，不毁一桩婚"。又由于计划经济体制下，合同、债务、财产类纠纷案件数量很少，民法理论研究薄弱，法院审理此类案件数量有限，有足够的人力调处婚姻家庭纠纷。当时，沿袭苏联立法模式，婚姻家庭法被确定为独立的法律部门，婚姻家庭的稳定关系国家利益和社会秩序的稳固，国家公权力积极干预家庭生活。改革开放前，可以说，我国形成了极具时代特征和政治色彩的"独立"的家事审判机制。

改革开放后，1980 年《婚姻法》第 24 条以立法形式确定"感情破裂"的裁判离婚法定标准，彻底抛弃了"理由论"。学界因此再次引发"感情论"与"理由论"的论争，经过三十年的经验积累，绝大多数学者、司法实践工作者已深刻认识到"理由论"歪曲了婚姻的本质，以政治标准代替婚姻的特殊属性，造成许多误判和错案，应予以摒弃。因此，"感情论"很快取得优势，学界普遍赞同《婚姻法》的规定。以"感情破裂"作为裁判离婚的法定标准，实行无过错离婚主义意味着婚姻家庭纠纷是私人的纠纷。1986 年《中华人民共和国民法

---

① 方流芳:《罗伊判例中的法律解释问题》，载梁治平编:《法律解释问题》，法律出版社1998 年版，第 314 页。

② ［法］孟德斯鸠著:《论法的精神》（上），张雁深译，商务印书馆 1961 年版，第 156 页。

通则》(以下简称《民法通则》)在立法层面上确立了婚姻家庭法属于民法的组成部分,婚姻家庭关系属于民法的调整对象,是平等主体之间的"私"的关系,排斥国家公权力干预和介入家庭生活。离婚案件由法院审理和裁决,提起离婚不必事先向单位申请、报告。

随着改革开放的深入,尤其是1992年党的十四大确立建立市场经济体制的目标之后,社会经济迅速发展,民事、经济类纠纷案件大量出现,1986年人民法院受理的民事案件和经济纠纷案件数量分别为989000多件和322000多件,而到了1994年人民法院共审结民事案件2382174件,经济纠纷案件1043301件,十年不到的时间,人民法院处理的民事经济纠纷增加了一至两倍。[①] 法院系统承受巨大压力,法官现场调查、调解、处理案件已不现实。20世纪七八十年代,我国法学界开展了关于民法与经济法调整对象的讨论,最终确立民法与经济法分别属于不同的法律部门。1986年《民法通则》确定民法的调整对象是平等主体之间的财产关系和人身关系,其中,财产关系包括物权、债权(合同、无因管理、不当得利)、侵权责任、知识产权、继承等法律关系。此后,各级人民法院调整机构设置,设立若干个民事庭,审理原属于经济审判庭的财产纠纷案件,经济审判庭逐渐被撤销。而婚姻家庭、继承纠纷案件属于民事案件,归民事审判庭审理。虽然各地、各级人民法院民庭的设置和职能不尽相同,但婚姻家庭、继承纠纷案件与其他财产纠纷案件,如人身损害赔偿、合同纠纷等案件一般由同一个民事法庭审理。[②] 法官既审理人身权纠纷案件,也审理财产权纠纷案件。没有建立独立的家事审判机制,产生以下弊端:

(一)法官办案任务重,无暇顾及家事案件的特殊性

最高人民法院民一庭负责人向记者披露当前民商事案件的新特点:民商

---

① 卢上需、熊伟主编:《社会转型中的法院改革》,法律出版社2012年版,第8页。

② 例如,杭州市中级人民法院民事审判第一庭依法审判第一、二审婚姻、家庭、人身权利、房地产及相关的合同等纠纷案件及其相关的涉外、涉港澳台案件和申请撤销仲裁裁决案件。南京市中级人民法院民事审判第一庭审判第一、二审婚姻、家庭、不当得利、无因管理、侵权赔偿等民事案件;审理第一、二审自然人之间,自然人与法人、其他组织之间的合同纠纷案件;审理适用特别程序的案件。北京市朝阳区人民法院民事审判第一庭依法审理婚姻家庭、合同纠纷、侵权和权属纠纷等普通民事案件;医疗纠纷案件;劳动、人事争议案件;因实体问题被发回重审案件、重大疑难和新类型民事案件等。宁波市北仑区人民法院民一庭审判第一审婚姻、家庭、人身权利、房地产及相关合同等纠纷案件及其相关的涉外、涉港澳台案件。

事案件高幅攀升与审判力量严重不足的矛盾、疑难复杂案件数量及所占比例增加、自由裁量权与执法统一之间的矛盾进一步突出。记者了解到,案多人少的矛盾已成为困扰经济发达地区基层法院的突出问题。① 根据 2013 年最高人民法院工作报告,自 2008 年以来,审结一审民事案件 1474.9 万件,同比上升 37.8%,审结婚姻、家庭、继承案件 738.7 万件,同比上升 24.5%。② 婚姻家庭、继承案件占一半以上的比例。民事案件关系民生,涉及面广,繁杂琐碎,民法原理复杂,难以定性。有些民事案件当事人对案情均无异议,但对适用法律依据产生分歧。有的情况是,法官与当事人的代理律师对案件的定性及法律依据持完全不同的意见。为准确定性,庭审外法官需要查阅大量的文献资料,或者多次了解相关行业的知识和惯例。这就延长了案件的审理时间,增加了工作量。有些民事案件案情简单明了,诉讼标的额小,但是,双方当事人却因为意气用事而不肯退让半步,僵持不下,即使适用简易程序审理,也无法做到高效结案。尤其家事纠纷案件,处理不妥,会增加亲属间的怨恨,有的当事人甚至迁怒于审判人员,酿成恶性刑事案件。

法官既审理财产纠纷案件,又审理家事纠纷案件,在巨大办案压力下,很难有时间和精力培养形成审理家事纠纷案件的特殊思维方式,更难以做到上门调处和化解家庭矛盾,有效处理家事纠纷。

(二)变相"简化"家事案件审理程序引发更多的矛盾

案件大量增多,法院人员数量有限,法院为了减轻负担,将原本由当事人实施的诉讼行为及承担的责任归还于当事人,并逐渐划分开了法院与当事人各自应该承担的责任范围,变相地限制了当事人的诉讼权利。通过程序安排,限制当事人收集证据的期限,将证明不能后果的责任推卸给当事人。这既限制当事人"证明权"的行使,也危害法律适用必须基于客观真实基础之上的根本要求。③ 这些问题存在于各类民事案件的审理中,而由于婚姻家庭纠纷具有强烈的伦理性,当事人的情感纠葛复杂、变化大,当事人及其家庭成员往往很难接受案件的审理结果。此外,我国法官队伍中具有高学历的人员越

---

① 《最高法院披露民商事案件新特点:案多人少矛盾突出》,http://www.law-lib.com/fzdt/newshtml/fzjd/20080919083300.htm.

② 《最高人民法院院长作工作报告实录》,http://news.sina.com.cn/c/2013-03-10/104326486583.shtml.

③ 刘荣军:《民事诉讼中新"职权主义"的动向分析》,《中国法学》2006 年第 6 期。

来越多,但同时也年轻化,办案经验不足。不少未婚法官审理家事纠纷案件,就很难理解当事人的感受和苦衷,审理家事案件较为简单、草率。

法院变相"简化"家事案件审理程序,最突出的体现之一是简化调解程序。由于我国目前没有立法规范司法调解的期限和程式,司法调解完全由法官掌控。家事纠纷牵涉当事人复杂的感情纠葛,当事人的态度反复无常、犹豫不决,需要法官耐心地劝解,妥当处理。但是,受审判时限和法官工作态度等因素的影响,调解往往流于形式,很多情况下,法官只是简单询问双方当事人是否同意调解,不同意者等待法院判决,使调解难以达到作为法定程序设置的目的。简化审理程序的另一个突出体现是将证明不能的后果由当事人自行承担。婚姻家庭生活具有很高的私密性,他人不易了解和得知。基于感情因素,当事人不注意或不愿意收集支持自己权利主张的相关证据,一旦面临诉讼,往往因为证据不足而败诉,例如家庭暴力、离婚损害赔偿等案件,许多受害人由于提供的证据不足,诉讼请求不能得到法院的支持。至今,我国不少办案人员仍存在"清官难断家务事"的思想,由当事人承担举证责任,法院不积极行使职权,收集有利于被害人的证据。而且,不善于运用高度盖然性规则认定侵害事实的存在。由此引发的矛盾和问题与其他民事案件相比更加突出,甚至出现人身伤害的严重后果。

(三)以审理财产纠纷案件模式办理离婚案件

现今是婚姻自由的年代,《婚姻法》(修正案)也充分保证当事人的婚姻自由。司法实践中,当事人提起离婚诉讼,并无《婚姻法》(修正案)第 32 条第 3 款和第 4 款规定的情形,只是因双方性格不合、志趣不投而离婚。法院的通常做法是,第一次离婚诉讼通过调解或判决不准离婚,过了六个月,当事人再提起离婚诉讼的,一般都准予离婚。也就是说,法院审理离婚案件的重点不在于判断当事人的感情是否确已破裂,也不侧重于"劝合不劝分",而是充分尊重当事人的意愿,以当事人第二次提起离婚诉讼为参考,判断"感情确已破裂",准予离婚。法院审理离婚案件的重点也不在于离婚救济,因为根据我国现行《婚姻法》的相关规定,能够获得离婚救济的情形少,而且相关制度设定的适用条件已确定,法官自由裁量的空间极其有限,这也不是办理离婚案件的难点。

审理离婚案件的重点和难点是财产权属的确定与财产利益的分配。进入 21 世纪,我国居民的财产数量增多,财产类型多样化,离婚案件中,财产如何分割是当事人争议的焦点,有些财产还涉及第三人,如出资人、债权人等的利益,使案件更加复杂,成为法官审理离婚案件的"烫手山芋"。《婚姻法》(修正案)关于夫妻财产制的规定过于简单、概括,无法适应现实生活的需要。法官既审理财产案件,也审理家事案件,案件多、办案压力大,没有足够的时间和精力形成审理家事案件的特殊思维方式和运用特定的审理方法。同样都是财产纠纷,都是民事案件,在《婚姻法》相关规定不明确、无法可依的情况下,法官习惯性地以审理一般财产纠纷案件的原理和模式处理离婚财产分割问题,较少顾及家庭承载的养老育幼等社会职能,以及婚姻家庭法的伦理属性。最高人民法院颁布的司法解释来源于法院审判经验的总结,这是《婚姻法解释三》关于财产分割的规定价值取向出现"偏离"的重要原因。法官以审理财产纠纷案件的模式审理离婚案件,以财产法原理处理离婚财产分割。对家务劳动的价值、当事人对财产保值增值的贡献、家庭中弱势一方权益的平衡与保护等家事案件特有的问题考虑不够充分,"一刀切"地处理离婚纠纷。没有遵循《婚姻法》(修正案)的价值取向,使得家事纠纷案件的审理效果不够理想,影响人们对婚姻家庭的信心,无形中削弱人们的家庭责任感。

四、缺乏社会性别视角

(一)社会性别基本理论

性别与社会性别是两个不同的概念,20 世纪 70 年代美国女权主义者确立了两者之间的区别。性别是生物学术语,指的是按照基因和性器官的不同将有机体分为雄性和雌性,或特指性的行为。[①] 社会性别是指社会化了的,男权制度极力维护的关于男性/男性特质与女性/女性特质的观念和理想。[②] 社会性别不是固有的、与生俱来的,而是在社会文化发展中形成的,是社会文化习俗将男女两性规范到不同的群体特征和行为方式中。例如,男性应是理性、勇敢、果断的;女性应是感性、温柔、细心、贤惠的。性别不平等也是被人为创造出来的,是被建构的。法国女权主义作家西蒙娜·波伏娃在其名著《第二性》中阐述:第一,妇女拥有的身体和心理是被建构出来的;第二,妇女面临的社会和文化也是被建构出来的;第三,上述两方面相互作用共同强化

---

① 魏国英:《女性学概论》,北京大学出版社 2002 年版,第 27 页。
② [美]安·弗格森著:《女权主义哲学及其未来》,魏艳梅译,载王政、杜芳琴主编:《社会性别研究选译》,生活·读书·新知三联书店 1998 年版,第 406 页。

了妇女的从属地位,女性遭受着强大的束缚甚至于失去人性。①

　　由于男女两性的差异是在社会和习俗中形成的,性别不平等是被建构的,因此,需要变革落后的社会文化和习俗以改变和消除男女间的不平等。社会性别分析方法要求考察女性与男性面对的不同的社会现实、生活期望、经济环境等,认识到一些妇女可能因性别因素而受到歧视,注意到法律以及社会公共政策对女性和男性的不同影响,从而分析法律、政策可能给女性带来的影响,特别是负面影响。社会性别分析的目的是利用法律和政策消除男女的不平等。② 在对男女平等的认识过程中,先后形成了以下几种性别平等观:

1. 无视性别差异的男女平等观

　　20 世纪 60 年代,美国女权主义主流认为,法律制度应该无视性别差异,男人和女人在任何社会位置都应当有平等的机会,享有同样的权利,承担同样的义务和责任。他们的基本观点是:根据自由主义的传统,个人的权力不应该受到国家法律等因素的限制,社会按照公正的原则分配给个人的社会职能和权利应该以个人能力为标准,而不是以性别为准绳;存在于男女之间的差异相对来说没有多少社会意义,他们指出这些差别即使不完全是由教育造成的,至少也是被夸大的,所以他们极力反对保守、反动的男性霸权主义文化将男女之间的差异夸张和扩大。③

　　我国 20 世纪 50—70 年代,奉行的就是无视性别差异的男女平等观。"时代不同了,男女都一样","男人能干的事,女人也能干"。妇女解放是以男性为标准的解放,缺乏女性的性别特征,具有先进性的同时存在内在的缺陷。婚姻自由、男女平等多是在轰轰烈烈的政治社会运动中获得全社会认可的。无论是女性自身的自主意识还是男性对待女性的观念意识都不是现代生产方式发展的产物,未经现代生活方式的洗礼,因而男女平等多停留在表面。④就中国妇女自身而言,从未经历过女权主义大潮的洗礼和冲击,缺乏女性自醒的思想历程,缺少女性主体自主自立的觉悟和勇气。⑤ 虽然法律赋予男女

---

　　① 苏红主编:《多重视角下的社会性别观》,上海大学出版社 2004 年版,第 35 页。

　　② 王丽萍:《美国女性主义法学及其启示》,《法学论坛》2004 年第 1 期。

　　③ 苏红主编:《多重视角下的社会性别观》,上海大学出版社 2004 年版,第 160 页。

　　④ 郭圣莉、杨黎婧:《底层妇女的命运:当代中国妇女解放运动及其限度》,《云南社会科学》2008 年第 5 期。

　　⑤ 苏红主编:《多重视角下的社会性别观》,上海大学出版社 2004 年版,第 165—166 页。

具有平等的权利,但根深蒂固的父权制度并没有消除,传统男女性别模式并没有从根本上改变。大多数妇女仍是家务劳动的主要承担者,在工作中与男人一样开展社会生产活动,回家后还要料理家务,承受双重负担,实际上造成了对妇女的不平等。

2. 重视性别差异的男女平等观

后来,越来越多的女权主义者认识到男女确实存在差异,尤其是生理上的差异,对无视性别差异的男女平等观提出质疑。有一种意见提出,基于男女生理上的差别,法律应该给予妇女特别的保护,例如,在妇女经期、孕期、产期、更年期等应予以特殊照顾和待遇。我国自 20 世纪 80 年代以来,逐渐改变过去"男女都一样"的认识,认为妇女是弱势群体,法律应给予特殊保护。在重申男女平等的原则下,颁布一系列保护妇女权益的法律法规,如 2001 年《婚姻法》(修正案)、1992 年《中华人民共和国妇女权益保障法》(以下简称《妇女权益保障法》)、1986 年《中华人民共和国女职工健康保健暂行规定》、1988 年《中华人民共和国女职工劳动保护规定》等。

但是,男女两性区别对待的平等观造成性别刻板的印象:女性是弱者,需要特殊的照顾和保护。女性也因此失去在某些行业从事工作的机会,造成劳动力过剩,受到就业歧视,工资和待遇被降低。此外,重视性别差异的平等观忽视了女性之间的差异,女性之间的种族、阶层、宗教、身体状况、婚姻状况、劳动能力、受教育水平、文化知识等方面存在差异,许多女性在工作能力、业务水平、劳动技能等方面并不比男性差。鉴于此,激进派女权主义者提出,要实现男女平等就要正面发挥女性的长处,生理差异不是女人的弱点的凭据,反而成为形成妇女力量的源泉。然而,这种以妇女为中心的方法很容易走向女性霸权主义,将同情女性,支持男女平等的男性推向对立面,这无疑是在实现男女平等的道路上为自己制造了一个阻碍。[①]

3. 动态理解性别差异的男女平等观

女权主义对性别差异的理解必须是动态的,而不是静止的,既要重视男女间的差异,也要重视女性之间的差异。女性之间的差异同样不是与生俱来,也不是固定不变的,而是受社会力量的影响,是由社会结构、社会文化决定的。"平等的核心是相同这个概念,即,因为人们在某些方面是相似的,所

---

① 苏红主编:《多重视角下的社会性别观》,上海大学出版社 2004 年版,第 164—165 页。

以他(她)应该享有相同的待遇。但是在强调人类的相同之处时,平等的要求可以被认为是掩盖了人类的差异。'平等'故意不理会历史上和日常经历中个人及群体的特殊性和独特性。'平等'不是对人们即刻感觉到的需要做出直接反应,而是对处于具体情景中的具体的人做了抽象。它试图以一个抽象的规则解决利益冲突。"①由于无视个体及群体的差异,赋予平等的权利实质上创造了不平等的结果。"为了避免这一弊病,权利不应是平等的而必须是不平等的。"②也就是说,要达到一种实质上的平等,即结果或条件的平等,而不是程序与机会的平等。"只有把蒙在公正头上的布全揭掉,允许她看到人类个体的全部特殊性,采取必要的区别对待,以同等对待真正相同的事例,区别对待真正不同的事例,我们才能使公正达到完全的平等。"③

美国学者艾莉森·贾格还提出,平等是个体背景条件而不是目标,公正不是"社会体制的第一美德"。在相互关怀的真正需求面前,公正和平等都会显得相形见绌。女权主义要发展一个独特的关怀概念,女权主义的关怀必须对我们人类的共性和不可避免的特殊性都很敏感。这种关怀既非狭隘的私人性,又非乏味的没人情味,它既不能存在于对抽象法则的机械运用上,又不能存在于缺乏批判力的感情冲动中,它必须同时超越理性主义和浪漫主义。④ 我国学者李小江认为,平等是重要的,但在一个仍充满战争、饥饿、奴役和不平等的世界上,仅仅"平等"是不够的。没有选择自由,"平等"便毫无意义。当代中国妇女研究和妇女运动的一个重要任务,就是要在"被赐予"的权利的基础上,找回曾经"被剥夺了的"自主意识和自由选择的权利。⑤

(二)《婚姻法解释三》相关规定缺乏社会性别视角

《婚姻法解释三》的出台引起社会纷扰,批评和反对意见如此强烈,其中一个很重要的原因是缺乏社会性别视角,其所奉行的男女平等观是无视性别

---

① [美]艾莉森·贾格著:《性别差异与男女平等》,王政译,载杜芳琴主编:《社会性别研究选译》,生活·读书·新知三联书店1998年版,第207页。

② 转引自[美]艾莉森·贾格著:《性别差异与男女平等》,王政译,载杜芳琴主编:《社会性别研究选译》,生活·读书·新知三联书店1998年版,第209页。

③ [美]艾莉森·贾格著:《性别差异与男女平等》,王政译,载杜芳琴主编:《社会性别研究选译》,生活·读书·新知三联书店1998年版,第209页。

④ [美]艾莉森·贾格著:《性别差异与男女平等》,王政译,载杜芳琴主编:《社会性别研究选译》,生活·读书·新知三联书店1998年版,第211页。

⑤ 李小江:《"男女平等"在中国社会实践中的失与得》,载《社会学研究》1995年第1期。

差异的平等观。即使我国社会经济已经有了很大的发展,但几千年沉积的婚嫁习俗和家庭观念并没有实质性的改变,城乡差别、地区差异、区域经济发展不平衡仍突出。但是,《婚姻法解释三》的相关规定没有充分考虑和体现这些,适用的结果给婚姻中弱势一方,尤其是女方造成不公平。

1. 不符合"男婚女嫁"、"从夫居"的传统婚俗

自私有制产生以后,母系氏族时期的男女两性平等状态被打破,取而代之的是男主女从、男尊女卑。婚姻形式由从妻居转向从夫居,女方嫁到男方家从夫居决定了男方准备房屋——不动产,女方置办嫁妆,大多是日常用品。现今,家庭形式小型化,男女结婚后单独居住,共同置办家产,但男婚女嫁的习俗和从夫居的传统仍然在一定程度上有所保留。根据 1998 年的调查(见表),我国农村地区从夫居是占绝对多数的居住方式,在城市中,以往的从夫居虽然随着家庭制度的变迁变得不是那么严格,但准备结婚用房仍然是男方家的事情。

表 1   1988 年五地实际婚后居处比较

	上　海	成　都	青　浦	太　仓	宜　宾	合　计
婚后居住	居住方式现状					
住男方家	54.02%	20.92%	83.00%	87.67%	85.95%	54.98%
住女方家	11.31%	8.55%	12.33%	10.33%	1.67%	9.28%
独立门户	33.29%	70.28%	4.67%	2.00%	12.04%	35.18%
其　他	1.38%	0.26%	0	0	0.33%	0.56%
个案数	796	784	300	300	299	2479

资料来源:沈崇麟、杨善华、李东山主编:《世纪之交的城乡家庭》,中国社会科学出版社 1999 年版,第 60 页。

从表 1 中的数字可知,青浦、太仓和宜宾三个农村地区无一不是首选"住男家",比例均高达 80% 以上,说明"住男家"是这三地的主要模式。上海相对来说较为多样,主要原因在住房。上海青年对婚后居处的选择已经摆脱了父系父权的家庭制度下那种"从夫(父)居"的固定格局。[①] 进入 21 世纪,婚后独立门户则增加很多,但从夫居住仍是一个主要模式。据 2008 年的调查

---

① 沈崇麟、杨善华、李东山主编:《世纪之交的城乡家庭》,中国社会科学出版社 1999 年版,第 60—61 页。

（见表2），在五个城市的家庭中，婚后新居制（即独立门户）已经占到整整一半，它是动摇家庭和社会上的男权制的一个新习俗。婚后从夫居在调查的五个城市家庭中仍然超过四成半，仍是婚后居住的一个主要模式。而婚后从妻居的比例非常低。婚后居住模式的新居制与从夫居制形成抗衡局面。这一调查结果表明，男权制还有较雄厚的根基，尽管婚后的从夫居并不一定是出于自愿的选择和遵循习俗的要求，而是住房紧张造成的。[1]

表 2　2008 年五城市夫妻婚后居处分布

婚后居处	城　市					合　计
	广州	杭州	郑州	兰州	哈尔滨	
独立门户	208	360	406	408	374	1756
	29.1%	53.2%	53.9%	59.1%	55.0%	50.0%
住男方家	488	291	313	262	278	1632
	68.3%	43.0%	41.6%	38.0%	40.9%	46.4%
住女方家	19	26	21	18	16	100
	2.7%	3.8%	2.8%	2.6%	2.4%	2.8%
两地分居	0	0	12	2	12	26
	0	0	1.6%	3.0%	1.8%	7.0%
其　他	0	0	1	0	0	1
	0	0	1%	0	0	0
合　计	715	677	753	690	680	3515
	100.0%	100.0%	100.0%	100.0%	100.0%	100.0%

资料来源：马春华、李银河、唐灿、王震宇、石金群：《转型期中国城市家庭变迁——基于五城市的调查》，社会科学文献出版社2013年版，第178页。

女性的经济实力总体不如男性，第三期中国妇女社会地位调查数据显示，女性有房产（含夫妻联名）的占37.9%，男性有房产的占67.1%。已婚女性中，自己名下有房产的占13.2%，与配偶联名拥有房产的占28.0%；男性这一比例分别为51.7%和25.6%。未婚女性中6.9%拥有自己名下的房产，未婚男性这一比例为21.8%。此外，女性拥有存款和机动车的比例均低于

---

[1]　马春华、李银河、唐灿、王震宇、石金群：《转型期中国城市家庭变迁——基于五城市的调查》，社会科学文献出版社2013年版，第178页。

男性。① 因此,《婚姻法解释三》第10条的规定保护夫妻个人财产权益,实际上更多的是保护婚姻中男方的个人财产权益,在我国离婚救济制度不完善的情况下,适用导致离婚当事人利益的失衡。

2. 忽视家务劳动的价值

中国几千年来,传统家庭的两性关系一直延续,男人给予女人及整个家庭经济支柱,女人依赖婚姻和家庭生存。丈夫挣钱养家糊口,妻子在家操持内务,"男主外,女主内"的分工模式在男尊女卑的家族文化中是得到保护的。"分工的用处并不只视为经济上的利益,而时常用以表示社会的尊卑,甚至还带一些宗教的意味。就是那些不必要特别训练的工作,好像扫地、生火、洗衣、煮菜,若是社会上认为是男子不该动手的,没有人替他们做时,他们甚至会认为挨饿倒可以,要他们操作却不成。"②

现今,随着家务劳动社会化程度的提高,家务劳动的时间逐渐减少。但是,女性需要参加社会劳动,独立谋生,在男女同工同酬、相同的社会竞争压力下,以女性为主承担家务劳动的格局并没有发生很大的变化。尤其在生产力落后的农村地区,农村妇女操持家务劳动量仍然很重。妇女要承担工作和家庭的双重压力。第三期中国妇女社会地位调查显示,女性家务劳动负担较重,平衡工作和家庭难度大,需要社会支持。72.7%的已婚者认为,与丈夫相比,妻子承担家务劳动更多;女性承担家庭中"大部分"和"全部"做饭、洗碗、洗衣服、做卫生、照料孩子生活等家务的比例均高于72.0%,而男性这一比例均低于16.0%。女性承担"辅导孩子功课"和"照料老人"主要责任的占45.2%和39.7%,分别比男性这一比例高28.2和22.9个百分点。③ 由于性别歧视现象仍一定程度存在,女性在就业方面处于劣势,女性劳动收入偏低,在收入和土地收益等方面性别差距明显。认同"男主外,女主内"等传统观念的比例有所回升。第三期中国妇女社会地位调查数据显示,有61.6%的男性和54.8%的女性认为"男人应该以社会为主,女人应该以家庭为主"的观点,男性比女性高6.8个百分点,与2000年相比,男女两性分别提高了7.7和4.4个百分点。对于在社会上引起广泛关注和争议的"干得好不如嫁得

---

① 第三期中国妇女社会地位调查课题组:《第三期中国妇女社会地位调查主要数据报告》,《妇女研究论丛》2011年第6期。

② 费孝通:《乡土中国 生育制度》,北京大学出版社1998年版,第122页。

③ 第三期中国妇女社会地位调查课题组:《第三期中国妇女社会地位调查主要数据报告》,《妇女研究论丛》2011年第6期。

好"的说法,有44.4%的被访者认同,与2000年相比,男女两性对此认同的比例分别回升了10.5和10.7个百分点。① 女性在平衡工作和家庭存在困难的情况下,倾向于"男主内,女主外"的分工模式是正常现象,相应会提出立法承认和体现家务劳动价值的诉求。但是,长期以来家务劳动被认为只是家庭内部"私"的劳动,没有交换价值,不能得到与市场劳动同等的评价和酬劳。离婚时,付出家务劳动较多的一方,大多数是女方,无法获得补偿。

　　家务劳动是否具有价值? 联合国开发计划署发布的《中国:人类发展报告》(1997年)指出,"许多具有经济价值的商品和劳务并未在市场上得到体现","许多家庭和社会工作的价值往往超过生产价值。这些活动有其内在的使用价值或人文价值,却未被作为交换价值而计入。人类发展的核心在于通过人类各种能力的开发来扩大人类的选择机会。收入成为保障能力开发的手段之一,但是,它自己本身不是目的。人们对良好健康的追求,知识的获得,花时间精心培养社会关系,花时间和亲朋好友相聚等——所有这些都是有价值的活动,但是它们也均无标价","全球产值23万亿美元的产值中的70%,即16万亿美元的产值是'看不见的'"。② 家务劳动的价值如何量化?联合国开发计划署《1995年人类发展报告》指出:"妇女非市场劳动的被承认并赋予相应的价值,是一个比社会公正问题更加复杂的事,它关系到妇女在社会中的经济地位。假如更多的人类活动被看做是以工资形式的市场交易,并由此获取庞大的货币价值,粗略估计数字可达16万亿元……上述估计包括了妇女和男人所做的无偿劳动以及妇女在市场形式下所赋予的不平等低价。在所说的16万亿美元中,其中11万亿美元是妇女以非货币形式、看不见的贡献。"③家务劳动的价值难以计算,制约着家务劳动补偿制度的适用。《婚姻法解释三》第5条和第10条的规定没有体现家务劳动的价值,忽视了女性的价值和女性的体会。引用财产法规则"一刀切"地确认家庭财产的归属和分配,以"中性"的法律规定掩盖男女家庭财产权益事实上的不平等。《婚姻法解释三》第7条第2款以按份共有规则处理集中在不动产上的多方利益关系,虽然照顾到了出资父母的利益,但纯粹的财产法规则没有体现配偶的家务劳动价值。

---

　　①　第三期中国妇女社会地位调查课题组:《第三期中国妇女社会地位调查主要数据报告》,《妇女研究论丛》2011年第6期。

　　②　转引自苏红主编:《多重视角下的社会性别观》,上海大学出版社2004年版,第141页。

　　③　转引自黄春晓:《城市女性社会空间研究》,东南大学出版社2008年版,第103页。

需要指出的是，上述分析是将男女两性区分为不同部类的两大群体，对于大多数女性而言，《婚姻法解释三》相关规定的适用产生不公平的法律后果。但是，同样应该看到，女性之间也存在差异，部分女性拥有自己的房产。在计划生育政策下，一对夫妇只有一个子女，有条件的父母同样全部或部分出资为自己的女儿购置不动产，这对传统"从夫居"的习俗是一个突破。社会生活中，"女主外，男主内"的情形已不鲜见，人们也逐渐乐于接受妻子收入高于丈夫收入的家庭组合。丈夫承担家务劳动的情况增多，"经济适用男"更受到女性的青睐。因此，以动态理解社会性别差异的男女平等观来审视和完善相关法律规定，更科学、合理，也是需要深入研究的课题。

五、婚姻家庭法"回归"民法但未理顺与《物权法》、《合同法》的关系

1986 年《民法通则》在立法层面上将婚姻家庭法确定为民法的组成部分，平等主体间的人格关系、身份关系和财产关系属于民法的调整对象。改革开放前，居民的收入低，家庭财产数量少，离婚案件的财产纠纷较少且容易解决，1950 年《婚姻法》和 1980 年《婚姻法》关于夫妻财产制和离婚时财产分割的规定较为简略。20 世纪 90 年代以来，家庭财富增多，财产类型多样化，2001 年《婚姻法》（修正案）的相关规定已不足以适用于解决离婚案件复杂的财产纠纷。然而，我国财产法理论研究和法律规定却相对成熟和完善，这就存在婚姻家庭领域的财产纠纷是否适用《物权法》、《合同法》的相关规定问题。《婚姻法解释三》不少有关夫妻财产制的规定显然直接适用《物权法》和《合同法》规则，如前所述，《婚姻法解释三》第 5 条的规定符合孳息归原物所有人所有的《物权法》规则；第 10 条的规定与《物权法》所有权取得规则相一致；第 7 条第 2 款则引用了《物权法》按份共有的规定；第 6 条的规定直接引用《合同法》第 186 条的规定赋予赠与人任意撤销权。

有观点认为，夫妻共同财产是共有财产，按照新法优先于旧法的原则，必须贯彻《物权法》规定的共有规则；夫妻对共同财产享有的是所有权，夫妻财产所有权取得的规则也必须遵守《物权法》规定的规则。在《婚姻法解释三》中规定的关于夫妻财产关系的规则中，都符合《物权法》的规则。如果据此认为《婚姻法解释三》就成了《物权法》的分支，也是正确的，因为《婚姻法》不能离开《物权法》的规则而对夫妻共有关系另搞一套规则，否则必然造成民法内部规则的混乱，破坏的是民法规则的统一性，破坏的是市民社会的正常秩序。《婚姻法解释三》中有关夫妻身份关系及财产关系中，贯彻了《合同法》的一般

规则,体现了夫妻双方对有关身份关系和财产关系的协议所具有的合意性质,必须按照《合同法》的规则处理,以保证夫妻在这些问题上的平等性。①上述观点有失偏颇,1986 年《民法通则》在立法层面确定婚姻家庭法属于民法的组成部分,但并没有否定和抹杀婚姻家庭法的特殊性。婚姻家庭法具有强烈的伦理性,家庭承载着养老育幼的社会功能,夫妻财产关系在本质上并非物质利益的交换,调整夫妻财产关系的规则必定不同于一般的财产法规则。江平教授指出:"民法所调整的市民社会关系中包含两大类物质生活:一类是人类为了满足自身生产物质需求的经济关系,一类是人类为了使自身能得到种的延续的婚姻家庭关系,而且这两类均属于民法所调整的平等主体之间的关系。"②梁慧星教授也认为:"民法调整民事生活关系,或者说民法是调整民事生活关系的基本法。——民事生活可分为两个领域,一个是经济生活,另一个是家庭生活。如果讲关系,一个是经济生活关系,另一个是家庭生活关系。"③婚姻家庭法和《物权法》同属于民法的组成部分,分别调整市民社会中的亲属关系和经济关系,同属于民事立法中两个相互独立的单行法律,如何能断言《婚姻法》是《物权法》的分支?《婚姻法》规定的夫妻共同财产规则须与《物权法》的规则一致,否则破坏民法规则的统一性,破坏市民社会的正常秩序?"婚姻家庭法是否与物权法接轨,应当根据具体情况,有所接而有所不接。我们所追求的,不是仅仅以财产为砝码的形式意义上的公平,而是符合婚姻制度宗旨和婚姻关系性质在实质意义方面的公平。"④夫妻关系并不都具有合意的性质,婚姻本质是一种特殊的社会关系,而不是自然关系或一般的感情关系。夫妻间的权利义务是法律规定和保障的,即使夫妻间有关财产关系的协议,由于夫妻特定的身份关系而承载着诸多非财产性因素,但也不同于一般合同,不能简单地适用《合同法》规则来调整。为追求与《物权法》和《合同法》的规定一致,或将《物权法》和《合同法》规则适用于解决婚姻家庭领域的财产纠纷,抹杀了婚姻家庭法的特殊性,是造成《婚姻法解释三》关于夫妻财产制规定价值取向偏离的一个重要原因。

---

① 杨立新:《关于适用〈婚姻法〉若干问题的解释(三)的民法基础》,《法律适用》2011 年第 10 期。

② 江平:《中国民法典制订的宏观思考》,《法学》2002 年第 2 期,第 41—42 页。

③ 梁慧星:《为民法典而战斗》,法律出版社 2002 年版,第 28 页。

④ 杨大文:《略论婚姻财产关系法律调整的价值取向——由婚姻法司法解释(三)引起的社会反响谈起》,《中华女子学院学报》2011 年第 6 期,第 6 页。

六、忽视婚姻家庭承载的社会保障功能

家庭具有生产、消费、生育、教育、情感抚慰和养老等多项功能,是家庭成员基本生活的重要保障。在社会竞争日益激烈的今天,家庭的情感、精神慰藉功能越来越重要(下文第三章第二节将详细阐述)。婚姻家庭法律制度应维护和促进家庭功能得以充分发挥,这是婚姻家庭法的特性。但是,《婚姻法解释三》的有关规定引用《物权法》《合同法》规则进行制度设计,忽视了婚姻家庭法的特殊性,没有独立的婚姻家庭财产法律制度,使婚姻当事人的利益保护失衡。

第四节　现行离婚救济制度的救济力度过低

婚姻作为一种利益,从内容分析,婚姻当事人享有性生活利益、相互扶养利益、生育子女利益、相互照顾利益、离婚权等生活性利益。为了得到这些收益,当事人双方必须对婚姻进行投资。婚姻的成本是昂贵的,不仅包括时间、金钱、机会,而且包括情感、精神等人生的一部分或者全部。持续时间越长的婚姻,通常意味着越大的成本支出。然而,婚姻的风险从来都是存在的,婚姻破裂意味着巨额的损失或者成本支出却未能得到应有的合理回报。因此,立法者在设计婚姻法律制度时,不但应当避免人为制造出"制度性不公平",而且应当预见种种利益失衡的可能,事先制定相应规则予以防范,或者待发生不可避免的情形时,为当事人提供适当救济以矫正失衡的天平。[①] 但是,我国现行离婚救济制度没能有效地"矫正失衡的天平",有些规定不尽完善、不够合理。法律保障了离婚自由和婚姻个体的财产权利,但缺乏配套制度保护无过错方以及因离婚而陷入困境的一方当事人的利益,主要表现在以下几个方面:

一、离婚经济帮助制度的适用条件过于严格

司法实践中,离婚经济帮助制度适用少。笔者通过中国裁判文书网查阅了 2014 年浙江省杭州市西湖区人民法院判决结案的 87 件离婚案件,没有一件案件的当事人提出离婚经济帮助。某课题组于 2010 年对三个城市三个基层法院 2008 年审结的一审离婚案件进行调阅,调查数据显示,离婚时一方请

---

① 蒋月:《婚姻家庭法前沿导论》,科学出版社 2007 年版,第 25、26、27 页。

求法院判决给予经济帮助的案件仅 11 件,占全部阅卷总数的 2.8%,女性提出经济帮助要求的占 91%。[①] 另一课题组对重庆市某基层法院 2010—2012 年审结的离婚案件进行抽样调查,调查数据显示,以家务劳动贡献、协助对方工作、生活困难为由请求经济帮助的有 11 件,所占比例为 3.1%,调解及判决获得离婚经济帮助的为 6 件,仅占五成半。[②] 还有课题组调阅吉林省某基层法院 2010—2012 年审结的离婚案件,这一期间没有人申请过离婚经济帮助,法官认为原因是当事人囿于自身的知识水平和专业能力,很难知悉《婚姻法》关于离婚时经济帮助的规定。[③]

　　获得经济帮助的条件规定得过于严格是离婚经济帮助制度适用少的最主要原因。《婚姻法解释一》第 27 条对“生活困难”的解释是“依靠个人财产和离婚时分得的财产无法维持当地基本生活水平。一方离婚后没有住处的,属于生活困难”。然而,现今人们生活水平已经有了很大的提高,离婚时分得的财产不至于无法维持当地基本生活水平。更何况,城市施行最低生活保障制度后,没有劳动能力又没有生活来源的人可依靠领取低保金维持最基本的生活,农村社会保障体系也逐步建立和完善。现行制度的缺陷限缩了获得经济帮助的主体范围,降低了该制度的救济力度,甚至在一定意义上成了社会最低生活保障的补充。“一方离婚后没有住处的,属于生活困难”,如何解释“没有住处”? 租房、回父母家或住单位的集体宿舍等,似乎都不能认定为“没有住处”,因此也难以得到经济帮助。司法实践中,法官对“生活困难”的认识也不完全一致,并不是拘泥于《婚姻法解释一》第 27 条规定的“无法维持当地基本生活水平”,离婚时一方患病也可以获得对方的经济帮助。例如,2013 年 5 月,湖南省湘潭县一对夫妻上午领结婚证,下午婚检,发现女方患有慢性肾炎,两人因此闹离婚。2014 年 4 月,经法院调解,两人达成离婚协议,男方给予女方经济帮助费 2.6 万元。[④] 因此,有必要对离婚经济帮助制度的适用条件重新加以界定。

---

　　① 薛宁兰:《离婚法的诉讼实践及其评析》,《法学论坛》2014 年第 4 期。

　　② 陈苇:《我国离婚救济制度司法实践之实证调查研究——以重庆市某基层人民法院 2010—2012 年被抽样调查的离婚案件为对象》,《河北法学》2014 年第 7 期。

　　③ 李洪祥:《离婚妇女婚姻家庭权益司法保障实证研究——以吉林省中等发达地区某基层法院 2010—2012 年抽样调查的离婚案件为对象》,《当代法学》2014 年第 5 期。

　　④ 《小夫妻上午领证下午婚检　女方患慢性病被诉离婚》,http://news.sina.com.cn/s/2014-06-17/133430376804.shtml.

二、离婚时一方获得经济帮助相当有限

离婚时是否给予经济帮助,经济帮助的多少还要考虑到帮助方的经济状况。司法实践中,获得经济帮助的钱款数额少,且大多数是一次性支付,无法有效缓解受助方离婚后的生活困难。某课题组调阅重庆市某区人民法院2010—2012年审结的360件离婚案件中,调解及判决获得离婚经济帮助的只有6件案件,其中1件是法院判决予以支持,但确定的数额较低,权利人请求5.3万元离婚经济帮助费,法院因义务人"经济收入不高,离婚后无房屋居住等生活困难","参考双方的收入等因素",酌情支持6000元。[①] 在一起离婚案件中,当事人结婚二十多年,丈夫突发脑溢血中风半身不遂留下后遗症,劳动能力严重受损,没有收入,还有高血压。妻子提出离婚,经法院调解,双方达成离婚协议,女方分两次共给予男方3万元经济帮助。[②] 另一起离婚案件中,法院认定女方离婚后没有住处属于生活困难,判决男方给予一定的经济帮助,一次性支付女方经济帮助费1万元。[③] 可见,一方离婚后没有住处的,所获得的金钱帮助数额极其有限,有的只是杯水车薪,基本上没有解决受助方无处可居的困难。

一方离婚后没有住处的,获得对方以住房形式给予帮助的更少。根据《婚姻法解释一》第27条第3款的规定,可以以房屋的居住权或房屋的所有权形式给予帮助,但实际上以房屋所有权的形式给予帮助根本不可能。在我国,房屋仍然是居民一项重要的财产,有的甚至倾尽两代人的积蓄购置一处房产。即使一方有两处以上房产,但房屋毕竟是价值大的不动产,存在私有财产权的保护及利益平衡问题,除非当事人自愿,否则难以落实以房屋所有权的形式给予帮助。因此,离婚时转移房屋所有权给予对方帮助,既不公平也不现实。以房屋居住权的形式给予帮助存在执行上的尴尬,只有一处房产时,离婚不离家对于大部分人来说难以接受。农村离婚案件中,往往是女方回娘家居住,男方给予较少数额的钱款补偿了结。所以,根据《婚姻法解释三》第10条的规定,离婚后,产权登记方仍居住在夫妻曾共同生活过的,曾共同偿还部分贷款的房屋,有的甚至是保值增值的"豪宅";但非产权登记方,即使直接抚养未成年子女,也只

---

① 陈苇.《我国离婚救济制度司法实践之实证调查研究——以重庆市某基层人民法院2010—2012年被抽样调查的离婚案件为对象》,《河北法学》2014年第7期。

② 卫渭、张英莲:《脑溢血中风患者离婚 法院判决妻子适当帮助》,http://news.newsxc.com/shehuixinwen/2014-11-26/199182.html.

③ http://www.court.gov.cn/zgcpwsw/hen/hnszkszjrmfy/xcsrmfy/ms/201505/t20150529_8320145.htm.

能搬离,所获经济补偿数额有限且难以执行,生活水平急剧下降,有的陷于贫困。因此,如果婚姻中弱势一方在离婚后生活水平大幅度下降,那么其就会不得不为了保持现有生活条件,勉强维持名存实亡的婚姻。

三、离婚经济补偿制度的适用范围过窄

根据《婚姻法》(修正案)第 40 条的规定,离婚经济补偿适用的前提条件之一是夫妻双方书面约定实行分别财产制,而我国现今,适用夫妻分别财产制的家庭非常少。笔者在中国裁判文书网查阅的 2014 年浙江省杭州市西湖区人民法院判决结案的 87 件离婚案件,采夫妻约定财产制的案件数为 0。据调查,2001 年 4 月至 2002 年 12 月,在离婚的夫妻中,绝大多数对其财产未做任何约定,适用法定的婚后所得共同财产制,如北京的占被调查案件总数的 97.4%。厦门适用分别财产制的有 2%,适用限定共同制的有 3%。[1] 某课题组调阅了 2008 年北京市海淀区人民法院、上海市闵行区人民法院和哈尔滨市南岗区人民法院审结的离婚案卷,结果显示,夫妻财产制主要是婚后所得共同制,占案件总数的 90% 以上,分别财产制低于 10%。[2]

此外,按照"男主外,女主内"的传统观念,女性从事家务劳动是自然分工的结果。家务劳动被认为是家庭生活的一部分,是对家庭的责任,是家庭成员之间情感的体现,怎么能以金钱来衡量? 更何况,家庭劳动的价值和价格又难以量化,难以计算。因此,与离婚经济帮助制度相比,司法实践中离婚经济补偿制度的适用更少。笔者通过中国裁判文书网查阅的 2014 年浙江省杭州市西湖区人民法院判决结案的 87 件离婚案件中,有 2 个案件的女方当事人诉称自己要工作,回家还要带小孩,承担大部分家务劳动,很辛苦,但是都没有提出离婚经济补偿请求。2008 年北京市海淀区人民法院、上海市闵行区人民法院和哈尔滨市南岗区人民法院审结的离婚案卷均没有体现离婚经济补偿制度的适用。[3] 某课题组调阅重庆市某区人民法院 2010—2012 年审结的 360 件离婚案件中,有 15 件以抚养子女、照料老人、协助另一方工作等付出较多义务为由请求离婚经济补偿,占总数的 4.2%。但因在请求离婚经济补偿的案件当中,无一例属于约定适用分别财产制的,因此法院在判决中对其均未予以支持;仅有 6 件通过当事人达成协议的方式对贡献方予以适当

---

① 夏吟兰:《离婚救济制度之实证研究》,《政法论坛》2003 年第 6 期。
② 王歌雅:《家务贡献补偿:适用冲突与制度反思》,《求是学刊》2011 年第 5 期。
③ 王歌雅:《离婚救济制度:实践与反思》,《法学论坛》2011 年第 2 期。

的补偿。① 适用分别财产制的家庭数量极少,势必限制了离婚经济补偿制度的适用范围,从事家务劳动较多的一方,在离婚时很难得到经济补偿。而且,受传统观念的制约,大多数人也没有主张经济补偿的意识,离婚经济补偿制度形同虚设。

四、离婚损害赔偿制度在司法实践中难以适用

《婚姻法》(修正案)第 46 条规定了离婚损害赔偿制度,但司法实践中,当事人在离婚时提出损害赔偿的案件数量少,获得法院支持的案件数量更少。笔者在中国裁判文书网查阅的 2014 年浙江省杭州市西湖区人民法院判决结案的 87 件离婚案件中,当事人提出离婚损害赔偿请求的案件只有 4 件,仅占总数的 4.6%。其中一件是双方当事人自行约定,男方承诺在离婚后赔偿女方 5 万元,法院判决予以认可,赔偿的原因没有说明。有两个案件的当事人提出对方与他人有不正当关系,但因没有证据或提供的证据不充分而不能得到法院的支持。还有一个案件的原告诉称被告与他人有不正当关系,但没有提供证据,被告承认有这样的事实,但法院认为被告的行为不构成《婚姻法》(修正案)第 46 条规定的离婚损害赔偿的情形,故判决驳回原告的离婚损害赔偿请求。当事人诉称被对方殴打过的案件共有 26 件,占总数的 29.89%,但没有提供证据证明的案件数量为 18 件,提供证据证明的仅有 8 件。这说明,发生家庭暴力的大部分被害人收集和保存证据的意识和能力较差。当事人提供的证据主要有警察的接警记录、病历记录、受伤照片、录音、证人证言等,但这 8 个案件中,被害人提供的证据得到法院采纳,认定构成家庭暴力的只有 3 件。其中有一件较为特殊,双方当事人因琐事争吵打架,男方认为岳母挑拨离间,怀恨在心欲毒死岳母,投毒未遂被判处有期徒刑三年。男方服刑期间,女方第二次起诉离婚,法院判决准予离婚。该案中男方投毒岳母的行为可以归类为家庭暴力。可见,法院认定构成家庭暴力的条件严格,对家庭暴力的证明要求很高。而当事人诉称被对方殴打过的所有 26 件案件,没有当事人提出离婚损害赔偿请求。当事人提出对方存在家庭暴力的目的是获得法院准予离婚的判决,至于要求对方离婚损害赔偿则不在考虑范围内,法官也没有加以明示。但当事人没有提供证据证明的 18 件案件,法院都判决不准予离婚,认定构成家庭暴力的 3 件案件,法院判决准予离婚。当事人诉称对方与他人有不正当关系,但没有提供证

---

① 陈苇:《我国离婚救济制度司法实践之实证调查研究——以重庆市某基层人民法院 2010—2012 年被抽样调查的离婚案件为对象》,《河北法学》2014 年第 7 期。

据证明的有 8 件;提供证据证明但法院不予认定的有 4 件,当事人提供的证据主要有:对方与第三者一同旅游的车票、照片、决定拍婚纱照的预约单、中国电信客户语音详单等,但都没有得到法院的认定,无法证明对方构成"有配偶者与他人同居"的情形。证明对方有不忠的过错行为比证明家庭暴力的难度更大。另据调查,2008 年北京市海淀区人民法院审结的离婚损害赔偿案件共 9 件,仅占案件总数的 6.3%,法院准予离婚损害赔偿的仅有 3 件。[1] 某课题组调阅重庆市某区人民法院 2010—2012 年审结的 360 件离婚案件中,以实施家庭暴力、有配偶者与他人同居为由提出离婚损害赔偿的只有 9 件,占所调查案件的 2.5%。有 4 件法院均以证据不足、请求方有过错、不具有法定理由等为由而不予支持,只有 5 件获得离婚损害赔偿。其中 2 件是法院判决结案,3 件是通过当事人协商调解结案。[2]

　　从上述调查结果可见,离婚损害赔偿制度在司法实践中难以适用的原因主要有:①对无过错方举证责任和证明标准要求过高。《婚姻法》(修正案)第 46 条规定的获得离婚损害赔偿的四种情形均涉及当事人的隐私,行为具有很强的隐蔽性,无过错方难以掌握足够的证据证明,只能败诉。②离婚损害赔偿的法定事由过少,没有设一个兜底性条款给法官自由裁量的余地。③部分法官缺乏社会性别意识,或追求调解结案,没有根据《婚姻法解释一》第 30 条的规定,将《婚姻法》(修正案)第 46 条等规定中当事人的有关权利义务,书面告知当事人。当事人大多欠缺法律知识,有的急于离婚,摆脱痛苦的婚姻生活,放弃对财产、损害赔偿、经济补偿等主张,限制了该制度的适用。这使得该项制度旨在保护无过错方合法权益,填补损害,惩戒过错方的目的无法得到实现,没有发挥其应有的作用。

　　离婚救济制度的救济力度低与离婚当事人对不动产利益的争夺具有密切的联系,因为婚姻当事人对婚姻的投入不能得到合理预期的回报,人们往往会为自己的利益"留一手",保值增值的不动产无疑成为当事人"算计"、争夺利益的焦点。我国现今,不动产仍是稀缺资源,在离婚救济不力的情况下,将婚姻利益的平衡仅诉诸不动产利益的分配上,面对个体婚姻利益与不动产产权人财产利益的冲突,孰轻孰重? 难以得出一个让大多数人满意的答案。所以,仅以《婚姻法解释三》第 7 条和第 10 条的规定,就想达到既保护婚姻个体不动产权益,又平衡了婚姻当事人利益的目的是不现实的。

---

[1]　王歌雅:《离婚救济制度:实践与反思》,《法学论坛》2011 年第 2 期。

[2]　陈苇:《我国离婚救济制度司法实践之实证调查研究——以重庆市某基层人民法院 2010—2012 年被抽样调查的离婚案件为对象》,《河北法学》2014 年第 7 期。

第三章　当代中国婚姻家庭法价值取向的建构及其依据

　　婚姻家庭的研究涉及领域很广,包括伦理学、社会学、心理学、历史学、人类学等学科,确立当代中国婚姻家庭法的价值取向不应囿于法学领域。通过社会调查,可以了解我国夫妻财产习惯和传统婚嫁习俗的影响。从家庭社会学角度,考察当代我国民众的主流婚姻家庭价值观念,以及现今我国家庭的功能,从而为婚姻家庭法价值取向的确立提供现实依据和家庭社会学基础。

第一节　我国夫妻财产制若干问题的社会调查及其启示

　　制定法律须扎根于广大民众的意识,尤其婚姻家庭法律制度,更应基于社会民众的婚嫁习俗。为了了解普通民众对我国现行法定夫妻财产制度的认同度,对《婚姻法解释三》关于夫妻财产关系规定的观点和看法,以及传统婚嫁习俗在现今社会的影响力,我们开展了我国夫妻财产习惯若干问题的社会调查,以作为确定我国现行婚姻家庭财产法律制度价值取向的现实依据。社会调查主要采问卷调查和访谈两种方式,问卷调查的对象是普通民众,访谈的对象是基层法院具有审理离婚案件丰富经验的法官和基层妇联干部。

一、问卷调查及其启示

（一）问卷调查的基本情况

　　本次问卷调查共发放问卷 1000 份,收回 893 份,有效问卷为 801 份。

　　（1）主要内容。基于夫妻财产制的基本内容,针对《婚姻法解释三》关于夫妻间不动产归属和利益分配的争议问题,本次问卷调查涉及以下问题:

①对夫妻财产制的选择;②对结婚时置办家产,男女双方如何分配的看法;③对婚前一方首付,婚后共同还贷房屋归属的看法;④对婚后一方父母全部出资,产权登记在出资人子女名下的房屋归属的看法;⑤对婚后双方父母共同出资,产权登记在一方出资人子女名下的房屋归属的看法;⑥对婚后一方父母部分出资,产权登记在出资人子女名下的房屋归属的看法。

(2)调查地点。限于人力、物力,本次问卷调查没有从全国范围展开,而是集中在浙江省大部分市、县(区),以及江苏省、山东省、广西壮族自治区、福建省等部分市、县(区)。即使如此,调查地点涵盖了经济、文化发展水平不同的地区,而且,广西壮族自治区和福建省民俗民风的地方性色彩较浓厚,具有一定的代表性。选取的调查地点能较全面、客观地反映我国实际情况。

(3)调查对象的基本情况。调查对象的基本情况主要包括以下几个方面:性别、年龄、婚姻状况、受教育程度、职业、年收入、与配偶相比收入情况。

①性别:男性占 51.19%,女性占 48.81%,基本达到性别平衡。

②年龄:从 20 周岁至 60 周岁以上,覆盖从青年到老年各个年龄阶段。

③婚姻状况:已婚占 69.29%(其中再婚占 2.50%),未婚占 21.97%,离婚占 5.74%,丧偶占 3.00%。

④受教育程度:小学占 8.36%,初中占 17.25%,中专占 6.25%,高中占 17.13%,职高占 4.38%,大专占 15.38%,大学占 23.13%,研究生占 7.88%。

⑤职业:工人占 7.70%,农民占 11.00%,军人占 1.22%,机关事业单位人员占 22.98%,企业职员占 17.11%,私营企业主占 9.41%,个体工商户占 9.54%,学生占 7.09%,退休人员占 1.59%,其他占 12.35%。

⑥年收入:从无收入到 20 万元以上不等。

⑦与配偶相比收入情况:比配偶收入高者占 31.65%,比配偶收入低者占 33.81%,与配偶收入相当者占 34.53%。其中比配偶收入高者,男性占了 27.52%,女性只占 4.14%,比配偶收入低者,女性占 27.88%,男性仅占 5.94%,说明家庭中男性收入普遍比女性收入高。与配偶收入相当者,男性占 16.73%,女性占 17.81%,比例基本相同。

(二)问卷调查的结果

1.夫妻财产制习惯的调查结果

(1)民众对夫妻财产制的选择

目前,世界各国、各地区采用的夫妻法定财产制主要有以下几种:一般共同制;动产及所得共同制;婚后所得共同制;婚后劳动所得共同制;分别财产制;剩余共同制。我国《婚姻法》(修正案)规定的夫妻法定财产制是婚后所得共同制。为了了解民众对夫妻财产制的选择倾向,此次问卷调查设计了以下问题:您觉得以下哪种夫妻财产制最合适? A. 婚前婚后财产均归夫妻共有;B. 婚前婚后财产各自所有;C. 婚前财产各自所有,婚后取得的财产(包括继承和接受赠与所得的财产)双方共有;D. 婚前财产各自所有,婚后劳动收入双方共有,继承或接受赠与所得的财产各自所有;E. 婚前婚后财产各自所有,离婚时平分婚后双方收入的差额(例如:甲和乙结婚后,甲的收入为 20 万元,乙的收入为 10 万元,离婚时,甲的收入比乙多 10 万元,甲要分 5 万元给乙)。上述问题代表的夫妻财产制依次是:A. 一般共同制;B. 分别财产制;C. 婚后所得共同制;D. 婚后劳动所得共同制;E. 剩余共同制。调查结果如图 1 所示:

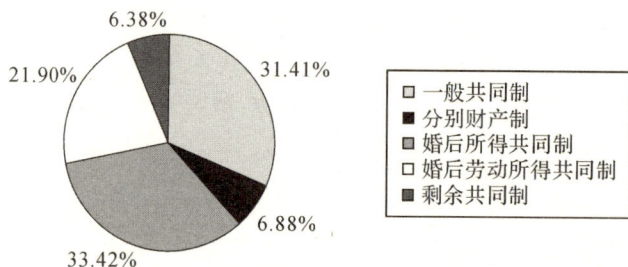

图1

选择婚后所得共同制的比例最高,占 33.42%,说明民众对现行夫妻法定财产制的认同度最高,现行夫妻法定财产制的规定与广大民众的夫妻财产制习惯相符。但同时,选择一般共同制的比例占 31.41%,仅低于前者 2.01个百分点,位居第二。由此可见,我国大多数民众仍保持传统的婚姻家庭财产观念,即结婚后财产不分你我。此外,选择婚后劳动所得共同制的比例也比较高,达 21.90%,说明相当一部分民众倾向于认为夫妻共同劳动创造的财富归夫妻共有,而其他非劳动收入没有共同付出的,应归各自所有。选择分别财产制和剩余共同制的比例不高,因其不符合我国传统的婚姻家庭观念,绝大多数民众不认同或者不熟悉。

(2)年龄对夫妻财产制选择的影响

问卷调查统计的数据表明,不同年龄阶段的民众对夫妻财产制的选择也有明显的差别,并呈现一定的规律性。调查结果如图 2 所示:

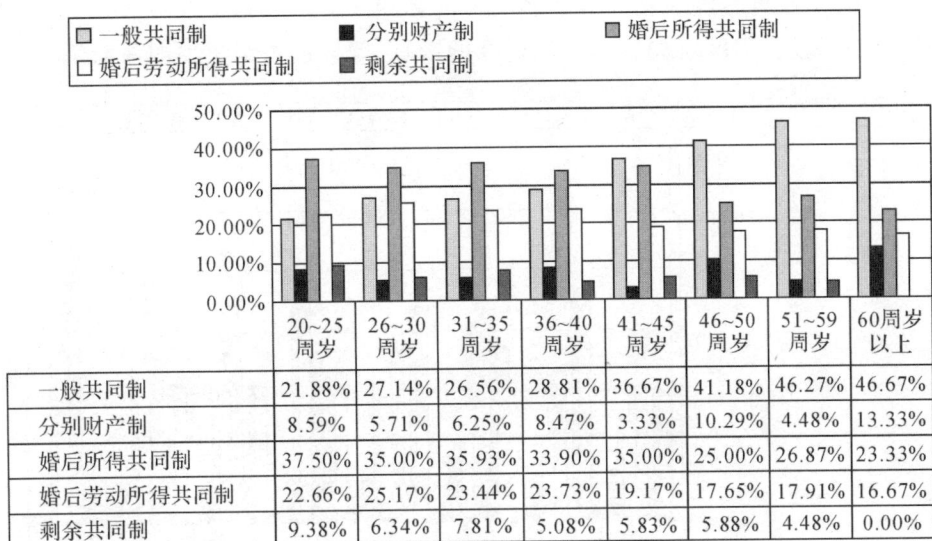

	一般共同制		分别财产制		婚后所得共同制
	婚后劳动所得共同制		剩余共同制		

	20~25周岁	26~30周岁	31~35周岁	36~40周岁	41~45周岁	46~50周岁	51~59周岁	60周岁以上
一般共同制	21.88%	27.14%	26.56%	28.81%	36.67%	41.18%	46.27%	46.67%
分别财产制	8.59%	5.71%	6.25%	8.47%	3.33%	10.29%	4.48%	13.33%
婚后所得共同制	37.50%	35.00%	35.93%	33.90%	35.00%	25.00%	26.87%	23.33%
婚后劳动所得共同制	22.66%	25.17%	23.44%	23.73%	19.17%	17.65%	17.91%	16.67%
剩余共同制	9.38%	6.34%	7.81%	5.08%	5.83%	5.88%	4.48%	0.00%

图 2

从图 2 中数据可看出以下规律：

①年龄与一般共同制的选择成正相关关系,即年龄越大的人,选择一般共同制的比例越高,基本上呈依次递增的现象。60 周岁以上选择一般共同制的比例最高,达 46.67％,其次是 51～59 周岁阶段,达 46.27％。

②选择婚后所得共同制比例达 30％以上的集中在 20～45 周岁阶段群体,年龄在 46 周岁以上的选择比例则在 30％以下,46 周岁以上年龄阶段的群体更倾向于选择一般共同制,选择比例达 40％以上。

③选择婚后劳动所得共同制的比例达 20％以上的集中在 20～40 周岁这一年龄阶段,其中 26～30 周岁的群体选择比例最高,达 25.17％,而 41 周岁以上的群体选择比例较低,在 20％以下,且选择比例随年龄的增大呈递减趋势。可以看出,20～40 周岁正是劳动旺盛期,更注重劳动所得共同共有。而年龄较大的群体,劳动所得减少,注重婚前婚后所得财产共同共有,这样养老才更有物质保障。

④选择剩余共同制的比例随着年龄的增加呈递减趋势,60 周岁以上的群体选择比例为零,说明年龄越大的人越不了解何为剩余共同制,也不加以选择。

⑤选择分别财产制的比例则看不出明显的规律,这与问卷调查对象在做选择时存在一定的随意性有关。

（3）受教育程度对夫妻财产制选择的影响

关于教育程度对夫妻财产制选择的影响，问卷调查结果如图3所示：

□ 一般共同制　■ 分别财产制　▨ 婚后所得共同制　□ 婚后劳动所得共同制　■ 剩余共同制

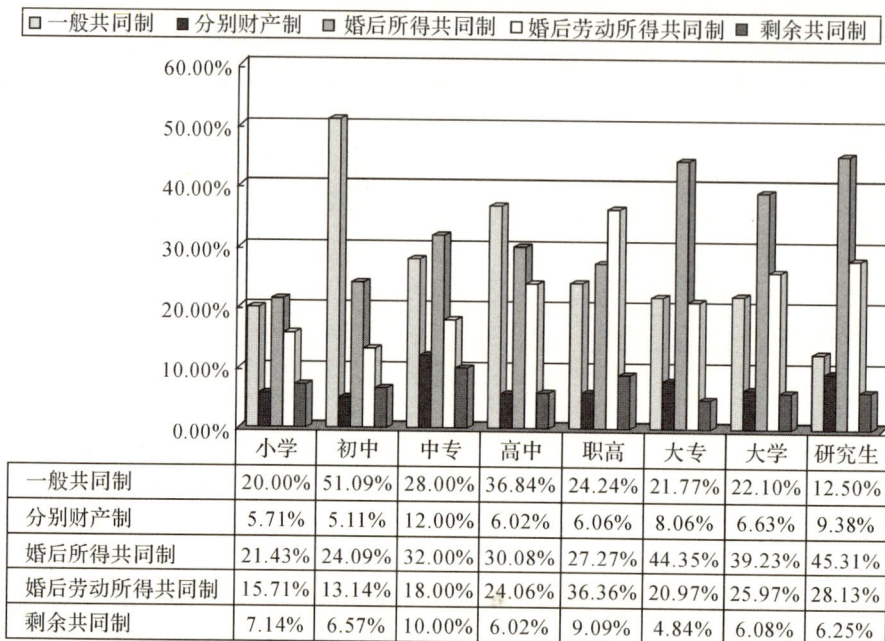

	小学	初中	中专	高中	职高	大专	大学	研究生
一般共同制	20.00%	51.09%	28.00%	36.84%	24.24%	21.77%	22.10%	12.50%
分别财产制	5.71%	5.11%	12.00%	6.02%	6.06%	8.06%	6.63%	9.38%
婚后所得共同制	21.43%	24.09%	32.00%	30.08%	27.27%	44.35%	39.23%	45.31%
婚后劳动所得共同制	15.71%	13.14%	18.00%	24.06%	36.36%	20.97%	25.97%	28.13%
剩余共同制	7.14%	6.57%	10.00%	6.02%	9.09%	4.84%	6.08%	6.25%

图3

受教育程度不同，对夫妻财产制的选择也产生很大影响。文化程度越低，更倾向于选择一般共同制。例如，初中文化程度的群体选择一般共同制的比例高达51.09%，高中文化程度群体选择比例达36.84%，而研究生文化程度的群体选择比例只有12.50%。选择分别财产制比例最高的是中专文化程度群体，达12.00%，其余选择比例较高的是受教育程度高的群体，依次是研究生文化程度9.38%，大专文化程度8.06%和大学文化程度6.63%。选择婚后劳动所得共同制的比例呈现的规律与之相似，除了职高文化程度群体选择比例最高，达36.36%以外，研究生、大学、高中文化程度群体的选择比例高于其他文化程度较低的群体的选择比例。以上数据分析说明，受教育程度越高的群体，财产独立意识越强，对配偶另一方的经济依赖程度越低。

2. 结婚置办家产，如何合适分配的调查结果

（1）民众的选择

根据我国传统男婚女嫁习俗，一般由男方买房，女方提供日用品。为了了解现今广大民众是否仍承袭这一传统婚嫁习俗,本次问卷调查设计了以下问题:对未婚者的问题是:(未婚者填写)你认为结婚置办家产,双方如何分配最合适? 对已婚者的问题是:(已婚者填写)你们结婚时置办家产,是如何分配的? 两个问题的选项相同,即:A. 男方买房,女方提供日用品;B. 女方买房,男方提供日用品;C. 全部由男方提供;D. 全部由女方提供;E. 男女双方共同出资购买;F. 其他。调查结果如图 4 显示:

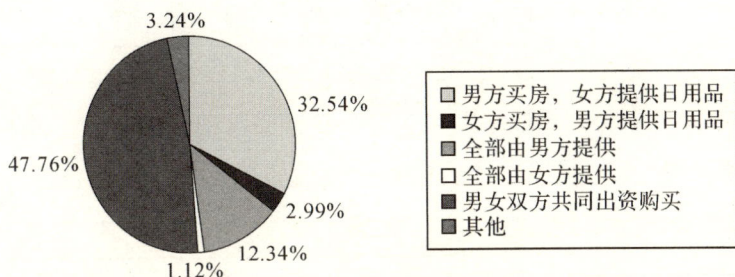

图 4

由此可见,选择双方共同出资购买的比例最高,达 47.76%,接近 50%。位居第二的是男方买房,女方提供日用品,比例为 32.54%。然而,前者比后者高出 15.22 个百分点,说明男方买房、女方提供日用品的传统婚嫁习俗仍存在,但不能称为主流。此外,女方买房、男方提供日用品的比例为 2.99%,全部由女方提供的比例为 1.12%,这表明现今结婚置办家产,女方的投入增多,而不只是由男方承担巨资置办家产的压力。这大致可以归结于以下原因:其一,女性参加社会劳动,具备独立的经济能力,有一定的积蓄投入结婚时家产的置办。其二,独生子女政策的推行,男女都一样,女方家经济条件好的,有能力也乐意为女儿出嫁购买房产或大宗物品。其三,人们社会观念的转变,结婚时男女双方共同出资置办家产并不表示男方家没有能力、地位低。很多情况下,即使男方或女方购买房产,另一方提供日用品,但他(她)们也会选择双方共同出资购买这一选项,表明人们对婚姻财产不分你我,共同共有的观念和意愿比较明显。

(2)与配偶相比收入情况高低对此问题选择的影响

关于与配偶相比收入情况高低对此问题选择的影响,可见图 5:

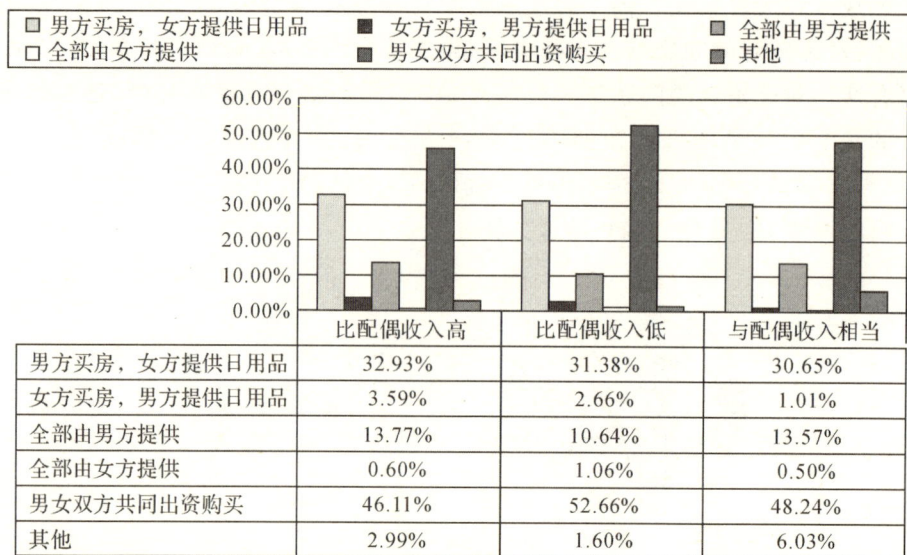

图例		
☐ 男方买房，女方提供日用品	■ 女方买房，男方提供日用品	▨ 全部由男方提供
☐ 全部由女方提供	■ 男女双方共同出资购买	▨ 其他

	比配偶收入高	比配偶收入低	与配偶收入相当
男方买房，女方提供日用品	32.93%	31.38%	30.65%
女方买房，男方提供日用品	3.59%	2.66%	1.01%
全部由男方提供	13.77%	10.64%	13.57%
全部由女方提供	0.60%	1.06%	0.50%
男女双方共同出资购买	46.11%	52.66%	48.24%
其他	2.99%	1.60%	6.03%

图 5

调查数据表明，与配偶相比收入情况高低对结婚时置办家产的分配有较大影响。比配偶收入低者，选择双方共同出资购买的比例为 52.66%，高于收入与配偶相当者和收入比配偶高者选择该项的比例。说明比配偶收入低者更倾向于结婚时共同出资置办家产，并且将之确定为夫妻共同所有的财产。选择男方买房、女方提供日用品的群体中，比配偶收入高者选择此项的比例为 32.93%，略高于比配偶收入低者和与配偶收入相当者选择此项的比例，这与基本情况统计结果男方收入普遍比女方收入高的情况一致，表明男方收入比女方收入高，男方买房、女方提供日用品的情况较多。与之相似，选择全部由男方提供的群体中，比配偶收入高者的选择比例也略高于其他两者的选择比例。

3. 婚前一方首付，婚后共同还贷的房屋归属的调查结果

针对《婚姻法解释三》第 10 条引发的争议，为了了解广大民众的看法，本次问卷调查设计了如下问题：婚前一方支付首付款买房，婚后双方共同还贷，该房屋应归谁所有？A. 婚前付款方个人所有；B. 夫妻双方不分份额共有；C. 夫妻双方按出资比例共有。

（1）民众的选择

民众的选择调查结果如图 6 所示：

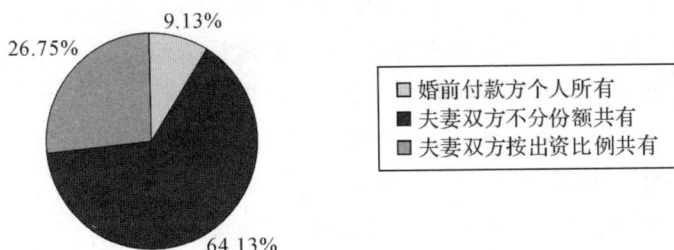

图 6

数据显示,64.13％的人认为房产应归夫妻不分份额的共有,26.75％的人认为房产由夫妻双方按出资比例共有,只有 9.13％的人认为房产归婚前付款方个人所有。由此可见,《婚姻法解释三》第 10 条的规定与大多数民众的观点相悖,此规定与广大民众的意愿和习惯不符。

(2)性别不同对此问题选择的影响

针对《婚姻法解释三》第 10 条的规定,持反对意见者(大多数是女性)认为,此规定没有顾及婚姻中弱势一方,尤其是妇女的权益,离婚时,女方往往陷入被"扫地出门"的境地。对于性别不同的选择情况,调查结果如图 7 所示:

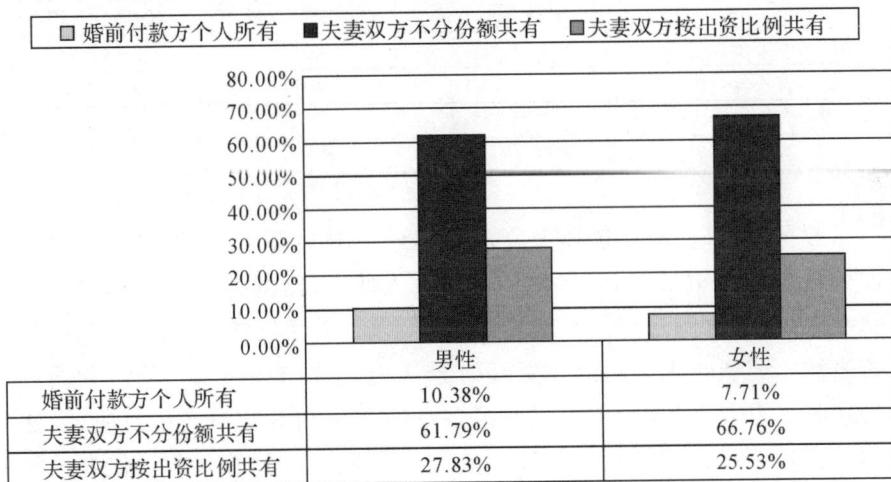

	男性	女性
婚前付款方个人所有	10.38%	7.71%
夫妻双方不分份额共有	61.79%	66.76%
夫妻双方按出资比例共有	27.83%	25.53%

图 7

从图七的数据可以看出,女性选择夫妻双方不分份额共有的比例为 66.67％,高出男性选择此项的比例(61.79％)4.97 个百分点。而男性选择婚前付款方个人所有的比例则高于女性选择此项的比例 2.67 个百分点,男性选择夫妻双方按出资比例共有的比例高于女性选择此项的比例 2.3 个百分点。虽然比例相差不大,但也可以说明,女性比男性更倾向于认为婚前一方首付,婚后共同还贷的房屋归夫妻共同共有,而男性较多地认为应属于一方个人财产,或夫妻双方按出资比例共有。这与现今社会,男性收入普遍高于女性收入,且有相当部分人结婚时由男方买房,女方提供日用品的情况相符。婚姻中经济地位处于优势的一方,希望将房产的归属确定得清楚些,以维护个人财产权利。

(3)与配偶相比收入高低对此问题选择的影响

与配偶相比收入高低也是影响此问题选择的重要因素,调查结果如图8显示:

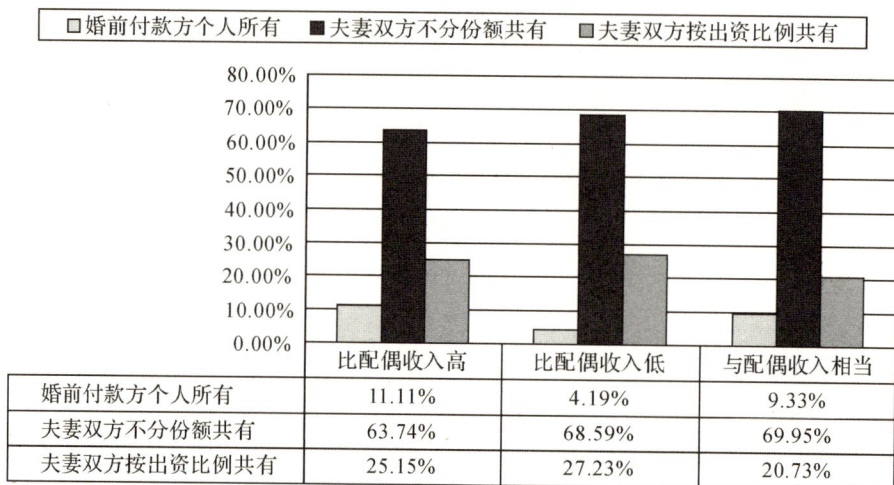

	比配偶收入高	比配偶收入低	与配偶收入相当
婚前付款方个人所有	11.11%	4.19%	9.33%
夫妻双方不分份额共有	63.74%	68.59%	69.95%
夫妻双方按出资比例共有	25.15%	27.23%	20.73%

图 8

从数据中可以看出,选择夫妻双方不分份额共有中,与配偶收入相当者的比例最高,达 69.95%,其次是比配偶收入低者,比例为 68.59%,最后是比配偶收入高者,比例是 63.74%,低于前者 4.85 个百分点。这说明,与配偶收入相当和比配偶收入低的群体更倾向于认为,婚前一方首付,婚后共同还贷的房屋归夫妻双方共同共有,以维护自身的住房利益。与之相对应的,比配偶收入高者选择婚前付款方个人所有的比例最高,而比配偶收入低者选择此项的比例最低,较前者低了 6.92 个百分点,这同样与男性收入普遍高于女性收入、男婚女嫁习俗有关。有趣的是,比配偶收入低者选择夫妻双方按出资比例共有的比例高于比配偶收入高者选择此项的比例,高出 2.08 个百分点。这可以反映出,少部分比配偶收入低的人,无论男性还是女性,希望房产归属上明白、公平地分清你我,以避免纠纷。

（4）受教育程度不同对此问题选择的影响

受教育程度不同者对该问题也会有不同的选择，调查结果如图9显示：

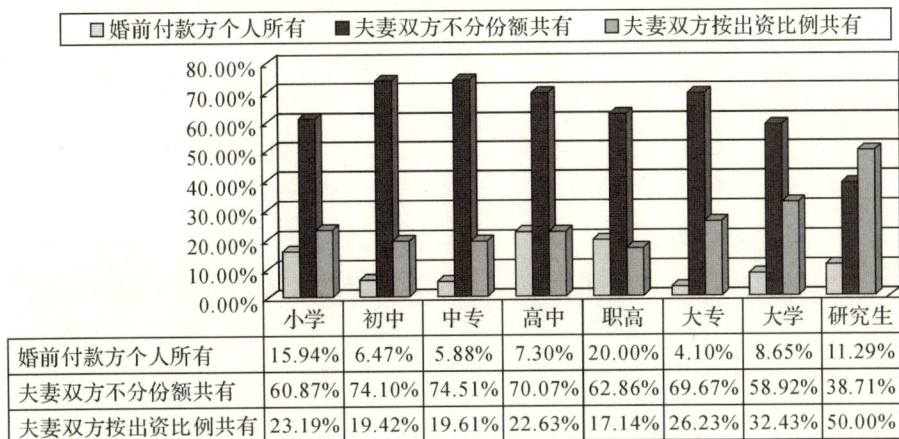

	小学	初中	中专	高中	职高	大专	大学	研究生
婚前付款方个人所有	15.94%	6.47%	5.88%	7.30%	20.00%	4.10%	8.65%	11.29%
夫妻双方不分份额共有	60.87%	74.10%	74.51%	70.07%	62.86%	69.67%	58.92%	38.71%
夫妻双方按出资比例共有	23.19%	19.42%	19.61%	22.63%	17.14%	26.23%	32.43%	50.00%

图 9

图九中的数据显示，文化程度较低的群体，除了小学文化程度以外，初中、中专、高中文化程度群体选择夫妻双方不分份额共有的比例均在70%以上，而大学文化程度和研究生文化程度群体选择夫妻双方不分份额共有的比例较低，分别是58.92%和38.71%。与之相对应，选择夫妻双方按出资比例共有的比例高的主要是高学历群体，研究生文化程度群体选择比例最高，达50.00%，其次是大学文化程度32.43%。由此可见，受教育程度较高的人越能突破传统的婚姻观念，注重婚姻家庭中的个体利益。

4.婚后一方父母全部出资，产权登记在出资人子女名下的房屋归属的调查结果

根据《婚姻法解释三》第7条第1款的规定，婚后一方父母全部出资，产权登记在出资人子女名下的不动产视为对自己子女一方的赠与，认定为夫妻一方的个人财产。此规定是否得到大多数民众的认可？问卷调查设计了如下问题：小张和小王结婚后买房，小张的父母支付了全部房款，产权登记在小张名下，该房屋的所有权归谁？A. 夫妻共有；B. 小张所有；C. 小王所有；D. 小张的父母所有。调查结果如下：

（1）民众的选择

民众的选择结果如图10所示：

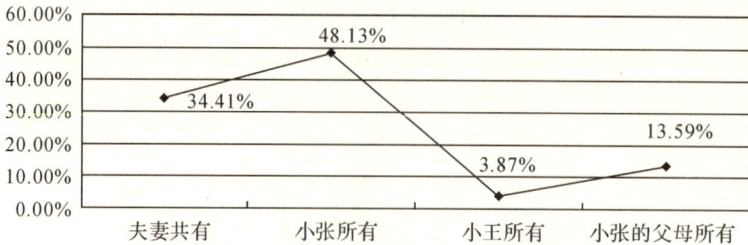

图 10

从图十的数据看出,48.13％的民众选择归小张所有,比例接近一半,居首位。认为归夫妻共有的比例为 34.41％,低于前者 13.72 个百分点,位于第二。可见,大多数民众认同《婚姻法解释三》第 7 条第 1 款的规定,此情形下将房屋视为对出资人子女一方赠与的规定符合大多数民众的习惯,将出资父母碍于情面不便言明的只赠与自己子女的真实意愿表达出来,也符合出资父母的子女的愿望,有利于平衡出资父母和婚姻当事人的权益。同时,从调查数据可看到,13.59％的民众认为房屋属于出资父母所有,说明少部分民众主要从购买房屋资金的来源确定房产的归属,更倾向于保护出资者的利益。

（2）性别不同者的选择

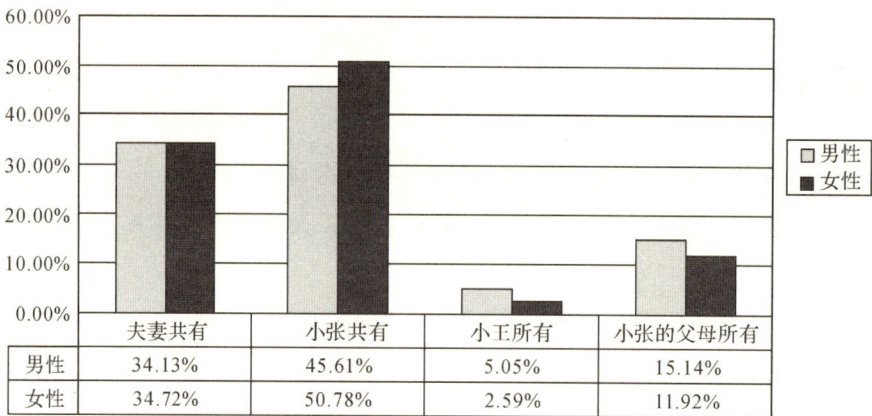

	夫妻共有	小张共有	小王所有	小张的父母所有
男性	34.13%	45.61%	5.05%	15.14%
女性	34.72%	50.78%	2.59%	11.92%

图 11

由图 11 可见,女性选择归小张的比例高于男性选择此项的比例,而男性与女性选择归夫妻共有的比例相当。我国现今,男方购买房屋、女方提供日用品的习俗在一定程度上保留,故此情形应该以男方父母出资为儿子购买房屋居多。但是,大多数女性并没有认为其属于夫妻共有财产。这说明,现今我国女性的独立意识增强,大多数女性并无借婚姻无偿获取巨额财产利益的贪欲。

（3）收入与配偶相比高低情况不同对选择此项的影响

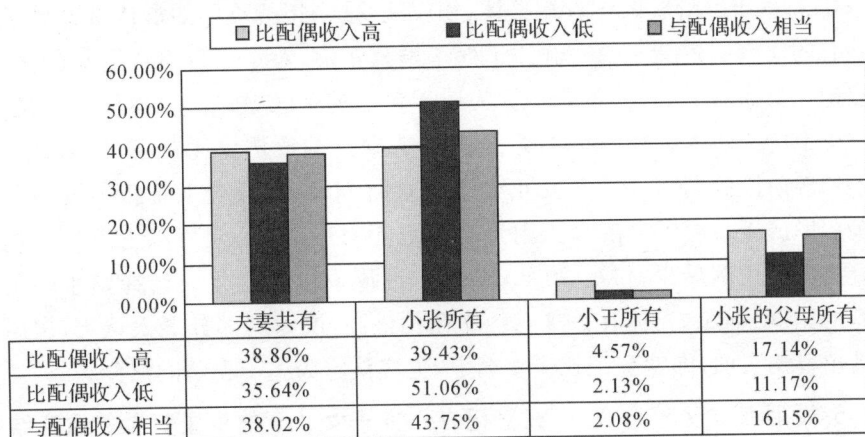

	夫妻共有	小张所有	小王所有	小张的父母所有
比配偶收入高	38.86%	39.43%	4.57%	17.14%
比配偶收入低	35.64%	51.06%	2.13%	11.17%
与配偶收入相当	38.02%	43.75%	2.08%	16.15%

图 12

从图 12 中的数据可见，收入比配偶低者选择房屋归小张所有的比例最高，达 51.06%，而选择夫妻共有的比例最低，为 35.64%。家庭中女性收入普遍比男性低，但大多数女性并没有因此认为婚后一方父母出资，产权登记在出资人子女名下的房屋属于夫妻共有财产，这与上述（2）性别不同者的选择反映了同样的情况。

（4）年龄不同者的选择

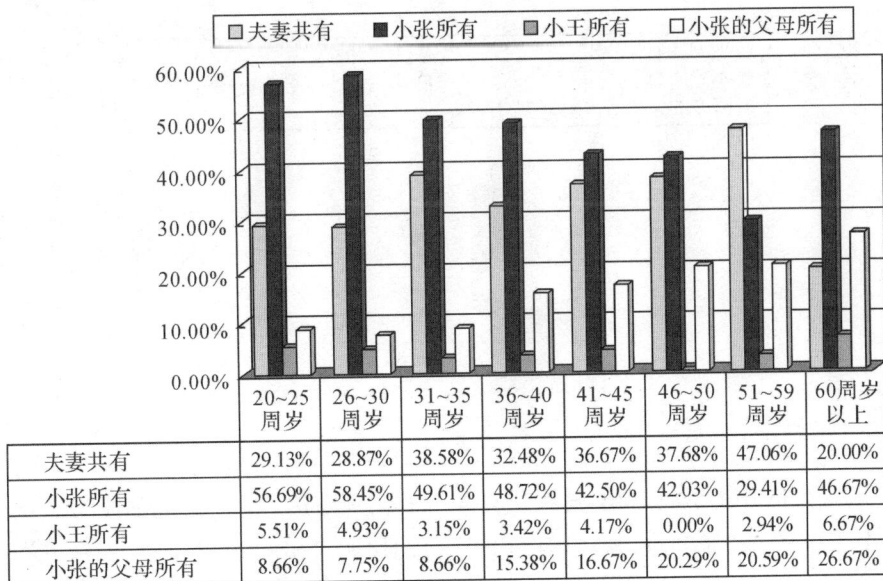

	20~25周岁	26~30周岁	31~35周岁	36~40周岁	41~45周岁	46~50周岁	51~59周岁	60周岁以上
夫妻共有	29.13%	28.87%	38.58%	32.48%	36.67%	37.68%	47.06%	20.00%
小张所有	56.69%	58.45%	49.61%	48.72%	42.50%	42.03%	29.41%	46.67%
小王所有	5.51%	4.93%	3.15%	3.42%	4.17%	0.00%	2.94%	6.67%
小张的父母所有	8.66%	7.75%	8.66%	15.38%	16.67%	20.29%	20.59%	26.67%

图 13

从图13中的数据可以看出,选择归小张所有,即个人财产比例较高的是20~40周岁年龄阶段的中青年群体,相应地,这一年龄阶段的群体选择属于夫妻共有的比例则较低。这一群体正处于婚育年龄,对于父母出资购买的房屋,且登记在自己名下的,更倾向于认为属于自己的个人财产。值得注意的是,60周岁以上的老年人选择归小张所有,即个人财产的比例也比较高,达46.67%。这一年龄阶段的老年人的子女正处于婚育时期,大多数老人希望出资为子女购买房屋属于自己子女的个人财产。与之相对应的,60周岁以上老年人选择夫妻共有的比例最少,仅占20.00%。而60周岁以上老年人选择归小张父母所有的比例为26.67%,在该项选择中比例最高,说明少部分老人认为,房屋是自己出资购买的,即使登记在子女名下,也应认定为属于自己的财产。

5.婚后双方父母出资,产权登记在一方子女名下的房屋归属的调查结果

根据《婚姻法解释三》第7条第2款的规定,婚后双方父母出资,产权登记在一方子女名下的房屋,可认定为双方按照各自父母的出资份额按份共有,但当事人另有约定的除外。为了了解此规定是否符合大多数民众的意愿,问卷调查设计了如下问题:小张和小王结婚后买房,双方的父母各支付50%房款,产权登记在小张名下,该房屋的所有权归谁? A.夫妻共有;B.小张所有;C.小王所有;D.小张和小王各享有50%的产权;E.双方的父母各享有50%的产权。调查结果如下:

(1)民众的选择

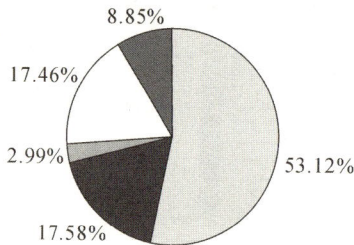

图14

从图14中的数据看出,选择夫妻共有的比例高达53.12%,超过半数。选择归小张所有与小张和小王各享有50%产权的比例只相差0.12个百分点,分别是17.58%和17.46%,但均在20%以下。由此可见,《婚姻法解释三》第7条第2款规定为按份共有不符合大多数民众的意愿,违背民众的习惯。

（2）性别不同者的选择

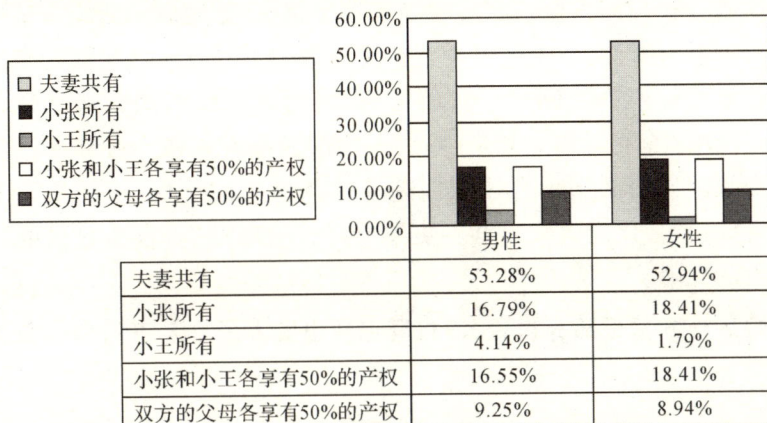

	男性	女性
夫妻共有	53.28%	52.94%
小张所有	16.79%	18.41%
小王所有	4.14%	1.79%
小张和小王各享有50%的产权	16.55%	18.41%
双方的父母各享有50%的产权	9.25%	8.94%

图 15

调查数据显示,男性和女性选择夫妻共有的比例基本相同,分别是 53.28% 和 52.94%,男性选择夫妻共有的比例反而高出女性选择夫妻共有 0.34 个百分点。可见,即使家庭中男性收入普遍比女性收入高,男婚女嫁的习俗仍保留,但此情形下,男性与女性的观点和看法是一致的。大多数男性并没有因为收入差距而对婚姻家庭中的财产归属斤斤计较,算得清清楚楚、明明白白。

（3）收入与配偶相比高低不同者的选择

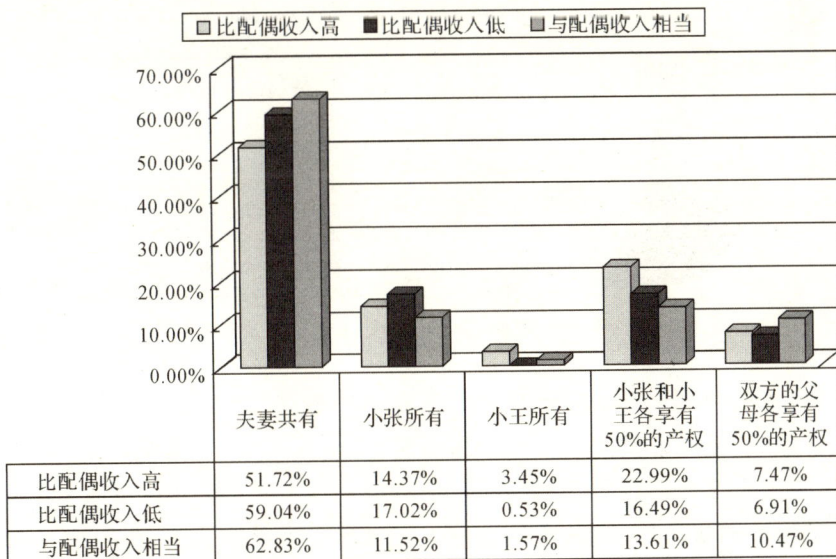

	夫妻共有	小张所有	小王所有	小张和小王各享有50%的产权	双方的父母各享有50%的产权
比配偶收入高	51.72%	14.37%	3.45%	22.99%	7.47%
比配偶收入低	59.04%	17.02%	0.53%	16.49%	6.91%
与配偶收入相当	62.83%	11.52%	1.57%	13.61%	10.47%

图 16

根据图 16 的数据,与配偶收入相当者选择夫妻共有的比例最高,达 62.83%,选择归小张所有与小张和小王各享有 50% 的产权的比例最低,说明与配偶收入相当的人们在家庭中经济地位相同,更倾向于认为此情形下的房屋是夫妻共有财产,无论产权登记在哪一方名下。收入比配偶低者选择夫妻共有的比例位于第二位,为 59.04%,高出收入比配偶高者选择该项比例 (51.72%)7.32 个百分点。相应地,收入比配偶低者选择小张和小王各享有 50% 的产权的比例低于收入比配偶高者选择该项的比例,低了 6.5 个百分点。这可以说明,比配偶收入低者更注重产权夫妻共有,以使自己的权益得到更有效的保障。

6. 婚后一方父母部分出资,产权登记在出资人子女名下的房屋归属的调查结果

婚后一方父母部分出资,例如支付首付款购买房屋,余款由夫妻双方共同偿还,产权登记在出资人子女名下的,如何认定房屋的归属？根据《婚姻法解释三》第 7 条第 1 款的规定认定为出资人子女的个人财产,是否符合大多数民众的看法？民众对此情况下房屋的归属持什么观点？问卷调查设计了如下问题:小张和小王结婚后买房,小张的父母支付了 50% 的房款,产权登记在小张名下,该房屋的所有权归谁？A. 夫妻共有;B. 小张所有;C. 小王所有;D. 小张的父母享有 50% 的产权,小张和小王夫妇享有 50% 的产权;E. 小张的父母享有 50% 的产权,小张享有 50% 的产权。调查结果如图 17 所示:

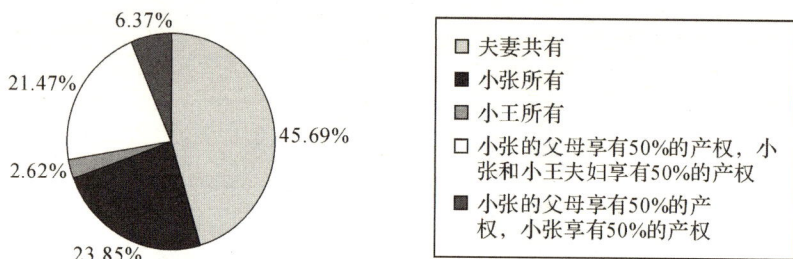

图 17

图 17 的数据显示,选择夫妻共有的比例最高,达 45.69%,说明大多数民众认为,即使一方父母为子女购房出资达 50%,但房屋仍应认定为夫妻共有,体现了大多数民众对婚姻财产不应算得过于清楚的习惯。除非是一方父母全部出资购买房屋,宜认定为出资人子女的个人财产。不过,也应看到,位

于第二位的是选择归小张所有,即选择此房屋为小张个人财产的比例为23.85%,位于第三的是选择小张的父母享有50%的产权,小张和小王夫妇享有50%的产权,比例为21.47%。虽然所占比例不高,但可以说明,部分民众认为应保障出资父母的财产权益,因为现今房价过高,即使是50%的出资,往往也倾尽老人的毕生积蓄。

二、访谈情况及其启示

(一)对广西壮族自治区龙州县人民法院法官的访谈

此次访谈的对象是广西壮族自治区崇左市龙州县人民法院民一庭庭长张法官和副庭长岑法官,他们审理婚姻家庭案件的经验丰富。龙州县地处广西西南边陲、左江上游,西北面与越南接壤,全县土地面积2317.8平方公里,辖12个乡镇,总人口27万。针对我国夫妻财产制法律规定的调查,我们设计了以下几个问题:①婚姻纠纷案件中,当事人争议的焦点问题主要有哪些?②农村村民离婚案件是否占多数? 如何保障离婚的农村妇女的土地权益?③龙州县适用《婚姻法解释三》规定的情形多不多? 在访谈过程中,我们发现,人们热议的婚姻家庭不动产归属和利益分配问题在龙州县很少出现,法院审理当地居民、村民离婚案件有其自身特点。

(1)离婚案件多以调解结案。据张法官介绍,龙州县人民法院审理离婚案件,调解结案占大多数,派出法庭审理的离婚案件,调解离婚的几乎占百分之百。一般以调解离婚为主,调解和好的较少。只有离婚诉争的财产数额较大,双方因财产分割不能达成一致的才判决结案。由于经济发展水平较低,当事人家庭财产数量少,因此,离婚案件财产纠纷较少。此外,法院第一次判决不准离婚的,大多数当事人在六个月后再来起诉离婚,此时,法院一般都会调解或判决离婚,除非因财产分割问题,判决离婚的当事人不会上诉。鉴于上述情况,当地民政局和法院都建议和提倡当事人到民政局办理协议离婚,手续简便、时间短、费用低,且可以节约法院资源。县民政局每年办理的协议离婚案件有100多件,与县法院审理离婚案件的数量持平。

(2)农村村民离婚率较高,且当事人年龄呈年轻化趋势。据岑法官介绍,龙州县人民法院每年办理100多件离婚案件,约60%是村民离婚案件,当事人以30~40岁者居多。离婚的主要原因是,一方或双方在外务工,遇到更好的人选,或为了有更好的发展机会返乡要求离婚。而且,女方(无论是否有子女)要求离婚的数量不在少数,为的是脱离农村贫困,寻求更好的生活。由于这些因素的影响,当事人一般容易对离婚达成一致。又由于家庭财产少,纠纷并不大,很多人选择登记离婚。

(3)离婚纠纷中,当事人对财产的争夺并不激烈。龙州县城镇居民离婚案件中,当事人争夺财产的激烈程度与城市相比要缓和得多。对于房产,目前很少有商品房贷款、增值、所有权纠纷的情况。因为,县城基本是独家独户的房屋,且是一方父母建造提供的,许多情况下,父母建造的房屋,产权登记在自己名下,儿女即使结婚,有权居住、使用,但却没有所有权。因此,年轻人结婚、离婚,无权要求分割房产。张法官说,办案二十多年,最近才遇到一起因财产分割闹得激烈的离婚案件,但分割的是夫妻共同财产,并没有婚前首付、婚后还贷的情形。《婚姻法解释三》在龙州县基本没有适用余地,相关规定可能在十几年后,随着龙州县商品房经济发展才会呈现。

我们关注离婚的农村妇女,土地承包经营权能否得到保障。据张法官介绍,农村村民离婚案件中,女方离开夫家,主张分割土地承包经营权的很少,原因主要有:(1)按照传统观念,男婚女嫁,不动产是男方提供,女方嫁到男方家,并不因此取得土地使用权,土地是男方家父、兄共有,女方没有理由分割。(2)男方家的土地贫瘠、地少,且都是在山区,收益价值少,即使男方同意补偿,因家庭经济收入少,补偿几乎无法实现。(3)离婚后,女方回到娘家,自己仍有土地承包经营权,土地主要由父亲、兄弟耕作。女方更多选择外出务工,脱离农村土地的束缚,所以土地的价值不大。(4)受国家土地法律法规的制约,分地是政府、村委会的权力,法院没有权力判决离婚当事人分割土地承包经营权、宅基地使用权。(5)分割宅基地上建起的房屋也不可能,因为,房屋是在婚前男方的家人备好、提供的,女方无权要求分割,也不好意思要求分割。即使是婚后共同建造的房屋,在离婚后,按照习俗,女方返回娘家,宅基地是男方的,因此,房屋所有权自然判归男方,并由男方给予女方一定的补偿。但是,终因经济条件的限制,女方基本无法获得补偿,或者获得的补偿极少。

(二)对浙江省杭州市余杭区妇联干部的访谈

得知我们课题的访谈研究,余杭区妇联干部很热情,希望通过法律途径解决她们在维护妇女权益工作中遇到的难题。据她们反映,农村妇女离婚,存在最大的难题是土地权益得不到保护,生活没有着落。妇联干部张女士说,她们村有一位40多岁的妇女,老家在贵州省,年轻时嫁到村里一户人家,生育一个儿子,已成年。她的前夫要求离婚,之后再娶了妻子,她无法住下去,又回不了贵州老家,因为她年轻出嫁后,在老家已经没有土地了,父母年老,兄弟已成家,没有了依靠。她本人只会务农,没有文化和技能,40多岁出去打工也不现实。儿子虽已成年,但没有工作,结婚后一家人仍和父亲住在一起,没有能力接济她。张女士多次与村委会沟通协调,要求村里给那位妇女分配土地权益,以使其能有生活依靠。但村委会称土地早已分完,没有机动预留地。最后,村委会的做法是,让她与前夫的现任妻子共享一份土地收益,二人均分。也就是说,她的前夫娶过两任妻子,这"两个妻子"只能共同享有一个人的土地权益。现任妻子很不满意村委会的做法,时常到村委、妇联吵闹。这位妇女本人也很不满意,经常向妇联干部哭诉,而妇联也没有更妥善的解决办法。

余杭区另一位妇联干部也反映了同样的情况,丧偶的妇女仍居住在夫家,土地权益没有变动,不存在多大问题,问题主要是离婚的妇女的土地权益无法实现。一个人不能算一户,就算一个人算一户可以分地,但村里的土地早就分完了,很多村十多年都没有重新分配过土地,也不可能为了个别人重新分地。现在离婚自由,程序较为简单,农村妇女离婚时年纪比较大的,没有文化和技能,不能养活自己。有位妇联干部说,对于这种情况,应发挥社会保障的作用。她们村给离婚妇女另外找房居住,每个月给她一定数额的生活补助,帮助她渡过难关。

通过上述访谈可见,《婚姻法解释三》有关夫妻财产关系的规定主要适用于城市居民离婚案件。而对于农村村民的离婚,农村妇女权益,尤其是土地承包经营权的保护问题,仅有《婚姻法》(修正案)第39条第2款做了原则性、概括性的规定:"夫或妻在家庭土地承包经营中享有的权益等,应当依法予以保护。"没有司法解释,农村妇女离婚,其土地权益保护存在严重的立法空白。司法实践中,即使法院判决给予离婚的农村妇女土地权益或经济补偿,但遇到村规民约或者村集体已无地可分的情况,生效的判决难以执行。

第二节　建构我国婚姻家庭法价值取向的家庭社会学依据

确立婚姻家庭法价值取向应立足于社会现实,与现今我国广大民众普遍的婚姻家庭价值观念一致。纵然我国幅员辽阔,地区经济发展水平不一,但基于几千年历史文化的积淀、婚姻家庭传统习俗的传承,当代年轻人仍可以形成较为一致的婚姻家庭价值观念,婚姻家庭法价值取向应予以反映和体现。社会化大生产条件下,家庭功能发生很大的转变,但通过研究家庭功能的变迁就可以得知,即使现今社会向多元化发展,家庭的形式趋于多样化,传统家庭形式仍是主导,家庭功能不可能由其他任何组织代替执行。因此,婚姻家庭立法应以维护和促进家庭功能的实现为价值取向。实际上,各个地方法院在审理离婚案件时,秉承一致的婚姻家庭价值观念,遵循相同的婚姻家庭法价值取向,相同的案情不至于会出现大相径庭的判决结果。

婚姻家庭价值观念、家庭功能是家庭社会学的内容。"家庭社会学是社会学的重要分支。它运用社会学的理论方法,借鉴文化人类学、社会心理学等多种学科的研究成果,研究家庭内部的基本关系,阐述家庭的结构、功能及其演化的客观规律,揭示家庭和社会的相互关系以及家庭在社会中的地位与作用。"[1]家庭社会学研究的基本内容主要有:家庭的性质、家庭结构、家庭功能、家庭关系、家庭管理、家庭法、家庭伦理、家庭习俗、家庭的起源、演化和家庭的未来和家庭史等。[2] 从家庭社会学角度研究,为我国婚姻家庭法价值取向的确定提供家庭社会学基础和依据,扎根于社会现实,才能准确地加以判断,研究结论颇具现实性,更具有说服力。

一、我国婚姻家庭价值观的变迁与形成

对于婚姻家庭的价值,早在历史上,西方国家学者就有不同的观点和见解。柏拉图在《理想国》一书中设想抛弃家庭,主张类似于群婚制的两性关系。他提出:"任何人都不得与任何人组成一夫一妻的小家庭。同样地,儿童也都公有,父母不知道谁是自己的子女,子女也不知道谁是自己的父母。"[3]让优秀的男女共同生活,生育优秀的下一代。将优秀者的孩子带到托儿所,由保姆抚养。[4] 二战后数十年间,西方国家离婚率不断攀升,不少学者对家庭的未来持悲观态度,提出家庭衰退论,认为,日益升高的离婚率和持续下降的生育率、初婚年龄推后、单身成人增多等现象表明,作为社会制度的家庭在

---

① 邓伟志、徐榕:《家庭社会学》,中国社会科学出版社2001年版,第1页。
② 邓伟志、徐榕:《家庭社会学》,中国社会科学出版社2001年版,第6—9页。
③ [古希腊]柏拉图著:《理想国》,郭斌和、张竹明译,商务印书馆1986年版,第190页。
④ [古希腊]柏拉图著:《理想国》,郭斌和、张竹明译,商务印书馆1986年版,第194页。

现代社会已经丧失了其经济、性、养育等重要功能。而从结构上讲，家庭衰退不仅表现在扩大家庭（直系家庭）的减少，更在于传统三口之家核心家庭的解体，单身、单亲、不育家庭之增加。从文化上讲，人们对家庭有极强认同感、忠诚感，成员的个人利益和个性从属于家庭整体利益的观点以及家庭主义价值观也在衰退，而对独身、非婚同居、离婚、不要孩子的接受程度增加。从关系上讲，男女两性在家庭内外各司其职的信念已彻底终结，夫妻间的相互依赖减少，婚姻纽带松弛，家庭满足性生活的功能削弱。① 另有人大力提倡一种替换家庭的生活方式，例如单亲家庭、单身家庭、非婚同居家庭、同性夫妻家庭、群居等非传统家庭形式。有观点认为："家庭可能既不会消失，也不走入另一新的黄金时代。极有可能经过一场分崩离析之后，再以一种新奇的形态出现。"②但是有学者经过研究指出，大部分人在实践中仍然依恋夫妇式家庭，并把它作为一种理想。替换的生活方式的实践并没有证明它摆脱了种种紧张、困境和冲突。③ 核心家庭对大多数人来说，仍然是性关系、孩子养育的主要场所和亲密关系的主要来源。……传统家庭的价值最近又得到了重要的重申。④

　　现今，我国也出现了非传统家庭形式，不少人更关注个体价值，人们对单身、同居、丁克的接纳程度在提高。受市场经济功利性因素的影响，有学者提出，现今我国家庭价值功利化观念滋生。他们认为，市场经济的功利取向和效益的最大化分别从形式和内容进一步强化了人们在婚姻市场中的交换意识。从内容看，市场经济使人们的婚姻交换主要以经济而不是以爱情为主导，物化或钱化的条件成了把握婚姻大半的重要筹码。⑤ 在市场经济的冲击和影响下，现代婚姻与家庭的开放性战胜了传统婚姻与家庭的保守性。特别是对妇女而言，两性关系的自私和专一说，事业与爱情的两难选择说，感情基础可以代替经济基础的爱情与经济的分离说，都在市场经济的社会现实面前

---

① 转引自徐安琪、刘汶蓉、张亮、薛亚利：《转型期的中国家庭价值观研究》，上海社会科学院出版社 2013 年版，第 2 页。

② ［美］阿尔文·托夫勒著：《未来的冲击》，蔡伸章译，中信出版社 2006 年版，第 130 页。

③ ［英］F. R. 艾略特著：《家庭：变革还是继续？》，何世念译，中国人民大学出版社 1992 年版，第 209 页。

④ ［英］F. R. 艾略特著：《家庭：变革还是继续？》，何世念译，中国人民大学出版社 1992 年版，第 215 页。

⑤ 叶文振：《论市场经济对婚姻关系的影响和对策》，《人口研究》1997 年第 3 期。

显得苍白无力。[1] 当前中国农村家庭伦理存在许多问题：孝道衰落，代际伦理错位；金钱至上，婚姻伦理喜中有忧。[2] 在农村，年轻人对父辈的剥夺越来越严重，也越来越赤裸裸，孝道日益衰落，同时，年轻一代的兄弟关系也越来越离散。这体现了当前农民家庭关系和村庄生活的日益功利化而缺乏长远预期。[3]

我国现今人们婚姻家庭价值观念发生很大变化，是否必须男大当婚、女大当嫁？是否必须结婚生子、传宗接代？婚姻家庭对每个人来说是否都是幸福的归宿？离婚是人生的失败还是新生活的开始？对此，我们可以从婚姻目的、择偶标准、夫妻关系、家庭责任感和离婚观念等几个方面加以考察和分析，探讨当代中国婚姻家庭价值观念，为我国婚姻家庭法价值取向的确立和具体法律制度的构建提供依据。

（一）婚姻自主性与婚姻的目的

《礼记·昏义》说："昏礼者，将合二姓之好，上以事宗庙，下以继后世。"可见，在中国古代，婚姻的目的在于祭祀祖先和延续后代，结婚生子是子孙对祖先的神圣义务。孟子说："不孝有三，无后为大。"（《孟子·离娄上》）贵族阶层则通过联姻以扩大亲属网络，并借以提高和巩固地位。结婚不是个人的私事，而是家族的事情，子女处于依附、从属地位，没有婚姻个体权利，结婚乃"父母之命，媒妁之言"。

近代以来，中国传统封建家长制受到严厉的批判，从辛亥革命、新文化运动到"五四"运动，青年知识分子对封建家长制决绝式的批判，构成一种反封建、反传统思潮，动摇了封建传统文化的权威地位，启发人们的民主主义觉悟，形成思想大解放运动。自由恋爱、婚姻自由成为许多年轻人的呼声，青年知识分子，尤其是青年知识女性，积极寻找自我解放的途径。但是，在当时社会历史条件下，广大劳动妇女无法享受婚姻自由、男女平等的权利，民主主义的婚姻家庭价值观并没能在广大民众中形成。

1949年，新中国成立后，婚姻家庭领域的封建遗毒仍相当严重，强迫、

---

[1]　赵子祥：《中国市场经济的发展与婚姻家庭演进的态势》，《社会科学辑刊》1997年第3期。

[2]　张冬玲：《论我国农村新型家庭伦理的构建》，《山东社会科学》2011年第9期。

[3]　陈柏峰：《农民价值观的变迁对家庭关系的影响——皖北李圩村调查》，《中国农业大学学报》（社会科学版）2007年第1期。

包办和买卖婚姻很普遍。1950 年《婚姻法》颁布实施,旨在废除封建主义的婚姻制度。中共中央和政务院规定 1953 年 3 月为"贯彻婚姻法运动月",在全国范围内开展宣传和贯彻《婚姻法》运动。1956 年前后,婚姻自由、一夫一妻、男女平等的新型婚姻制度基本建立,广大民众的婚姻家庭观念发生很大变化。传统宗法思想和封建习惯逐渐淡化,人们开始追求婚姻自由和家庭幸福。父母包办儿女婚姻的现象减少,青年男女的婚姻自主权利得到法律保障,并且也得到社会的广泛认同。根据学者对七城市的调查,1949 年及以前,包办婚与半包办婚占多数(55.74％与 14.00％),自主婚与半自主婚合在一起只占 22.45％。但到了 1950—1958 年间,包办婚姻的比例迅速降到 15.87％,半包办婚姻的比例基本未变,为 13.61％。与此同时,完全自主或半自主的婚姻比例显著增加,分别从 1949 年及以前的 13.61％与 8.70％增至 39.63％与 19.33％。[1] 然而,1956—1978 年间,社会生活被过度政治化,人们的思想受到极"左"思潮的禁锢,尤其是"文革"十年,政治压倒一切,人们的恋爱、婚姻家庭价值观受到扭曲,婚恋观政治化,婚姻家庭革命化,人们因政治而结婚,婚姻因政治而解体。封建专制主义重新抬头,包办、买卖婚姻和变相买卖婚姻盛行,干涉他人婚姻自由的现象也相当普遍。[2]

改革开放后,我国结束了长期自我封闭的状态,西方各种文化和价值观念涌入,国人的婚恋观念发生很大的变化,政治因素退出婚姻家庭领域,行政权力对私人家庭生活的干预减弱。尤其是随着 1980 年《婚姻法》的颁布实施,人们自主择偶的意识增强,自主婚姻的比例逐步上升。1990 年中国妇女社会地位调查结果表明,自主婚姻已经基本取代包办、买卖婚姻。在已婚被调查者中,"自己决定"或"共同商定"的婚姻占 73.89％,男性自主婚姻率为 78.34％,女性自主婚姻率为 69.72％。自主决定婚姻大事的城市女性适用者为 77.45％,比农村女性高 16 个百分点。[3] 2000 年第二期中国妇女社会地位调查结果显示,男女两性的婚姻自主程度进一步提高,完全由"父母决定"的比例,不论城乡男女,都比十年前下降了很多。相对而言,农村比城镇下降

① 沈崇麟、杨善华主编:《当代中国城市家庭研究》,中国社会科学出版社 1995 年版,第 22 页。

② 肖爱树:《20 世纪中国婚姻制度研究》,知识产权出版社 2005 年版,第 249—251 页。

③ 《中国妇女社会地位调查》课题组:《中国妇女社会地位调查初步分析报告》,《妇女研究论丛》1992 年创刊号。

明显,女性比男性下降更多。[①] 农村青年婚姻自主程度的明显提高,主要是20 世纪 90 年代以来,人口流动加速,农村青年劳动力不断流向城市,他们的社会见识受城市文化观念的影响,择偶自主性增强。现今,"父母之命,媒妁之言"的择偶方式已基本绝迹。[②]

改革开放后,人们对结婚的目的有了重新的认识。结婚建立家庭的目的不再是单纯的生儿育女、传宗接代、延续香火,更不是受政治因素影响和支配,为了"革命"建立夫妻关系,而主要是为了过和谐幸福的家庭生活,满足夫妻生理、心理上多方面的需求。笔者针对结婚目的展开问卷调查,设计的问题如下:您觉得为何要结婚?(可多选)答案是:A. 找个伴侣,互相照顾;B. 为了爱情;C. 传宗接代;D. 迫于父母、亲友的压力;E. 男大当婚,女大当嫁;F. 为了获得更好的前途和物质生活;G. 为了摆脱父母亲的束缚,独立生活;H. 其他。调查结果如下:

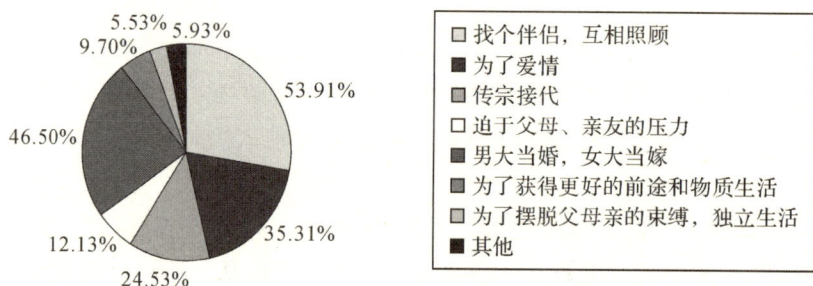

图 18

从数据可见,选择找个伴侣、互相照顾的比例超过半数,居于首位,说明现今人们结婚主要出于追求个人家庭幸福,寻求生活港湾的目的,不是为了完成家族任务而结婚。选择男大当婚、女大当嫁的比例居于其次,占46.50%,接近半数,说明人们仍在一定程度上保留了中国传统婚姻观,将婚姻作为成年的一个标志,是成年人生活不可或缺的重要内容。另一项关于结婚是否人生的必经之途的调查结果也表明,大多数人仍将结婚作为首要选择,近3/4的被访者认同"不管怎么样,人总是要结婚的",非常不赞同的不到

---

① 全国妇联、国家统计局:《第二期妇女社会地位调查数据报告》,《中国妇运》2001 年第10 期。

② 徐安琪、刘汶蓉、张亮、薛亚利:《转型期的中国家庭价值观研究》,上海社会科学院出版社 2013 年版,第 226 页。

2％,且未显示出性别差异。① 位于第三位的是为了爱情,占 35.31％,比例不算高。20 世纪 90 年代的一项调查统计反映同样的情况,被访者婚前因爱情而结合的为少数,他们维系婚姻的主要因素是责任,其次才是爱情,而认同婚姻生活属于浪漫型的也占少数……②这说明,现今人们的婚恋观念比较理性和现实,主要基于义务和责任维系婚姻关系,更理智地看待婚姻和家庭,不沉迷于浪漫的爱情幻想。选择传宗接代的比例为 24.53％,仅占 1/5 强,位列第四,可见许多人认为结婚并不是为了生子,传统"上以事宗庙,下以继后世"的观念已不是主流。选择迫于父母、亲友的压力的比例较低,仅为12.13％,这同样说明大多数人认为婚姻是个人的事,而不是家族的事,但也有少数人迫于家庭、社会舆论的压力缔结婚姻,对婚姻持无奈的态度。将婚姻作为个人获得更好的前途和物质生活的人仅占极少数,比例为9.70％,说明绝大多数人并没有将婚姻作为"跳板",不依靠婚姻致富,不借婚姻敛财。

(二)择偶标准

各个历史时期,婚姻都并非完全是个人的私事,选择配偶也并不完全取决于当事人个人的喜好和意愿,择偶标准受特定社会历史条件的影响和制约而有所不同。

1. 中国古代:"门当户对"、"郎才女貌"的择偶观

中国古代,为了保证了孙后代具有优良的品格和德行,择偶十分重视对方的性格、品行和家庭背景,讲究"门当户对",实行良贱不婚。"门当户对论"是一种婚姻交换论,属于当事者家庭"财产"和"门第"之间的交换,只有相对等价的交换才能在婚姻择偶中起稳定的协调作用,同时也有利于统治阶级维护其利益和血统的纯正。③ 良贱不婚自周代开始实行,后来在隋唐立法加以明定,《唐律疏议》解释道:"人各有偶,色类须同,良贱既殊,何宜配合。"元明清各朝代一直竭力维护良贱禁婚制度。科举形成于隋唐,而社会对教学的唯一衡量标准是看其能否科举及弟,因此,"以才择婿",科举及第也是

---

① 徐安琪、刘汶蓉、张亮、薛亚利:《转型期的中国家庭价值观研究》,上海社会科学院出版社 2013 年版,第 78 页。

② 徐安琪、叶文振:《中国婚姻质量研究》,中国社会科学出版社 1999 年版,第 171 页。

③ 林涵:《浅析中国古代婚姻中的"门当户对"及其在当今的影响》,《资治文摘》(管理版)2010 第 5 期。

择偶时首要考虑的因素。此外，还有"婚姻论财"，两汉开始形成财婚，甚至可称为侈婚，到唐宋发展到极致，以"宗财"论婚嫁，形成金钱至上的择偶价值观。①

在古代，婚姻虽是"父母之命，媒妁之言"，但也存在自由恋爱的事例。在父母家长主持下，青年男女，特别是女子可以自选配偶，或发表一定的意见。《诗经·关雎》这首诗中"窈窕淑女，君子好逑"一句就隐含着青年男女的择偶标准，男方是"君子"，女方是"淑女"。几千年封建男权社会，理想的婚姻是"郎才女貌"，男子择偶奉行"女子无才便是德"。② 女子择偶的对象以"硕"为美，讲究"仪"、"止"、"礼"，且重视对方的品行。春秋战国时期社会动乱，受社会风俗影响，女子择偶"尚武"，重勇武之男子，希望夫君为国效力。③

总之，门第、财富、官禄，对象的才学、德行、容貌等是中国古代社会择偶的标准，这与现代社会人们择偶时注重的条件或要求有某些相同之处。

2. 新中国成立后至改革开放前(1949—1978)：以政治为主导的择偶观

新中国成立初期，政治渗透到社会生活的各个方面，婚姻家庭同样受很大影响，青年人择偶注重政治条件，首要考虑对方的家庭出身和政治面貌。政治上有地位、有荣誉的英雄模范人物、解放军战士、军官、党政干部、党团员是姑娘们追求的对象。择偶首选工人、军人、贫下中农，"根红苗正"，几代是贫下中农，出身"苦大仇深"在择偶中成为有分量的条件。"文革"时期，政治决定择偶的倾向更是发展到了极致，"红五类"(即革命军人、革命干部、工人、贫农、下中农)及其子女的身价倍增，"黑五类"(即地主、富农、反革命分子、坏分子、右派分子)及其子女受到歧视和嫌弃，只能在政治同类中找配偶。家庭出身"有问题"的人为躲避政治风波尽力与出身好的但却不爱的人结婚，城市青年为响应扎根农村的号召与农村村民结婚。相貌不是择偶的重要条件，追求政治进步、工作表现好的伴侣，成为青年男女择偶的主导思想。④ 农民青年择偶注重对方的个人品性，希望对方是老实本分能过日子的人，还希望对

---

① 郑丽萍：《从墓志看宋代士人家庭的择偶行为》，《兰州学刊》2009 年第 10 期。
② 李瑞玲：《浅论〈诗经〉时代的择偶标准》，《科技资讯》2009 年第 2 期。
③ 徐琰琰：《从〈诗经·国风〉看春秋战国时代女性的择偶观》，《鸡西大学学报》2013 年第 4 期。
④ 姚立迎：《新中国十七年(1949—1966 年)婚姻观念的嬗变》，《首都师范大学学报》(社会科学版)2009 年第 5 期。

方能干,最好是高大强壮,相貌是农民在婚姻时最后考虑的因素。[①] 择偶时看中对方的相貌、身材、经济条件被认为是动机不纯,"以貌取人"被批为低级庸俗的资产阶级择偶观。根据统计,从新中国成立初期到改革开放前,政治因素在择偶中所占的比例最大,就本人成分和政治面貌而言,1948—1966 年占 30.5%,1967—1976 年占 23.5%,而 1977—1986 年只占 15.5%,1987—1996 年下降至 13.9%。[②]

新中国成立至改革开放前近三十年,虽然说中国传统"门当户对"的择偶标准受到冲击和动摇,择偶不是以财产和门第为标准,不要求男女双方的社会地位和经济状况相当,但实际上"门当户对"的思想和行为仍然存在。在城市,大多数人的婚姻都是有条件的婚姻,不仅条件相同(或相当)的人容易结为配偶,而且"异质互补"的现象也是十分普遍。[③] 在农村,择偶时选择对方家庭条件仍旧是一种比较普遍的思维方式。[④]

3. 20 世纪 80 年代至今:多元化的择偶观

改革开放后,工作重心从政治斗争转向经济建设,"四化"建设迫切需要知识,知识和科技得到重视。20 世纪 70 年代末至 80 年代初,可谓是"文化复兴时代",知识分子被全面平反,地位获得重新认定。知识分子取代工人,成为青年女性择偶的首选。1977 年恢复高考,"读书上大学"成为众多青年改变命运和获得发展的重要途径,因此在择偶标准中,文化因素上升到第一位,出现"文凭热"、知识分子"崇拜"等现象,经济因素位列其次,政治背景和家庭出身开始被忽视。

20 世纪 80 年代中期,人们致富的途径增多,经济收入多元化,学历不直接体现个人的经济状况,"文凭热"开始降温,还出现了"读书无用论",知识分子不像以前那么受欢迎,城市女性择偶首先考虑男方的个人素质,比如品德、才干、学历、职业、相貌等。农村女性择偶中的经济因素也开始减少,许多女青年把有技术、有手艺、有文化、会致富的男青年作为选择的

---

① 李飞龙:《从"门当户对"谈起:论中国农村社会的择偶观(1950 到 1980 年代)》,《晋阳学刊》2011 年第 4 期。

② 徐安琪:《择偶标准:五十年变迁及其原因分析》,《社会学研究》2000 年第 6 期。

③ 潘允康:《中国城市婚姻与家庭》,山东人民出版社 1987 年版,第 51 页。

④ 李飞龙:《从"门当户对"谈起:论中国农村社会的择偶观(1950 到 1980 年代)》,《晋阳学刊》2011 年第 4 期。

目标。①

　　20 世纪 90 年代中期，随着社会主义市场经济体制的建立，经济因素日益成为人们生活的主导，获得财富的能力和拥有财产的多少甚至决定个人社会地位的高低。择偶实用主义倾向加强，择偶标准中，对对方的职业、收入、住房、财产等物质条件的重视程度和期望值大幅度上升。据调查，城市青年择偶时看重收入的比例从 1966 年前的 19.2％ 增加到 1987—1996 年的 31.2％；看重住房的比例从 1966 年前的 16.1％ 增加到 1987—1996 年的 34.7％；看重职业的比例从 1966 年前的 17.8％ 增加到 1987—1996 年的 36.1％。② 在物质生活不断改善的同时，人们也追求婚姻质量的提高，择偶中对感情的重视程度跳跃式上升。据调查，自 1986 年至 2010 年，要求对方"重感情"的排名稳步而又迅速地上升，被提及的比例由 1986—1992 年的 11.4％ 上升到 1993—1999 年的 19.2％ 再到 2000—2010 年的 20.9％。各择偶标准中，品德最被关注且逐渐升级。据调查，自 1986 年到 2010 年，人们对配偶品德的要求最为关注，一直排在第一位，且关注的程度逐年提高。1986—1992 年品德被提及的比例占 75％。1993—1999 年，品德被提及的比例为 75.6％。2000—2010 年，品德被提及的比例为 76.7％。而对容貌和身高虽然较为看重，但吸引力有限，"郎才女貌"被提及的比例呈下降趋势。重外表轻内在的低级庸俗择偶标准至少在 20 世纪 80 年代中期以来已被摒弃。③

　　20 世纪 80 年代中期以后，人们的择偶观念呈现多元化综合性走向，择偶看重经济利益的同时，更注重人的情感、品质和能力，婚姻中的心理需求和情感需求得到复归。笔者对现今人们择偶标准展开问卷调查，问题设计如下：选择配偶时，您主要注重对方的什么？（可多选）A. 收入；B. 工作能力；C. 家庭背景；D. 相貌；E. 人品；F. 才华；G. 感情真挚；H. 有责任心；I. 会料理家务；J. 与自己门当户对；K. 其他。调查结果如下：

---

　　① 许小玲：《从择偶观的变迁看择偶标准的时代性——论中国女性建国至今 50 多年的配偶选择》，《武汉理工大学学报》（社会科学版）2004 年第 5 期。

　　② 徐安琪：《世纪之交中国人的爱情和婚姻》，中国社会科学出版社 1997 年版，第 87 页。

　　③ 董金权、姚成：《当代青年择偶标准嬗变》，《当代青年研究》2011 年第 4 期。

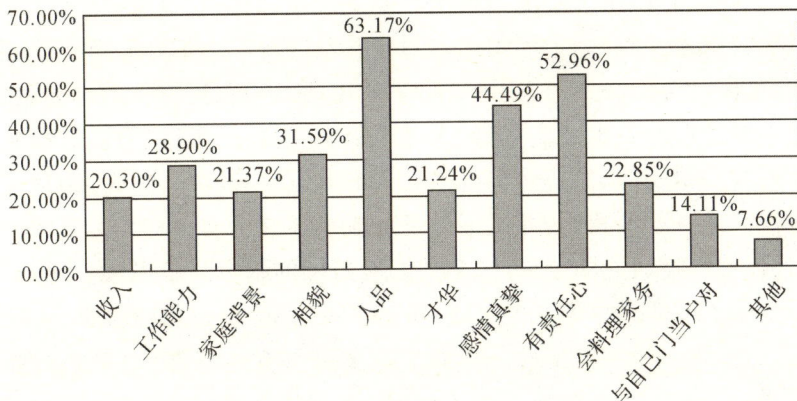

图 19

由图 19 数据可见,选择人品的比例位列第一位,占 63.17％,其次是有责任心,为 52.96％,二者均超过半数。位列第三位的是感情真挚,占 44.49％。而选择收入的比例仅为 20.30％,居第九位,选择工作能力的比例为 28.90％,居第五位。可见,现今人们择偶首先考虑的是婚姻的稳定和幸福,能从婚姻家庭中找到精神的满足和心理的慰藉。因此将对方的人品、责任心和感情放在首位。对收入、工作能力等物质条件的要求靠后。择偶时看重对方家庭背景的占 21.37％,位列第七位,要求与自己门当户对的仅为 14.11％,位列倒数第二位,可以说明婚姻的个体意识、自主意识增强。大多数人认为结婚首先是个人的事情,而中国传统社会的"门当户对"的择偶观念承载着过多的家族义务,已被现代青年人所淡化,尤其是初婚者更多从自己个人情感幸福考虑。虽然,有社会学者认为阶层地位发生分化导致门不再当、户不再对是离婚的根本原因。① 门当户对一直都是主导人们婚姻幸福的潜规则,婚姻意味着具有同样社会地位和经济地位男女的结合。② 但是,问卷调查的数据并没有反映"门当户对"的择偶观为现今大多数人所认同,或许是社会学者和广大民众对"门当户对"的理解和界定各不相同。择偶中注重相貌的比例为 31.59％,高于选择收入和工作能力的比例,位列第四位,虽然位次靠前,但是比例不高,这与上述学者调查的结果一致,即人们对容貌较为

---

① 苏玫瑰、张必春:《转型加速期门当户对婚姻的错位与危机——阶层封闭视角下离婚率上升的新解释》,《西北人口》2008 年第 5 期。

② 王跃生:《社会变革与婚姻家庭的变动——20 世纪 30—90 年代的冀南农村》,生活·读书·新知三联书店 2006 年版,第 112 页。

看重但是吸引力有限。选择才华的比例为 21.24％,位于第八位靠后的位置,这说明"郎才女貌"的择偶观念在现今并不流行。改革开放至今已经有三十多年,我国社会经济飞速发展,人们物质生活水平获得极大的提高,虽然择偶时对物质条件的要求增多,多数人并不信奉"爱情至上",不赞成"找对象时只要两人真心相爱,其他条件都可以不考虑",但是,也并非崇尚"物质至上"。与其他社会经济条件相比,爱情不仅不可或缺甚至更为重要。尤其在社会分化加剧、各种风险加大的今天,大多数人对婚姻的基本要求仍以稳定、长久为主导。① 因此,择偶时首要看中的是对方的人品、责任心和感情真挚,其次才是收入、工作能力等物质条件。择偶的标准也具有多重性,对对象的要求综合各方面的条件。从调查结果也可以看出,择偶态度也趋向理性,这可以为以后的婚姻的稳定打下基础。

(三)夫妻关系与夫妻地位

家庭中夫妻的地位,夫妻间能否平权,在很大程度上取决于他们经济上是否处于同样的地位。中国古代,男主外,女主内,女子在经济上依附于男子,妻在家庭中没有地位可言。近现代,衡量经济地位的指标主要是职业和收入,妻子经济独立、收入改善使得其家庭地位显著提高。考察夫妻家庭地位的指标还有家务劳动的分工、家庭事务的决策权、夫妻关系的满意程度和家庭暴力的情况等。

1. 中国古代:"夫为妻纲"、妻服事于夫

中国古代是男权制社会,男尊女卑,以男为贵,女人始终处于男人的意志和权力之下,所谓"妇从人者也,幼从父兄,嫁从夫,夫死从子"(《礼记·郊特牲》)。夫权统治,"夫为妻纲","夫者,扶也,人道者也;妇者,服也,服于家事事人者也"(《白虎通·嫁娶》)。妻的行为能力无论从主妇的地位还是从母亲的地位而言,都是受丈夫限制的。

在夫妻人身关系方面,实行夫妻一体主义,妻为夫的附属品,不能再用本姓。"内实,宝物妻妾也。"(《左传·襄公二十八年》)将妻妾与物品归为一类,不具有人的地位。妇女要恪守妇道,从一而终,男人则可以在妻之外娶媵和妾。夫妻间,男人可以任意打骂妻子,"男以强为贵,女以弱为美"。丈夫打妻子采减刑主义,唐、宋律殴伤者减凡人二等。妻子打丈夫则加重处罚,刘宋时

---

① 徐安琪、刘汶蓉、张亮、薛亚利:《转型期的中国家庭价值观研究》,上海社会科学院出版社 2013 年版,第 74—75 页。

的法律伤人者四岁刑,妻伤夫便为五岁刑。①

妻子没有家庭财产的所有权和处分权,"子妇无私货,无私蓄,无私器,不敢私假,不敢私与"(《礼记·内则》)。妻改嫁不但不能携走夫之财产,即原存妆奁亦由夫家做主,即"凡妇人夫亡无子守志者,合承夫分,须凭族长择昭穆相当之人继嗣。其改嫁者,夫家财产及原有妆奁,并听前夫之家为主"(《明律例·户律》)。妇女的财产继承权受到严格的限制,只有在家无男子也无同宗继祧的"户绝"的情况下,才能享有继承权。在家庭管理和财政方面,妻的家事管理权由丈夫授予,妻只有行使权没有处分权,越权处分的除非经过丈夫追认,否则是无效的。北洋政府大理院的判例记载:"妻唯关于日常家事代理其夫之一般权限,至于日常家事无关之处分行为则非有其夫之特别授权不得为之,否则非经其夫追认不生效力。"②

家庭分工向来男子主外女子主内,"男不言内,女不言外"(《礼记·内则》)。男子在外谋生,从事耕作等生产经营活动,掌握家庭财产。女子只能在家从事家务,打扫庭院、煮饭洗衣、缝纫编织、抚育子女等。妻子依靠丈夫才能生存,经济地位的不平等决定了夫妻地位不平等。虽然家务劳动的繁重程度不亚于男子的生产劳动,但女子处于服从、依附地位,服事于丈夫,"妇之言服也,服事于夫也"(《尔雅·释亲》)。丈夫时常可以因为妻子做的饭菜不合口味或打扫不够干净等打骂妻子。

2. 新中国成立后至改革开放前(1949—1978):仍存在家长制和夫权思想的残余

新中国成立后,以国家政权强制推动妇女解放运动,广大妇女参加社会劳动,经济能力增强,摆脱对男性的依附,家庭地位显著提高。在婚姻自由的风气影响下,经过长期社会主义教育,男女平等的观念逐步确立,男尊女卑的思想渐趋淡化,夫妻建立起应有的感情,夫妻间相互帮助、相互学习。在计划经济体制下,分配上低工资、平均主义、吃大锅饭。夫妻间除了工资外没有奖金、补贴,收入低且稳定,差距微小。互相没有隐私,没有更多的享乐欲望,夫妻生活比较平淡,关系较为稳定。1955年,从山西等一些地区的调查中可以看出家庭关系变化的几种状况:家庭成员间的关系已经或正在改善的约占90%~95%,其中10%~15%的是民主和睦、团结生产,具有一定社会主义觉悟的新型家庭,80%的家庭杜绝了妇女受虐挨打的现象,但还存在着不同

---

① 瞿同祖:《中国法律与中国社会》,中华书局2003年版,第116—117页。

② 瞿同祖:《中国法律与中国社会》,中华书局2003年版,第114页。

程度的家长制和夫权思想的残余;只有 5%～10% 的家庭关系是恶劣的。① 家庭事务决策方面,夫妻间更倾向于互相协商,但对于家庭生产安排等重大事项的决定,男人的权力稍大。农村社会,"男主外,女主内"的习惯一直延续,丈夫掌管家中的一切资源,妻子不会干预丈夫的重大决定。

从 1957 年到 1978 年间,受"左"倾思潮的影响,尤其是"文革"十年,阶级斗争年年讲,月月讲,天天讲,社会生活过度政治化,夫妻关系被异化。为划清阶级界限,夫妻间的感情可以被割断、放弃,甚至反目成仇,酿成许多婚姻家庭悲剧,家庭的情感价值下降。

3. 改革开放至今:逐步实现夫妻平权

夫妻间经济实力的较量,在很大程度上决定了夫妻家庭地位的高低,而女性的充分就业和经济独立是其在家庭中确立与丈夫平权的经济前提。虽然有调查表明,家庭地位满意度并非取决于夫妻双方的权力对比或平衡,而主要得益于夫妻角色互动的沟通性与平等性,相互尊重与包容。② 但经济独立才能在生活上摆脱对对方的依赖,尤其是女性的自强自立,才能在家庭中获得更多的尊重,争取到更大的主动权。改革开放后,人们自主择业创业,致富的途径增多,妇女从事的职业分布在专业技术、党政机关、企事业、商业服务、农林牧渔、生产运输等各个行业,从事脑力劳动、复杂劳动的比例上升。在婚姻家庭领域,妇女对自己在家庭中的地位状况较为乐观。1990 年妇女社会地位调查结果显示,51.96% 的妇女认为自己在家庭中的地位"较高"或"很高",只有 2.04% 的女性认为自己在家庭中的地位"较低"或"很低"。③ 20 世纪 90 年代,家庭暴力大为减少。④

2000 年第二期妇女社会地位调查结果显示,妇女的社会地位、家庭地位进一步提高,女性就业层次提高,就业自主性增强,职业结构趋于合理。婚姻家庭方面,在家庭重大事务的决策上,女性有了更多的参与权,多数女性拥有决定个人事务的自主权,传统性别角色分工受到挑战,82.9% 的人"同意"和

---

① 《中央贯彻婚姻法运动委员会办公室负责人就今后如何贯彻婚姻法问题向新华社记者发表的谈话》,载《新华月报》1955 年第 4 号。转引自肖爱树:《20 世纪中国婚姻制度研究》,知识产权出版社 2005 年版,第 240 页。

② 徐安琪:《夫妻权力模式与女性家庭地位满意度研究》,《浙江学刊》2004 年第 2 期。

③ 《中国妇女社会地位调查》课题组:《中国妇女社会地位调查初步分析报告》,《妇女研究论丛》1992 年创刊号。

④ 阎云翔:《私人生活的变革——一个中国村庄里的爱情、家庭与亲密关系:1949—1999》,上海书店出版社 2009 年版,第 239 页。

"非常同意""男人应该承担一半家务"的提法。但是,1990—2000 年十年间,男女两性收入差距呈扩大趋势,城镇在业男女两性的收入差距扩大了 7.4 个百分点,以农林牧渔业为主的,收入差距扩大了 19.4 个百分点。家务劳动仍主要由女性承担,有 85%以上的家庭做饭、洗碗、洗衣、打扫卫生等日常家务劳动主要由妻子承担。①

2010 年第三期妇女社会地位调查结果反映妇女家庭地位的情况更为乐观,85.2%的女性对自己的家庭地位表示比较满意或很满意,男性的相应比例为 89.3%。女性决定个人事务的自主性提高,两性在家庭重大事务决策上更为平等,在"从事什么生产/经营"和"买房、盖房"的决策上,妻子参与决策的比例分别比十年前提高了 5.7 和 3.9 个百分点。88.6%的人同意"男人也应该主动承担家务劳动"的主张。2010 年城乡在业女性家务劳动的时间比 2000 年减少了 123 分钟,两性家务劳动时间的差距明显缩小。但是,两性劳动收入差距仍较大,城乡在业女性的平均劳动收入仅为男性的 67.3%和56.0%。女性家务劳动负担仍较重,女性承担家庭中"大部分"和"全部"做饭、洗碗、洗衣服、做卫生、照料孩子生活等家务的比例均高于 72.0%,而男性均低于 16.0%。认同"男人应该以社会为主,女人应该以家庭为主"的观点,与 2000 年相比,男女两性分别提高了 7.7 和 4.4 个百分点,44.4%的被访者认同"干得好不如嫁得好"的说法,与 2000 年相比,男女两性对此认同的比例分别提高了 10.5 和 10.7 个百分点。② 这说明,虽然进入 21 世纪,我国市场经济已有较大发展,法制不断完善,但不利于妇女发展和性别平等的现象,以及性别歧视仍在一定程度上存在,面对社会压力,人们对传统性别分工模式和性别不平等观念的认同程度有所回升。

此外,家庭暴力的发生率已有所下降,但仍在一定范围内存在,在整个婚姻生活中曾遭受过配偶侮辱谩骂、殴打、限制人身自由、经济控制、强迫性生活等不同形式家庭暴力的女性占 24.7%,其中,明确表示遭受过配偶殴打的已婚女性为 5.5%,农村和城镇分别为 7.8%和 3.1%。③

综上,我国现今妇女地位显著提高,从男主女从到男女平权,旧式男权制

---

① 全国妇联、国家统计局:《第二期妇女社会地位调查数据报告》,《中国妇运》2001 年第 10 期。

② 第三期中国妇女社会地位调查课题组:《第三期中国妇女社会地位调查主要数据报告》,《妇女研究论丛》2011 年第 6 期。

③ 第三期中国妇女社会地位调查课题组:《第三期中国妇女社会地位调查主要数据报告》,《妇女研究论丛》2011 年第 6 期。

婚姻已基本上不存在,但"男主外、女主内"的观念和分工模式仍在一定程度上存在,女性仍承担主要家务劳动,平衡工作和家庭存在困难。

(四)家庭责任感与离婚观念

1. 中国古代,婚姻个体权利淹没在家族的义务和责任中

中国古代,一个家族相当于一个政治、法律单位,每一个家族维持好其内部秩序,整个社会秩序就可以维持,即所谓齐家治国。家长具有至高无上的权威,掌握家中的经济权、法律权和宗教权,家族中所有人口都在他的权力之下。家长享有主婚权,有权决定子女的婚姻状况,可以以自己的意志为子娶妻,为女许配,命令子孙与媳妇离婚。婚姻的目的在于祭祀祖先、延续后代,是必须履行的家族义务和责任。子女没有婚姻自主权,不可违抗父母之命在外自行订立婚约。

婚姻的解除有"七出"①、"义绝"②、"协离",协离是夫妻不和而自愿离婚,可以不符合"七出"、"义绝"的条件。而离婚的法定条件"七出"、"义绝"是以家族义务为前提的,很少涉及夫妻本人的意志。虽然丈夫有单方面解除婚姻的权力,即"休妻",但实际上从"七出"和"义绝"的内容可见,与其说妻受夫的支配,离合听夫,不如说夫妻皆受家族主义或父母意志的支配。任意出妻和犯了家族规律而出妻是两件事,不可混为一谈。③ 北宋著名词人陆游与妻子感情甚好,只是因为陆母不喜欢儿媳,陆游被迫奉母之命休妻,即是例子。

总之,中国古代婚姻当事人的个体权利淹没在家族的义务和责任中,婚姻大事听从于家长的安排,服从于家族利益,没有私权利可言。

2. 新中国成立初期至改革开放前(1949—1978),以政治手段维系婚姻关系

新中国成立后,饱受封建包办、强迫、买卖婚姻之苦的青年男女,尤其是青年妇女向政府司法机关提出离婚诉求,要求结束不幸的婚姻,重新建立新的婚姻关系。离婚率因此不断攀升,1950 年《婚姻法》颁布后,出现新中国成立后第一次离婚高潮。这一时期我国由法院受理的离婚案件总数从 1950 年

---

① "七出"指的是:无子、淫佚、不事姑舅、口舌、盗窃、妒忌、恶疾。

② "义绝",指夫妻间或夫妻双方亲属间或夫妻一方对他方亲属若有殴、骂、杀、伤、奸等行为,就视为夫妻恩断义绝,由官府审断,强制离异。这些行为都是离婚的客观条件。

③ 瞿同祖:《中国法律与中国社会》,中华书局 2003 年版,第 142 页。

的 18.6 万件猛升到 1953 年的 117 万件,粗离婚率首次突破 1‰,高达 1.99‰。[①] 20 世纪 50 年代是一个"爱情理想革命化"的年代,在当时以"感情不和"为由要求离婚的,被认为是见异思迁、贪图享乐、喜新厌旧的资产阶级思想。对于高离婚率,有人对人民法院审理离婚案件的工作提出了批评,指责法院判决离婚太多,助长了离婚率的上升;有人提出现在离婚的主要原因是资产阶级思想作祟,而不是封建婚姻关系和封建残余,对因资产阶级思想而提出的离婚,不予准许。[②] 这些批评引起了学者、司法工作者关于人民法院判决离婚或不准予离婚的标准的讨论,形成了"感情论"和"理由论"的对立。"感情论"的代表观点主张,应当以感情是否破裂作为是否准予离婚的标准。当前离婚的主要原因仍然是封建婚姻关系和封建残余,资产阶级自由化思想作祟绝不是主要原因。婚姻是以爱情为基础的,爱情是可能起变化的。[③] 而"理由论"则认为,封建婚姻关系和封建残余已退居次要地位,资产阶级婚姻观点与小资产阶级婚姻观点是当前离婚的主要原因,反对满足因资产阶级思想而提出的离婚请求。但这并不是绝对的。凡一方严重破坏共产主义道德,违背夫妻忠实义务或有其他违法犯罪等行为,使夫妻关系恶化以致对方据此请求离婚的,人民法院应当支持与满足这种正义要求。如果有罪过的一方提出离婚,这时有决定意义的是对方的态度。[④] "文化大革命"期间,社会主义法制建设遭到全面破坏,裁判离婚标准问题的争论被"政治是否正确"的争论所取代。"感情论"遭到了全面的清算,被批判成资产阶级的学术观点。"理由论"占据绝对的主导地位,"理由正当"是法院判决离婚的唯一标准。

　　从这场影响深远的关于离婚标准的论争可见,从新中国成立后到改革开放前,人们的婚姻家庭责任感靠政治手段促进,维系婚姻家庭的纽带不是亲情、血缘关系,而是政治立场、政治原则和阶级成分。20 世纪 50 年代,还有"感情论"与"理由论"的争论,而到了"文革"时期,"感情论"被全面清算,无人敢因感情不和为理由提出离婚,法院也不会判决准予离婚。没有

　　① 　叶文振、林擎国:《当代中国离婚态势和原因分析》,《人口与经济》1998 年第 3 期。
　　② 　马忆南:《二十世纪之中国婚姻家庭法学》,《中外法学》1998 年第 2 期。
　　③ 　韩幽桐:《对于当前离婚问题的分析和意见》,《人民日报》1957 年 4 月 13 日。转引自夏吟兰:《论离婚自由及其限制——以自由与正义的衡平为线索》,2006 年中国政法大学博士学位论文,第 103 页。
　　④ 　刘云祥:《关于正确认识和处理当前的离婚问题——与幽桐同志商榷》,《法学》1958 年第 3 期。

证据证明夫妻有重大冲突，或一方在政治上或其他方面犯有严重错误等"正当"理由，很难解除婚姻关系。从 20 世纪 50 年代末到六七十年代，离婚案件数量下降，全国每年平均 40 万件左右。① 但是，片面强调"正当理由"造成苦果，有些离婚案件拖延 20 多年。"'理由论'离开了婚姻的本质，所以出现了'该离的不准离，不该离的却判离'的偏差。这两种偏差的出现，归根到底是忽视了婚姻以感情为基础这一本质，以正当理由代替了夫妻感情，用政治标准代替了婚姻的特殊属性。"②使得原本相爱的人劳燕分飞，貌合神离的人同床异梦。

3. 改革开放至今：家庭本位仍是主流

1980 年《婚姻法》颁布，该法第 25 条第 2 款规定："人民法院审理离婚案件，应当进行调解；如感情确已破裂，调解无效，应准予离婚。"这一规定彻底否定了"理由论"，"感情破裂说"取代"正当理由说"，这是我国第一次以法的形式确定"感情破裂"作为裁判离婚的法定标准。随着 1980 年《婚姻法》的实施，我国出现新中国成立后第二次离婚高潮，粗离婚率稳步上升。我国离婚总对数从 1979 年的 31.9 万对上升到 1993 年的 90.9 万对，十五年里增加了 59 万对，平均每年增长 7.8%；与此同时，我国的粗离婚率和结婚离婚比也从 1979 年的 0.33‰和 5.04‰分别提高到 1993 年的 0.79‰和 9.96‰，平均每年分别增长 6.4%和 5%。90 年代的中国，平均每 10 对结婚的就有 1 对离婚。③

从 1986 年至 1997 年，离婚率每年都在上升，1998—2002 年离婚率上下波动，2003—2005 年离婚率继续升高，分别是 2.10‰、2.56‰和 2.73‰，均超过 2.00‰。2006 年粗离婚率下降至 1.46‰，但离婚总对数有增无减。从 2006 年至 2014 年八年时间里，每年的粗离婚率和离婚总对数都在增加，粗离婚率年平均增幅为 0.16‰。2013 年离婚总对数为 350.01 万对，离婚率为 2.60‰，比 2012 年增加 0.30‰，是增幅最大的一年。④ 从 1986 年至今，我国离婚率虽在某段时期上下波动，但总体呈上升趋势。对于改革开放以来不断攀升的离婚率，有学者提出，经济理性进入城市家庭构成对家庭责任的冲击，直接损害家庭的根本价值，这是构成城市离婚率上升的重要原因。城市家庭

① 肖爱树：《20 世纪中国婚姻制度研究》，知识产权出版社 2005 年版，第 244 页。

② 巫昌祯、夏吟兰：《离婚新探》，《中国法学》1989 年第 2 期。

③ 叶文振、林擎国：《当代中国离婚态势和原因分析》，《人口与经济》1998 年第 3 期。

④ 民政部官方网站：民政部发布的《历年民政事业发展统计报告》和《历年社会服务发展统计报告》。

赡养纠纷和房产纠纷增多,造成亲人反目的人间悲剧事件频发,自我中心式个人主义的滋生是其中的重要原因。年轻人日益为追求个人快乐而躲避家庭责任义务,缺乏牺牲、容忍精神。[①] 有观点认为,改革开放和市场经济的发展,传统婚姻家庭价值观念受到深刻的影响。家庭由封闭走向开放,家庭观念淡化;个人对家庭的依赖大为减弱,家庭中心转向个人中心,家庭本位让位于个人本位,从而导致家庭责任感和社会责任感淡化甚至缺乏;有些人为了追求私利和享乐,淡忘义务、抛弃婚姻。[②] 近年来自我中心式的个人主义急剧发展,这种家庭文化之下的新型个人在最大限度追求个人权利的同时,却忽视他们对社会或者他人的道德责任。[③]

离婚率的升高是否说明我国现今家庭责任感缺失?传统家庭价值观衰落?受个人本位价值观的影响,婚姻个体利益是否优先于家庭利益?为追求高质量的婚姻,不顾一切地放弃原有的平淡无味的婚姻生活,或者因与配偶兴趣不投而离婚,这是否为大多数人的选择?当家庭矛盾长期无法化解时,离婚是否为首选的解决途径?笔者对此展开问卷调查,设计的问题如下:您觉得,当夫妻矛盾长期无法化解时,该如何选择?(可多选)A. 离婚;B. 凑合着过日子;C. 继续沟通和妥协;D. 分居一段时间;E. 为了孩子,不离婚;F. 离婚损失太大,不会选择离婚;G. 为了保全名声,不离婚。调查结果如下:

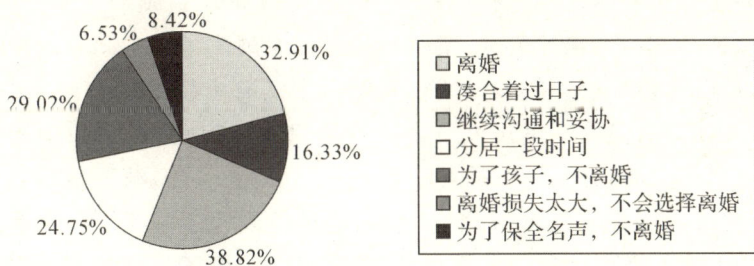

图 20

如图 20,选择继续沟通和妥协的比例最高,占 38.82%,其次才是选择离婚的比例,占 32.91%,由此可见,离婚并不是首选的解决途径,更多的人希

---

① 孟宪范:《家庭:百年来的三次冲击及我们的选择》,《清华大学学报》(哲学社会科学版)2008 年第 3 期。

② 李桂梅:《中国传统家庭伦理的现代转向及其启示》,《哲学研究》2011 年第 4 期。

③ 阎云翔:《私人生活的变革——一个中国村庄里的爱情、家庭与亲密关系:1949—1999》,上海书店出版社 2009 年版,第 118 页。

望继续沟通和妥协,以保持夫妻关系。选择为了孩子,不离婚的比例为29.02%,位于第三位,说明为了维护家庭的完整,保障孩子的幸福,许多夫妻尽管关系不和,也不愿离婚以逃避家庭的义务和责任。不过,选择离婚的比例位于第二位,也可以说明现今人们个体意识增强,不愿受传统家庭观念的禁锢,压抑个人的自由。较为理性和平淡的处理方式是选择分居一段时间,占24.75%,位列第四位。选择凑合着过日子的比例为16.33%,居于第五位。选择为了保全名声,不离婚和离婚损失太大,不会选择离婚的比例分别为8.42%和6.53%,居于最后两位。后三种选择表现出人们对低质量婚姻的无奈,也是受传统婚姻家庭观念的影响,或出于经济、生活保障的考虑而维持现有的不够满意的婚姻生活。这些是潜在的离婚群体,如果有合适的条件出现,很有可能最终选择离婚。从总体而言,上述调查数据并没有表明我国现今家庭责任感缺失,对婚姻生活不满意时,离婚并不是大多数人的选择。

徐安琪主持的项目研究结果也未支持传统家庭价值全面衰落的推断,以及家庭成员责任感、义务感淡化的结论。家庭本位仍是社会的主流价值,家庭的整体利益仍高于个人利益。78.9%的被访者对"为使家中每个人都生活得好,觉得自己责任很大"持肯定态度。市场经济背景下的家庭价值观虽显示了多元化和个体自主选择的趋向,但现阶段尚未完成个人本位的转向。扶老携幼、为家奋斗、相互负责、荣辱与共仍是中国式集体主义家庭价值的主要特质,但已和传统社会的长辈威权和泛孝主义有本质的区别。[1] 尽管我国离婚率不断上升,但徐安琪研究员主持的项目研究表明,婚姻的神圣性和终身性仍获得广泛的认同,82%的被访者对"婚姻是神圣的,结了婚就要白头到老"的传统价值持肯定态度,而且性别和地区差别也不显著。[2] 离婚对于解脱不幸的婚姻的必要性和合理性已获得广泛认同,但子女利益和家庭整体利益仍受到更多的关注。大多数人的离婚态度绝非是随意、轻率而是理性、慎重的,其中子女利益或许是离异过程中的一大障碍。[3] 这与笔者的问卷调查结论一致。

---

[1] 徐安琪、刘汶蓉、张亮、薛亚利:《转型期的中国家庭价值观研究》,上海社会科学院出版社 2013 年版,第 228—232 页。

[2] 徐安琪、刘汶蓉、张亮、薛亚利:《转型期的中国家庭价值观研究》,上海社会科学院出版社 2013 年版,第 97 页。

[3] 徐安琪、刘汶蓉、张亮、薛亚利:《转型期的中国家庭价值观研究》,上海社会科学院出版社 2013 年版,第 99 页。

综上,现今父母之命、媒妁之言的婚姻已基本绝迹,结婚的目的主要是过上和谐幸福的家庭生活,满足夫妻生理、心理上多方面的需求,婚姻个体的自我意识加强。有些人因找不到合适的伴侣而宁愿终身不婚,有些人因担心受家庭义务的束缚而选择长期非婚同居,有些人为了避免生儿育女的麻烦而保持"丁克"家庭的状况,有些人因不满意婚姻现状而轻率离婚。但是,这些并非社会的主流。"要实现家庭集体主义向个人本位的转型,以及婚姻的个体化和'去制度化'而成为一种只是给当事人带来利益和满足的'纯关系',仍要经历更为长期的过程。"①市场经济的功利取向和效益最大化也没有使物质条件成为婚姻家庭的主导。"置身于市场经济之中的家庭,其伦理原则必然要与市场相衔接,并表现出相适应的一面。但适应并不意味着无条件地遵奉市场的价值标准,家庭伦理原则应保持其自身应有的独立性。"②在多元化的择偶标准中,人品好、责任心强和感情真挚是首选。"男主外、女主内"的观念和分工模式虽仍存在,但夫妻平权逐步实现,两性在家庭重大事务决策上更为平等。改革开放至今,我国离婚率总体呈上升趋势,个人自主选择和家庭价值观呈现多元化趋向,但这并不意味着现今我国家庭价值全面衰落,人们家庭责任感缺失。对婚姻生活不满意时,离婚并不是大多数人的选择,为保障孩子的幸福,更多的人选择继续沟通和协调,以维护家庭的完整。家庭本位仍是社会的主流价值,大多数人首肯家庭幸福应优先于个人的利益,并且将个人幸福建立在和谐婚姻家庭生活的基础上,离婚绝非随意、轻率,而是理性、慎重的。

不过,应该看到,现代家庭价值观已不同于以往历史时期的家庭价值观,不是对传统家庭主义价值观的高度传承,而是对私人生活和个人家庭幸福的追求。"当代中国人对待家庭的态度是一种糅合了传统家庭主义价值观和现代个人主义价值元素在内的'中国式的现代家庭价值观'。"③强调家庭价值高于个人价值,强调为家人承担责任,但代际间互为牺牲的利他主义意识整体趋弱。家庭幸福被视为自我价值实现的一部分,其背后隐含的是对家庭情

① 徐安琪、刘汶蓉、张亮、薛亚利:《转型期的中国家庭价值观研究》,上海社会科学院出版社 2013 年版,第 245 页。

② 李桂梅:《中国传统家庭伦理的现代转向及其启示》,《哲学研究》2011 年第 4 期,第118 页。

③ 刘汶蓉:《家庭价值的变迁和延续——来自四个维度的经验证据》,《社会科学》2011年第 10 期,第 89 页。

感化和私人生活的肯定,而不再是对家庭经济互助和生育合作的传统性追求。① 婚姻家庭立法的价值取向应该与现今婚姻家庭价值观一致,起到保障家庭稳定,提升人们家庭幸福感的作用。

二、我国家庭功能的变迁、调整与提升

关于家庭功能的含义,学者有不同的界定,但大多是从家庭与社会的关系角度概括的。"家庭功能也就是家庭与社会的联系和作用中,所具有的满足人类生存的各种需要,以及适应和改变社会环境的功用和效能。"② 关于家庭功能的内容,学者也有不同的认识,默多克认为,所有的社会中家庭都具有四个基本功能:性功能、繁殖功能、经济功能和教育功能。③ 有的认为,家庭功能可归类为生物功能(如生理需要的满足,生育繁衍、抚幼携老等)、心理功能(如情感的慰藉、安全的需要)、经济功能(如物质生产、分配、交换和消费等功能)、政治功能(如家庭作为一个"小型政府"和家长的权力)、教育功能、娱乐功能和文化功能等。④ 有学者指出,一般来说,家庭有五种基本功能:生产功能、消费功能、人口再生产功能、养育子女和赡养老人的功能、满足家庭成员生理和心理需要的功能。⑤ 本书采较为普遍和一致的观点,认为家庭的功能主要有生产功能、消费功能、生育功能、教育功能、情感性爱功能和养老功能。

现代工业社会的发展,工厂、商场、学校、福利机构等分别承担了过去由家庭履行的一些功能,因此,有些社会学家认为,家庭许多功能已经缩小和丧失。美国社会学者威廉·奥格本认为,近代以前的家庭功能有经济、教育、保护、娱乐、宗教、地位安排、生育后代和家人之间的亲情,这些家庭功能会随着工业化过程而逐渐缩小,家庭成为一个脆弱的组织。⑥ 关于家庭的一般功能,日本社会学者大桥熏将其归纳为以下三点:家庭本身的固有功能(性、养

---

① 刘汶蓉:《家庭价值的变迁和延续——来自四个维度的经验证据》,《社会科学》2011年第10期。

② 丁文:《家庭学》,山东人民出版社1997年版,第327页。

③ [英]哈拉兰博斯、希德尔著:《家庭——功能主义的观点》,费涓洪译,周士琳校,《现代外国哲学社会科学文摘》1988年第10期。

④ 邓伟志、徐榕:《家庭社会学》,中国社会科学出版社2001年版,第67页。

⑤ 唐灿:《中国城乡家庭结构与功能的变迁》,《浙江学刊》2005年第2期。

⑥ [美]文森特·帕里罗、约翰·史汀森、阿黛思·史汀森著:《当代社会问题》,周兵、单弘、蔡翔译,华夏出版社2002年版,第308页。

育)、基础功能(生产·劳动,家政·消费)和派生功能(教育、看护、宗教、娱乐)。他认为,家庭功能中的性和养育功能是家庭本来固有的功能,很少有所改变。维系家庭成员生活的劳动、生产以及消费、生活保障的基本功能会随着产业化和公共设施的发达发生很大变化。而对子女进行教育、传播文化的功能,老年人的医疗看护、经济扶养等功能,家庭成员在精神上得以慰藉的宗教、娱乐等,将随着教育的社会化和医疗技术的发达、医疗福利设施的齐全以及娱乐的商品化,逐渐由家庭转移到学校、社会、福利设施和市场。部分功能将从家庭功能中分离出去。富永把家庭变化与现代化的关系归纳为:家庭的功能,包括经济功能、教育功能和宗教功能以及亲属相互扶助的功能,在现代化的过程中被众多社会功能集团大幅度取代,按照产业化社会"基础社会衰耗法则",家庭、亲属的结合功能处于解体和缩小的过程中。①

　　我国现今,随着现代工业化、城市化进程加快,人口流动频繁,计划生育政策的推行,社会保障的建设,家庭结构在调整,趋于核心化、小型化,家庭的功能也在发生变迁。但这是否意味着我国家庭功能的弱化和衰减? 家庭的重要性降低? 婚姻家庭立法的价值取向是以维护家庭功能的实现和发挥为重点,还是以保护家庭个体权益,尤其是财产利益为优先? 通过考察我国家庭功能变迁的历程,准确定性我国现代家庭的功能,为婚姻家庭法价值取向的确定提供社会学基础和依据。

　　(一)古代社会,家庭是全体成员基本生活的重要保障

　　中国古代生产力水平低下,劳动工具落后,生产劳动基本上靠人的体力劳动完成,需要合家庭全体成员之力才能维持基本生活,小农经济的耕作须以家庭为单位进行,因此,家庭的生产功能尤为重要。缺乏社会保障体系,对于老人、孩子和没有劳动能力的人来说,家庭是唯一的生活保障。为了提高家庭的生产水平,增加物质资料的积累,需要更多的劳动力,多生且生子是重要途径。对于国家来说,人口的数量,尤其是男性青壮年的数量决定着国家的农业生产能力和军事实力,人口众多是国家强盛的象征,历朝历代都鼓励人口生产,生育功能是古代社会家庭的基本功能,多子多福、重男轻女。家庭还承担重要的教育职能,注重早教,"养正于蒙",进行纲常伦理教育和意志、品质教育。教导男子努力读书,考取功名;给女子灌输"三从四德"与"女子无才便是德"的思想。"子不孝,父之过",孟母三迁、岳母刺字、陆游以诗训儿等

---

① 宋金文:《当代日本家庭论与老年人扶养》,《社会学研究》2001 年第 5 期。

都是经典的古代家教故事。

相较而言，家庭的消费功能较为衰弱，自给自足的自然经济条件下，吃、穿、用等各种生活用品基本上都由家庭产出，大部分普通家庭的生产资料和生活资料都很有限，不得不节衣缩食、攒钱防老，很少有消费的节余。加上交通落后，经济封闭，商品交换的进行极为有限。有限繁荣的商品交换大多局限于柴米油盐、布匹等基本生活用品，精神消费更为罕见。家庭的性爱功能和情感慰藉功能受到抑制，父母子女之间、夫妻之间有着严格的身份、地位差别，家长极力维护其在家庭中的权威，抑制了家庭成员间情感的表达和抒发。在礼教的压制之下，家庭中"性"是极其隐晦的，"万恶淫为首"，夫妻间的性只能为了生育而存在。"甚至丈夫与妻妾间合法的性生活，如果讲求了一点性技巧，乃至不以生育为目的而是为感官快乐所进行的性生活，就会被目为'淫'；夫妻的性生活如果在时间、地点等方面犯了某种禁忌，也成为淫。"①

总而言之，在中国古代，生产、消费、生养教育子女、赡养老人等基本上是以家庭为中心展开的，家庭是全体成员衣食住行、基本生活的重要保障，社会几乎代替不了家庭的有关功能。在当时社会经济发展水平落后的条件下，为保障种族延续，生产功能和生育功能是家庭的基本功能、核心功能。家庭还承担重要的教育功能，但消费功能、情感功能和性爱功能则很有限。正因为古代社会家庭承载着诸多社会无可替代的功能，形成了浓厚的重家观念，尊宗敬祖、孝敬观念，也使得家庭成为社会的最基层组织，是社会政治结构和经济结构的最低社会单位。治理家庭是治理国家的起点，形成所谓"修身、齐家、治国、平天下"的思想。

（二）近代社会，城市家庭生产功能衰弱，农村家庭功能变化不大

中国近代是半殖民地半封建社会时期，帝国主义经济入侵，民族资本主义发展，自给自足的自然经济逐渐瓦解，城市工业兴起和发展，城市家庭成员要通过到企业就业或从事自由职业获得收入以维持家庭基本生活，家庭不再是生产的单位，也不再是完全的经济单位，家庭的生产功能衰弱。产业革命引起传统农业家庭生产功能减弱，农业经济日益衰退，许多农民弃农务工、务商，到城市中寻找生存和发展的机会。但农村家庭功能的变迁则相对缓慢，因为当时农村的生产方式变化较少，仍以家庭为单位进行生产劳动。

在近代中国家庭的演变过程中，生育功能仍得以保持，生育的目的在于

---

① 江晓原：《云雨：性张力下的中国人》，东方出版中心 2006 年版，第 110 页。

"传宗接代"、"多子多福"仍是普遍的生育观。随着近代教育的发展,科举制度的废除,各地兴办各类学堂,家庭的教育功能部分被社会取代了。"五四"运动时期,新文化运动冲击传统封建家庭,否定传统父系家长制度,力图建立平等的家庭制度。虽然新的平等的家庭制度只是一些先进知识分子的理想,但对家庭情感功能的变迁产生一定的影响。受新思想熏陶的年轻人独立意识、自由意识增强,妇女参加社会工作,不满足从属、依赖的地位。因而家庭问题日益增多,家庭冲突如代际冲突、夫妇冲突和婆媳冲突、兄弟冲突、妯娌冲突、姑嫂冲突、叔侄冲突等激化。家庭冲突导致家庭关系失调,家庭的情感安慰和寄托功能的发挥受到影响。[①] 与城市相比,农村的文化环境相对封闭,新的思想观念较少在农村传播,传统观念的影响根深蒂固,直到新中国成立前农村家庭功能都没有变化。[②]

(三)新中国成立初期至改革开放前,家庭功能总体被削弱

新中国成立后,随着 1956 年对资本主义手工业和工商业改造的完成,城镇个体经济被消灭。生产资料公有制条件下,城镇家庭成员成为国有企业单位的职工,城市家庭基本丧失生产功能。农业合作化推行,土地和大型生产工具等农业生产资料归集体所有,农民家庭的生产功能转移到集体生产单位,农民是人民公社的社员,公社、生产大队和生产队成了统一的生产单位,农村家庭的生产功能丧失。城乡家庭的生活功能仍然保持,家庭仍是一个消费单位,但在高度集中的计划经济时代,商品生产和流通受到严格限制,各企事业单位统管生活消费,家庭的消费功能大为削弱。人民公社时期,公共食堂、托儿所、敬老院等曾一度取代家庭的赡养、教育、抚育和消费功能。家庭的生育功能仍较强,没有发生大的改变,即使党和政府大力宣扬"男女平等"、"生儿生女都一样"的观念,但在城乡家庭,重男轻女、多子多福的传统观念仍根深蒂固,农民家庭的生育数量猛增。由于家庭子女较多,许多生活困难的家庭只能让子女,尤其是女孩辍学谋生。在城市的双职工家庭,父母亲没有时间和精力自行抚养教育子女,有的交由祖父母带,他们的文化程度低,教育观念落后,无法帮助孩子学业进步。因此,家庭的教育功能弱化。如前所述,新中国成立初期至改革开放前,维系婚姻家庭的纽带主要不是亲情、血缘关系,而是政治立场、政治思想,家庭的情感功能、精神慰藉功能被异化了。

---

① 邓伟志、徐榕:《家庭社会学》,中国社会科学出版社 2001 年版,第 80 页。

② 李东山:《家庭核心功能的变迁》,《浙江学刊》1997 年第 6 期。

综上，新中国成立后至改革开放前，城乡家庭的生产功能丧失，生育功能仍然保持，但消费功能不强、教育功能衰弱，家庭的情感功能和性爱功能被异化了。

（四）改革开放至今，家庭功能调整和提升

改革开放后，实行经济体制改革，城市个体企业和私营企业逐步发展起来，部分城市家庭恢复了生产功能。从 20 世纪 80 年代始，随着计算机、网络技术的兴起和发展，许多自由职业者可以在家里进行"无纸化办公"，开网店，开设"移动办公室"，城市家庭承担着部分生产物质资料和提供生活消费服务的功能。农村实行家庭联产承包责任制后，生产资料回到家庭，生产以家庭为中心，农民家庭成为农业生产的基本单位。农民掌握了生产自主权，大大提高了劳动积极性，少数家庭出现合家的情况，从单一的农业生产向农工商等行业并举发展，农村家庭的生产功能得以恢复。不过，大批农民转移到城市务工，部分农村居民转化为城镇居民，城市公务员和职业数量增多，城镇家庭作为生产单位毕竟是少数，家庭的生产功能并不是核心功能。随着市场经济的发展，城乡居民收入增多，家庭的消费功能明显增强，家庭消费需求、消费能力、消费水平均大大增长和提高。家庭消费中，食品、住房、服装、耐用消费品等居于重要地位，消费结构中生存资料的比重下降，享受和发展的比重上升。计划生育政策的推行，人们生育观念发生转变，"少生优生"、"生儿生女都一样"逐渐成为普遍观念，"丁克家庭"的出现已被认为是常态。许多学者认为，家庭的生育功能越来越萎缩，家庭的生育功能不断减弱、弱化。[①] 然而，生育人口数量的减少并不意味着家庭生育功能减弱，"多数人已把生养孩子看做是对社会尽义务，认为是一种感情的追求、爱情的果实和夫妻关系的纽带，家庭幸福的重要内容体现在生孩子不再追求数量而追求质量，不再计较性别而讲究附着在孩子身上的意境及其所带来的愉悦。事实上，生育的一孩化趋势不能说明生育功能的减少，优生优育便是一个很好的说明"[②]。

家庭的教育功能显著增强，虽然知识教育和职业教育大部分已转移到学

---

① 孙丽燕：《20 世纪末中国家庭结构及其社会功能的变迁》，《西北人口》2004 年第 5 期；张世飞：《1978—1992 年中国家庭功能之变迁——以北京市为中心》，《学术论坛》2011 年第 5 期；朱健安、赵凌云、黄英：《家庭总体功能的加强——湖州城市家庭功能调查》，《湖州师专学报》（哲学社会科学）1998 年第 2 期；苏珊：《改革开放和中国农村的婚姻家庭变化》，《西南科技大学学报》（哲学社会科学版）2005 年第 1 期。

② 潘泽泉：《现代家庭功能的变迁趋势研究》，《学术交流》2005 年第 1 期，第 131 页。

校和各类培训机构承担,但家庭仍承担着生活知识、伦理道德等重要的人生教育。而且,教育支出占家庭支出的比例越来越大,教育费用成为家庭最重要的消费开支。2011 年 2 月,中国青少年研究中心家庭教育研究所成立"中国义务教育阶段城市家庭子女教育成本研究课题组",之后在北京、广州、南京、哈尔滨、石家庄、西安、成都、银川共 8 个城市近 5000 名中小学生家长中展开问卷调查和结构性访谈,调研显示,近 5000 名义务教育阶段城市家庭子女教育年支出达 8773.9 元,孩子教育支出的费用占到了一个家庭收入的30％。[①] 美国投行 Jefferies 的调查显示,2004—2013 年,中国家庭教育支出规模年均复合增速为 10.7％,2013 年我国家庭的教育支出规模约为 9830 亿元,接近 1 万亿元。[②]

单位: 亿元

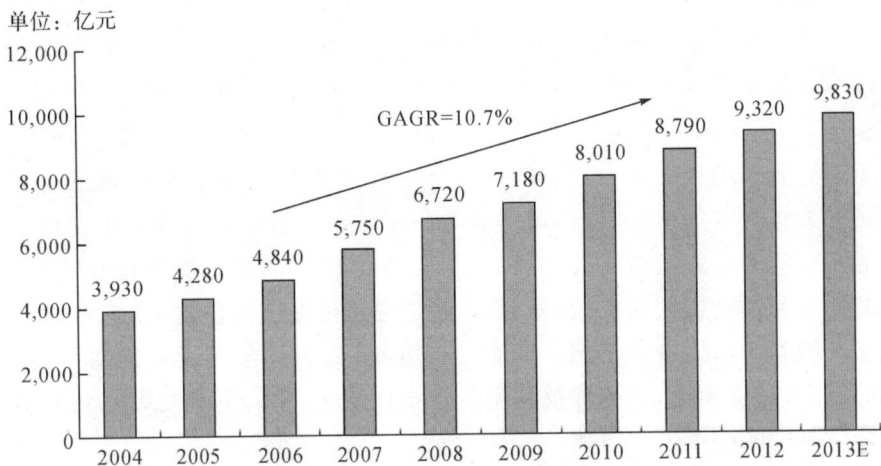

图 21　中国家庭教育支出

资料来源:《2013 年我国家庭教育支出规模约为 9830 亿元》,http://www. chyxx. com/industry/201310/2211872. html.

现今我国家庭的情感功能有所增强,从上文关于择偶标准的分析可见,人们择偶注重对方的品德,责任感以及与自己是否性情相投、感情真挚。结婚不单纯为了生儿育女,传宗接代,更主要是为了找个伴侣,互相照顾,追求个人的家庭幸福,寻求生活的港湾,家庭的情感功能变得越来越重要。传统家庭以父子为轴心,而现代家庭以夫妻为轴心,注重夫妻生活的质量。尤其

①　刘璞、石小磊、仇惠栋:《家庭教育支出逐年上升　委员提案教育支出抵税》,http://www. fjsen. com/h/2013-03/13/content_10851256_2. htm.

②　http://www. chyxx. com/industry/201310/221872. html.

现代生产高度紧张、工作负荷加重、生活节奏加快,在激烈的竞争环境下,人们的心理压力大,易造成心理创伤和扭曲,希望能在家庭中得到心理慰藉和精神抚慰,缓冲身心疲惫,调节生活节奏。而对于老年人,晚年得以享受天伦之乐无疑是相当理想的生活状态,家庭的情感功能得以强化。现今社会,对性的认识发生重大的变化,夫妻间的性爱不再以生育为目的,性爱的和谐是夫妻关系和睦的重要组成部分,有助于提高家庭生活的满意度。因此,家庭的性爱功能同样有强化的趋势。

相较而言,家庭的养老功能减弱,家庭养老面临许多新问题。我国家庭结构正在发生改变,家庭规模趋于小型化,家庭结构以核心家庭为主。中青年群体生存竞争压力加剧,跨地区人口流动频繁,一对年轻夫妇要承担赡养四个老人、抚育一到两个小孩的任务已相当困难,由家庭承担照料老人的全部责任已变得日益不现实。因而,随着核心家庭的大量出现,空巢家庭和老龄鳏寡孤独家庭也在增加。在城市,老年人因单身或家庭"空巢"而引发的心理不适现象,如孤独、抑郁、焦虑、烦躁等已经成为比较突出的老年心理问题。零点调查公司的调查表明,在城市中,老年人大约70%的心理疾病是由于缺少精神关怀导致的。在农村,家庭养老制度正在失去强有力的文化支持。一方面亲子间的情感纽带在逐渐松弛,另一方面传统的孝道文化也在流失,农村的赡养问题日益紧张尖锐,家庭养老方式也变得越来越脆弱,老年人因此面临贫困和生活无着落的极大风险。[①] 然而,我国社会养老保障水平低、覆盖面有限、制度不稳定,各种福利型养老机构缺失,家庭养老的方式和社会养老保障制度的改革迫在眉睫。

综上所述,改革开放以来,城乡家庭的生产功能得以恢复,但生产功能已不是家庭的核心、基本功能。城乡居民收入提高,家庭的消费功能不断增强。随着计划生育政策的推行和人们生育观念的转变,一对夫妻生育子女的数量减少,但从优生优育角度来说,这不意味着家庭的生育功能减弱,更确切地说,是家庭生育功能的调整和提升。虽然家庭的教育功能部分外化由学校、培训机构承担,但家庭教育费用支出增加,家庭仍承担人生观、伦理道德的教育,家庭的教育功能显著增强。现今人们更注重家庭的幸福美满,希望能从家庭中得到精神慰藉以缓解社会竞争的压力,家庭的情感功能和性爱功能变得越来越重要。家庭结构的变化使得家庭养老面临许多新问题,家庭养老功能有所衰弱。可见,家庭的各项功能仍被完整地保留,并有所提升。虽然家

---

① 唐灿:《中国城乡家庭结构与功能的变迁》,《浙江学刊》2005 年第 2 期。

庭生产功能大部分被社会化大生产所代替,家庭养老功能部分由社会保障承担,但家庭的其他功能增强了,尤其是家庭的情感功能不可或缺。市场经济迅速发展,社会竞争越来越激烈,市场的道德信条是公平竞争的原则,但市场的价值原则并不适用于家庭。家庭则应突出关爱原则:关心所有家庭成员的物质、精神和心理需求,使每个人在家庭中都得到照料、支持、温情与愉悦;尤其是要使家庭中的弱势群体利益能得到满足。家庭的心理慰藉和精神安抚的功能不断强化:人们渴望在家庭中能摆脱竞争的压力,享受家庭的温情与轻松。所以,家庭有其独立的不可替代的价值,这就是关怀、互惠、利他乃至牺牲精神。[1] 家庭保障作为一种内生的、非正式的天然保障系统,对社会成员发挥着重要的保障作用。[2] 因此,婚姻家庭法律制度应当有效地保障家庭的各项功能得以实现,确保家庭的保障功能得以维持和发挥,保护家庭中弱势一方的权益,这是婚姻家庭法的价值取向。婚姻家庭法具有保护弱者的功能,体现了私法体系中婚姻家庭法的特殊性。

第三节　婚姻各项利益的冲突与法律的应有作为

婚姻是生活的港湾,家庭中男女老少都可以从和谐的家庭生活中获利,家庭的稳定关系社会秩序的稳定。但是,婚姻中的个体利益、家庭共同体利益和社会利益总会出现矛盾和冲突,需要法律加以协调和平衡。

一、婚姻利益的内容

婚姻利益包括个体利益、家庭共同体利益和社会利益。

(一)婚姻的个体利益

现今社会,结婚的主要目的不是完成家族的任务,而是享受幸福的家庭生活,婚姻对个人而言是有益的,是"有利可图"的。在择偶过程中,选择人品好、责任心强、感情真挚并且有一定的工作能力的伴侣,为将来的婚姻生活打下基础,这是个体对美好婚姻生活的憧憬。对于婚姻个体而言,婚姻利益可划分为现实利益、信赖利益和期待利益三大类。[3] 婚姻的现实利益,是指婚

---

① 李桂梅:《中国传统家庭伦理的现代转向及其启示》,《哲学研究》2011 年第 4 期。
② 郑功成:《社会保障学——理念、制度、实践与思辨》,商务印书馆 2000 年版,第32 页。
③ 蒋月:《婚姻家庭法前沿导论》,科学出版社 2007 年版,第 22 页。

姻当事人已经获得和正在享有的人身利益和财产利益。缔结婚姻的当事人在相互陪伴和共同生活中得到感情上的抚慰、心理慰藉，获得性满足和性愉悦，共同分享劳动成果和财产利益，生活中互相照顾和扶助，经济上互相供养。生儿育女，感受亲情的温暖，共享家庭的幸福。婚姻的信赖利益，是指基于对信守爱情誓言或者婚姻誓言的信任而将婚姻视为长久存在，将本人的利益与对方的利益合二为一，甚至于改变自己迎合对方以维护婚姻利益的要求，并相信她或者他可以从对方的成功或者婚姻成功中获得的直接利益。[①] 婚姻当事人基于感情和信赖，全心全意地对家庭投入时间、精力，付出劳动、金钱，甚至改变自己原有的生活方式，放弃个人的发展机会，就是相信对方有同样的付出和投入，能给家庭成员带来稳定的、幸福的生活。婚姻的期待利益，是指只要婚姻长久地存续，婚姻当事人就能够期待其付出或者缔结婚姻时期望的未来利益或可以获得实现的利益。[②] 无论是准备结婚还是已经结婚的当事人，都对未来的婚姻生活有所期待，已经享有和谐家庭生活的当事人希望这样的生活能永久保持，并希望未来的生活更美好。对现在生活不够满意的婚姻当事人，希望通过双方共同努力改变现状，期待未来美满的婚姻家庭生活。如果婚姻能长久维持，婚姻当事人有所付出，婚姻的期待利益是可以实现的。

（二）婚姻的家庭共同体利益

在"二人世界"的"丁克家庭"里，婚姻当事人之间的利益与家庭共同体的利益重合，双方互相关心照顾，经济上互相扶持和供养。而在家庭小型化的"核心家庭"和"上有老，下有小"的"主干家庭"，婚姻当事人之间的利益只是家庭共同体利益的一部分，婚姻当事人除了彼此关爱和付出外，还要为照顾老人、养育子女有更大的投入和付出。如前所述，家庭承载着生产、消费、生育、情感、性爱和养老诸项功能，有些功能有所减弱，有些功能由社会机构分担，但家庭的各项功能仍完整地保持并有所提升。家庭关系以夫妻为中心，夫妻通力合作，共同创造财富，打造一个和谐、温馨的家庭环境，充分发挥家庭的各项功能，实现家庭共同体利益。

---

① 蒋月：《婚姻家庭法前沿导论》，科学出版社 2007 年版，第 22 页。
② 蒋月：《婚姻家庭法前沿导论》，科学出版社 2007 年版，第 23 页。

（三）婚姻的社会利益

婚姻是私人的事，但绝对不纯粹是私人的事。家庭私生活是私人的领域，但家庭的稳定关系到社会秩序的稳定，每个时代，家庭关系的规范和家事的安排都烙上时代的烙印。在我国古代，"齐家、治国、平天下"的思想充分说明婚姻家庭承载着维护统治阶级利益的职能。20世纪六七十年代，我国法院在判定是否准予离婚问题上，曾以"政治理由"代替"感情标准"，以公权力介入家庭生活，调处家庭矛盾，严格控制离婚的数量，低离婚率的数据造就了表面上和谐的社会主义家庭关系。现今，国家公权力对家庭私人生活的介入和干涉有限，但婚姻家庭所具有的维护社会公共利益的基本职能没有改变。

1. 规范人类性行为，使婚姻竞争有序化

"性的关系带着极强烈的亲密感情，甚至可以说是不顾一切的冲动。……这种强烈的冲动可能销毁一切后起的、用社会力量所造下的身份。"[1]若让性爱自由地在人间活动，尤其在有严格身份规定的社会结构中活动，它扰乱的力量一定很大。它可以把规定下亲疏、嫌疑、同异、是非的分别全部取消，每对男女都可能成为最亲密的关系，我们所有的就只剩下了一堆构造相似、行为相近的个人集合体，而不成其为社会了。[2] 杂乱的性关系会加剧人与人之间的冲突，容易使人们在性利益方面的矛盾激化，影响社会的安定。婚姻为性行为提供合法、正当的途径和场所，使人类的性需求得到有序的满足，维护社会结构的稳定。婚姻是一种特定的社会关系，"从社会角度分析，结婚是为了赋予当事人亲密关系相应的社会地位——公开承认，并提供法律保护、道德保护等当时社会制度框架内的所有保护"[3]。

婚姻市场是一个竞争的市场，存在大量的选择和竞争，为获得理想的伴侣，无论是男性还是女性，都有可能做出不理性的行为。竞争对手有强弱之分，竞争也有输赢的结果。如果没有制度规范，在一个无序的竞争环境中，就会出现部分人"一夫多妻"或"一妻多夫"，而部分人终生没有伴侣，"断子绝孙"。杂乱的性关系会加剧人与人之间的冲突，容易使人们在性利益方面的矛盾激化，影响社会安定。而婚姻不仅是生育制度，同时也是社会的两性规范制度。由于婚姻经常性地调节，缓和了了盲目、自发的性竞争产生的冲突，使

---

① 费孝通：《乡土中国　生育制度》，北京大学出版社1998年版，第141—142页。

② 费孝通：《乡土中国　生育制度》，北京大学出版社1998年版，第143页。

③ 蒋月：《婚姻家庭法前沿导论》，科学出版社2007年版，第35—36页。

人们能看到的只是经常的"文明的性竞争",以及与生产方式相适应的秩序化的性结合。①

2.稳定两性结合,保证种族的延续

没有制度约束和规范的性行为,还会出现"乱伦"现象。人类始初,原始人群过着杂乱交配的性生活,在为人口繁衍付出巨大代价后,人类认识和掌握了"母子相交,所生不蕃"的生殖规律。为了保证种族繁衍和后代的素质,从原始社会后期,出现群婚制,排除直系血亲之间、兄弟姐妹之间的两性关系。婚姻制度和亲属制度也在群婚制的产生和发展过程中孕育和萌发。中国从周代起,就已经确立了婚姻制度,如"同姓不婚,惧不殖也"(《国语·晋语四》)、"男女同姓,其生不蕃"(《左传·僖公二十三年》)。违反者,轻则受道德、舆论谴责,重则受法律的制裁。

从性爱到生殖,再到抚育,这一过程完整地实现,才能保障人类种族的延续,但并非在每个人的一生中,这三个阶段都会出于本能的、必然的全部经过。"生殖是新生命的造成,抚育是生活的供养。"②在生物层面上来说,生殖是损己利人的事情,人们为了自己的利益,享受没有生育痛苦和烦恼的"自由"生活,完全可以采用避孕术避免生殖。人类抚育子女也不是出于本能或天性,不然就不会有堕胎、杀婴、弃婴等情况的发生。人的生理结构中并没有一个特别的器官能给孩子们一定能得到抚育的保障,人类种族的绵续很难说是生物机能的作用。既然人类有能力跳出从性爱到生殖,从生殖到抚育之间的生物机能连环,若没有了社会制裁,人类种族的绵续也就失去了自然的保障。所以,需要人为的保障,"生育制度是人类种族绵续的人为保障"③。基于天然的血缘关系,婚姻将性关系关入夫妇之间,稳定两性结合,实现双系抚育、两性分工,共同抚育子女是一项法律义务和责任,才能有效地保证种族的延续。

3.家庭承担的保障功能是社会保障不可或缺的一部分

家庭具有独特的互助和保障功能,不可能由任何其他组织所替代。柏拉图在《理想国》一书中抛弃家庭的设想也只是一种"理想"。现代社会,家庭功能有所提升,养老育幼的部分任务可以由其他社会组织机构承担,但精神抚

---

① 杨遂全:《现代家庭的源与流——家庭的未来及其对策研究》,河南人民出版社 1988年版,第 32—33 页。

② 费孝通:《乡土中国 生育制度》,北京大学出版社 1998 年版,第 106 页。

③ 费孝通:《乡土中国 生育制度》,北京大学出版社 1998 年版,第 109 页。

慰、人生观、伦理道德的教育仍主要由家庭承担,居家养老仍是我国大多数人的选择。我国社会保障建设起步晚,社会保障体系仍不完善,社会资源不足以支撑大量贫困家庭,不足以维持弱者的衣食住行,因此,充分发挥家庭的保障功能相当重要。即使西方国家社会保障已很完善,弱化了家庭的部分功能,但美国很多人认为社会保障制度制造了越来越多的未婚母亲和不负责任的父亲,这种评价促使西方国家不断呼吁重视家庭的保障作用。① 家庭给予每个成员的物质保障和精神抚慰是社会保障不可或缺的一部分,家庭成员承担起责任,才能实现"幼有所养,老有所依",减轻社会的负担,促进社会的进步和发展。

二、婚姻中各项利益的冲突

婚姻中的各项利益,并不能在每个完整的家庭中都完全地实现。有些利益有所或缺,有些利益有所削减,而有些利益之间存在冲突。具体而言:

(一)婚姻个体利益与家庭共同体利益的冲突

大多数人选择伴侣,决定结婚一般是经过深思熟虑的,但也并不都完美。有些人对未来的婚姻家庭生活可能出现的复杂情况预估不足,不能妥当地处理各种关系。有人将婚姻比作围城,更有人将婚姻比做爱情的坟墓。这是因为,结婚后与伴侣共同生活,与对方的家人相处,生儿育女,照顾老小,改变自己,限制个人的自由,让渡个人的部分权益,而这并不是每个人都能做到或做好的。

每个人都享有性自主权,有权选择和更换性伴侣。但结婚后,要履行同居义务、忠实义务,这就限制了个人的性自主权。公民有生育权,有权决定是否生育、生育的次数和生育的间隔时间,但配偶之间也会对是否生育子女产生意见分歧。一方不同意生育,对方就有可能会认为自己的生育权无法实现,生育权受到侵犯而选择离婚。夫妻共同财产制意味着婚姻关系存续期间,个人所得的财产属于夫妻共同共有,从而限制了婚姻个体的私人财产利益。市场经济条件下,家庭不同程度地受到市场经济逐利性因素的影响,物质利益占据很重要的位置,夫妻间因为经济利益的分配矛盾激化,导致家庭解体的现象并不少见。结婚后,双方都要对家庭投入时间和精力,从事家务劳动、照顾老人和小孩,这是一个长期、不间断的过程。牺牲个

---

① 郑功成:《社会保障学》,中国劳动社会保障出版社 2005 年版,第 169 页。

人的休闲时光,放弃个人的社交活动和职业发展机会,这就产生了个体利益与家庭利益的冲突。大多数人觉得将家庭利益置于首位,限制个人自由、让渡个体利益,对家庭的投入和付出换来的是家庭生活的幸福,那么婚姻关系就得以维系和巩固。但有些人不堪承受家庭的义务和责任,不肯让渡私人的财产利益,只注重个体的自由和权益,过分享受个人生活的快乐,或为了追求个人事业的成就而忽视了家人的感受。对家庭付出较多的一方,得不到对对方的信赖而应获得的家庭利益,对将来的婚姻生活失去希望,个体利益与家庭共同体利益的冲突加剧,要么婚姻不幸福,要么最终劳燕分飞。

(二)个体利益、家庭共同体利益与社会利益的冲突

离婚率升高、婚外性关系增多、家庭暴力、虐待、遗弃家庭成员都是造成社会不稳定的因素。离婚对未成年子女的健康成长造成负面影响,因婚变而被冷落、遗弃的未成年人犯罪率上升成为严峻的社会问题。家庭成员尤其是夫妻间关系和谐、亲子间的沟通融洽,对未成年子女良好性格的形成具有重要的作用。如果夫妻关系紧张,时常争吵、打架,家庭成员间冲突不断,存在严重的沟通障碍,则往往不利于子女的健康成长。家长是孩子的第一任教师,父母的道德修养、行为举止和生活方式对未成年子女道德品格的形成具有潜移默化的影响作用。"不少研究都显示,一些少年犯家庭成员的自身道德水准较差,有不良嗜好或违反社会准则的行为甚至触犯法律,不仅不能身体力行,为子女提供良好社会化的家庭氛围,却以自己的反面示范使子女'近墨者黑'。"①父母缺乏家庭责任心,或忙于经商挣钱、享受玩乐,对子女疏于教育、放任自流,抚育行为的失职,也是造成青少年走上违法犯罪道路的重要原因。

家庭暴力是社会暴力的组成部分,它不仅危害家庭,还危及社会稳定的基础。长期的家庭暴力严重影响夫妻感情,当被害人(大多数是女性)无法忍受施暴人的暴力时,以选择离婚、离家出走甚至以暴抗暴等方式摆脱家庭暴力,致使家庭破裂和毁灭。经常发生家庭暴力,包括父母亲之间的暴力、家长对未成年子女的暴力等,严重影响未成年子女的身心健康。特别是父母对孩子施暴,会使孩子产生恐惧、焦虑、自卑、孤独的心埋,影响学习和生活。严重时,孩子们会离家出走、荒废学业,甚至实施违法犯罪行为,危害社会安定。

---

① 徐安琪:《父母离婚与子女犯罪关系的学术拨正——20世纪90年代相关研究的回顾及评估》,《青年研究》2001年第9期,第22页。

虐待、遗弃老人、儿童，侵害家庭中弱势成员的合法权益，削弱了家庭本应有的互助和保障功能，增加国家、社会的负担。导致离婚、夫妻关系不合的原因很多，例如婚外恋、家庭暴力、赌博、吸毒、虐待、遗弃、财产利益纷争等，这些都是个人私欲膨胀，过分放纵自己的性情，不顾及亲情和家庭共同体利益的极端表现。造成个人、家庭与社会关系的紧张，不仅危害家庭成员，尤其是未成年子女的身心健康，还危及社会秩序的稳定，损害社会公共利益。

三、法律对保障和平衡婚姻各项利益的应有作为

调整和规范婚姻家庭关系的不仅有法律，还有伦理、道德、宗教、习俗和家规等。而法律具有国家强制性，是国家对婚姻的管理，相较于伦理、道德、宗教等，可以借助国家力量否认、惩罚社会所不认可的身份结合。法律是利益的平衡器，婚姻家庭法律规范通过平衡婚姻个体、家庭共同体和社会的利益，达到保障家庭成员利益、维护家庭和谐和社会秩序稳定的作用。

首先，规定结婚制度，限定结婚的条件。结婚条件主要有：男女双方自愿结合、一夫一妻、符合法定婚龄、不患有禁婚疾病、不属于直系血亲或三代以内旁系血亲。不符合结婚条件者，构成无效婚姻或可撤销婚姻。同时，设定结婚的程序，大多数国家或地区采登记制，少数采仪式制，或登记与仪式相结合。符合结婚条件的男女双方须通过登记或举办仪式缔结婚姻关系，获得法律认可的夫妻身份。结婚制度旨在规范两性结合，使两性结合有序化，促进优生优育，保障人类种族的繁衍。

其次，规定婚姻的效力。因结婚而对当事人产生法律的拘束力，实现婚姻当事人的身份利益，稳固家庭关系。婚姻效力包括夫妻人身关系和夫妻财产关系。夫妻人身关系的内容主要有：姓名权、同居义务、忠实义务、婚姻住所商定权、参加生产工作学习和社会活动的自由、离婚请求权等。夫妻财产关系的内容主要有：夫妻间相互扶养的权利和义务、相互继承权、夫妻财产制。确定和分配夫妻间的财产利益，确保维持家庭生活的物质条件。

第三，规定家庭成员间的权利义务。因出生的事实而在父母子女之间产生自然血亲关系，因收养而在养父母子女之间形成拟制血亲关系。父母须抚养和教育未成年子女，这既是一项权利，也是一项义务。成年子女对父母负有赡养义务，父母、子女之间享有相互继承权。在特定条件下，兄弟姐妹、祖孙之间具有相互扶养的权利和义务，并互相享有继承对方遗产的权利。法律通过规定家庭成员间的权利和义务，尤其是父母对未成年子女的义务，实现家庭应有的保障功能，维护人类种族的延续。

　　第四,规定离婚的条件和程序。夫妻感情破裂,关系紧张,势必会产生诸多的家庭矛盾,勉强维持不正常的、畸形的夫妻关系将影响家庭的和谐。婚姻当事人已不堪承受共同生活的痛苦时,应赋予其离婚自由权。离婚的程序有登记离婚和裁判离婚,当事人双方同意离婚,并对离婚后未成年子女的抚养、财产的分割达成一致的,可以到民政部门办理离婚登记,结束夫妻关系。如果不能达成一致,可以到法院起诉离婚。法律保障离婚自由,同时反对轻率离婚。我国《婚姻法》(修正案)第 32 条规定法院裁判准予离婚的条件是:"夫妻感情破裂,调解无效",并规定判断"夫妻感情破裂"的几种情形:重婚或有配偶者与他人同居的;实施家庭暴力或虐待、遗弃家庭成员的;有赌博、吸毒等恶习屡教不改的;因感情不和分居满二年的;其他导致夫妻感情破裂的情形。

　　第五,规定离婚救济制度,限制离婚自由权的滥用,维护离婚弱势一方当事人的合法权益(离婚救济制度的内容详见上文第二章第一节)。

　　我国现行婚姻家庭法在夫妻财产制和离婚救济制度的规定上存在缺陷和不足,没能很好地实现婚姻家庭中个体利益、家庭共同体利益和社会利益的平衡,影响人们对婚姻家庭的信心。因此,有必要构建正确的立法和司法价值取向,修改和完善相关法律制度,实现婚姻各项利益的平衡。

第四章　当代我国婚姻家庭法价值取向下完善相关法律制度的构想

　　目前社会资源配置、传统社会分工模式下,女性在职场竞争中仍处于劣势地位,在家庭力量对比中,大多数妇女仍处于弱势地位,尤其是广大农村妇女,土地权益受侵犯和剥夺的现象较为普遍。《婚姻法》(修正案)确立了保护妇女、儿童和老人合法权益的基本原则,立法侧重于保护家庭中弱势一方的权益,平衡个体利益与家庭利益才能实现家庭的和谐与稳定。有必要在婚姻家庭立法和司法中引入社会性别视角,立法者和司法者应具有社会性别意识,而不是刻板地奉行"男女都一样"的平等观,忽视男女社会性别的差异。具体而言,婚姻家庭法律制度的完善要注重体现和实现家务劳动的价值。家务劳动的价值较为特殊,它不仅是从事家务劳动者时间和体力的投入,还融合着精神和情感的付出,并期待获得家庭幸福的回报。所以,家务劳动的价值难以量化和衡量,无法适用家政服务的薪酬计时、计量方式来换算。但是,遵循婚姻家庭法平衡个人利益、家庭利益和社会利益的价值取向,在具体法律制度的设计上,是可以最大限度地实现家务劳动的价值的。具体法律制度的设立和完善主要有:规定独立的婚姻家庭财产法律制度、完善现行离婚救济制度、完善离婚农村妇女土地承包权的法律规定、构建独立的家事诉讼模式等。

第一节　规定独立的婚姻家庭财产法律制度

　　婚姻家庭法与《物权法》、《合同法》属于民法的组成部分,但婚姻家庭具有独特的互助和保障功能,婚姻家庭法因而具有强烈的伦理性,相关法律制度应促进和保障家庭功能的发挥和实现。直接适用《物权法》和《合同法》的规定调整夫妻财产关系过于保护个人财产利益,导致利益失衡,违背婚姻家庭法维护家庭和谐、稳定的宗旨,属于法律适用不当。本书基于婚姻家庭财

123

产法平衡婚姻个体利益、家庭利益和社会利益的价值取向,针对现行夫妻财产制度的不足之处,提出以下构建独立夫妻财产制度的设想。

一、因夫妻财产制引起的财产权转移直接产生物权变动的效力

根据《婚姻法》(修正案)第 17 条的规定,夫妻在婚姻关系存续期间取得的财产归夫妻共同所有,即使财产只记载于一方名下,也属于夫妻共同财产。对此,史尚宽先生阐释道:"夫妻之财产及所得,除特有财产外,合并为共同财产,属于夫妻公同共有。此合并为共同共有财产,依法律规定,因概括受行之,无须动产占有之交付,无须债权或其他权利之让与。不动产亦无须登记于土地登记簿。"①《德国民法典》第 1416 条的规定值得借鉴:"(1)夫的财产和妻的财产因财产共同制而成为配偶双方共同的财产(共同财产)。夫或妻在财产共同制存续期间所取得的财产,也属于共同财产。(2)各个标的成为共同的;它们无须以法律行为加以转让。(3)已登记于土地登记簿或可登记于土地登记簿的权利成为共同财产的,配偶任何一方可以向配偶另一方请求协助更正土地登记簿。已登记于船舶登记簿或建造中船舶的登记簿的权利成为共同财产的,准用前句的规定。"②也就是说,根据夫妻财产制,夫妻在婚姻关系存续期间取得的财产,即使不动产或特殊的动产,如汽车、船舶等产权登记在一方名下,也属于夫妻共同财产,无须依法律行为转让(即变更登记或交付)才能确定其夫妻共同财产的性质。

因此,《婚姻法解释三》第 10 条的规定不妥,如果不动产产权证书是在婚姻关系存续期间取得,即使登记在首付款支付方名下,也应认定为夫妻共同财产,而不是婚前个人财产,双方另有约定的除外。"……在婚前就取得了购房合同确认给购房者的全部债权,婚后获得房产的物权只是财产权利的自然转化……"③这样的解释不符合《物权法》原理。根据《物权法》第 9 条和第 14 条的规定,不动产物权的设立,自记载于不动产登记簿时发生效力。婚前购房尚未取得产权证书的,只是享有了债权,不是所有权。"自然转化"并非法律术语,即使《物权法》领域也没有这种说法,而是以登记作为不动产所有权取得的标志。更何况尚有部分贷款未清偿,购房者取得的并非真正、完全意

---

① 史尚宽:《物权法论》,中国政法大学出版社 2000 年版,第 181 页。
② 《德国民法典》(第 3 版),陈卫佐译注,法律出版社 2010 年版,第 438—439 页。
③ 孙军工:《关于最高人民法院关于适用〈中华人民共和国婚姻法〉若干问题的解释(三)的新闻发布稿》,http://news.qq.com/a/20110812/001034.htm.

义上的所有权。笔者进行的问卷调查结果也表明,过半数的被调查者认为房产应归夫妻不分份额的共有。

综上,夫妻一方婚前签订不动产买卖合同,以个人财产支付首付款并在银行贷款,婚后用夫妻共同财产还贷的,如果婚后取得不动产所有权,无论产权登记在一方还是双方名下,都应认定为夫妻共同财产。离婚时,该不动产由双方协议处理。不能达成协议的,根据《婚姻法》(修正案)第 39 条第 1 款规定的原则处理,尚未归还的贷款为取得不动产产权一方的个人债务。对于一方婚前支付的钱款,由另一方返还一半。如果婚前取得不动产所有权且登记在支付首付款一方名下的,应认定为登记一方的个人财产。婚后用夫妻共同财产还贷的,离婚时,对于婚后以夫妻共同财产还贷及其增值部分,由双方协议处理。不能达成协议的,根据《婚姻法》(修正案)第 39 条第 1 款规定的原则,取得不动产产权一方给予对方补偿。尚未归还的贷款为取得不动产产权一方的个人债务。

因夫妻财产制引起的财产权转移直接产生物权变动的效力,但不应具有对抗善意第三人的效力。《婚姻法解释三》第 11 条第 1 款规定:"一方未经另一方同意出售夫妻共同共有的房屋,第三人善意购买、支付合理对价并办理产权登记手续,另一方主张追回该房屋的,人民法院不予支持。"这是权衡善意买受人利益与婚姻共同体利益的结果,侧重于保护交易安全。为防止不动产产权登记方擅自处分夫妻共同财产,侵害另一方的利益,实践中,非产权登记方要有登记的意识,婚后及时办理变更登记;出售不动产办理过户登记时,登记机关须审查出售者的婚姻状况,确定该不动产是否为夫妻共同财产,属于夫妻共同财产的,须由夫妻双方共同处分。

二、根据是否有投入,确定夫妻一方个人财产的孳息和自然增值的归属

目前,采婚后所得共同制的国家或地区中,夫妻一方婚前财产在婚后取得孳息的归属,有三种立法例:①属于夫妻共同财产。根据《意大利民法典》第 177 条的规定,婚姻关系存续期间"已经分离的、尚未消费的夫妻个人财产的孳息",属于夫妻共同财产。即夫妻婚前个人财产在婚后所得的孳息属于夫妻共有财产。②部分共同共有、部分个人所有。《法国民法典》第 1401 条规定:"共同财产的资产组成是,夫妻在婚姻期间以各人的劳动技艺一起或分开取得的财产以及由他们的特有财产的孳息与收入形成的节余。"[①]该法第

---

① 　《法国民法典》,罗结珍译,北京大学出版社 2010 年版,第 362 页。

1403 条还规定:"夫妻每一方对各自的特有财产保有完全的所有权。共同财产制仅对已收取且尚未消费的果实(孳息)享有权利;⋯⋯"①该法第 1406 条规定:"以特有财产的附属权利的名义取得的财产,以及与夫妻各方自有的有价证券相关联的新证券及其他增添财产,属于夫妻各自的特有财产,但如有必要,对所有人给予补偿之情形,不在此限。⋯⋯"②法国采区别对待的立法,夫妻婚前个人财产在婚后所得的孳息,除与有价证券相关的法定孳息属于夫妻个人财产外,其余的都属于夫妻共同财产。③属于夫妻个人财产。根据《俄罗斯联邦家庭法典》(1995 年)第 36 条规定:"夫妻各方婚前财产,以及在婚姻期间一方获得赠与、依继承或者依其他无偿行为获得的财产,为其个人所有。"即夫妻各方婚前财产在婚后所得孳息,因属于无偿取得的财产,归该方个人所有。由此可见,确定一方婚前财产在婚后所得孳息的所有权之归属,由于各国立法价值取向不同,结果也不同。③

至于自然增值,应当区分主动增值与被动增值来确定归属。美国纽约州法院区分二者的原则是:当增值的任何部分都不是由于他方配偶的努力,或共同资金的支出,或双方的工作而产生的,而是由于通货膨胀或其他市场因素造成的,没有财产权的配偶对增值部分无权要求分享。当一方个人财产由于他方或双方所支付的时间、金钱、智力、劳动而增值的应属于主动增值。如使用了婚姻财产的共同资金;为偿付个人债务的支出、抵押的支出或其他为个人财产增值的支出,以及一方或双方在婚姻期间为此所付出的劳动。因此,主动的个人财产的增值应视为婚姻财产并在离婚时公平分割。④

借鉴国外立法经验,基于平衡婚姻个体利益、家庭利益和社会利益的价值取向,判断夫妻一方个人财产(包括婚前和婚后)在婚姻关系存续期间产生的孳息和自然增值是否属于夫妻共同财产,应以对方对孳息和自然增值的取得是否有投入作为依据。《法国民法典》、美国纽约州法院区别不同情况确定归属的立法和原则值得我国借鉴,将夫妻是否投入劳动等人力成本作为判断归属的依据,更体现利益分配的公平。可以规定:"夫或妻一方个人财产的孳息和自然增值属于个人财产,对方或双方对孳息和自然增值的获得投入时间、精力、金钱或劳动等的,属于夫妻共同财产。"例如,夫妻一方婚前个人所

---

① 《法国民法典》,罗结珍译,北京大学出版社 2010 年版,第 363 页。

② 《法国民法典》,罗结珍译,北京大学出版社 2010 年版,第 364 页。

③ 陈苇主编:《婚姻家庭继承法学》,法律出版社 2002 年版,第 197—198 页。

④ 夏吟兰:《美国现代婚姻家庭制度》,中国政法大学出版社 1999 年版,第 244 页。

有的古董、字画、珠宝等,因市场因素在婚后的增值部分属于被动增值,应为夫妻一方个人财产。婚前购买的股票、基金,婚后要保值和增值,股票、基金投资的卖出和买进也需要投入大量的时间和精力经营,因此婚后股票、基金增值部分认定为夫妻共同财产比较适宜。①

三、婚姻关系存续期间,夫妻继承或赠与所得财产的归属应反映当事人的真实意愿

　　1980 年《婚姻法》第 13 条第 1 款规定:"夫妻在婚姻关系存续期间所得的财产,归夫妻共同所有,双方另有约定的除外。"据此,婚姻关系存续期间,夫妻继承或赠与所得财产属于夫妻共同财产。如此规定是否合理,一直存在争议。1980 年《婚姻法》修订过程中,有观点提出,婚姻存续期间,一方继承的财产不宜作为夫妻共同财产,否则等于扩大法定继承人的范围;遗嘱继承所得财产视为夫妻共同财产,违背遗嘱人的意愿,与民法的基本原理和规范冲突。一方受赠所得的财产不宜作为夫妻共同财产,否则是对赠与人行使财产权利的限制和否定,违背赠与人的意思,与民法关于财产权的规定相矛盾。②国外立法一般将夫妻一方婚后继承与接受赠与所得的财产认定为个人财产,除非被继承人或赠与人明确指明给夫妻双方。例如,《法国民法典》第 1405条第 1 款规定:"夫妻双方在举行结婚之日各自拥有所有权的财产或者占有的财产,或者在婚姻期间各自因继承、赠与或遗赠而取得的财产,仍为各人的特有财产。"③根据《瑞士民法典》第 198 条第 2 项的规定,夫妻依照法律通过继承或其他无偿方式得到的财产属于"自有财产"。④《日本民法典》第 762条规定,夫妻一方的婚前所有的财产及婚姻中以自己名义取得的财产,为其特有财产(指"夫妻一方单独所有的财产")。夫妻间归属不明的财产,推定为共有。⑤ 但《婚姻法》(修正案)延续了 1980 年《婚姻法》的规定,根据《婚姻法》(修正案)第 17 条第 4 项和第 18 条第 3 项的规定,夫妻在婚姻关系存续期间继承或赠与所得的财产归夫妻共同共有,但遗嘱或赠与合同中确定只归

---

　　① 杜万华、程新文、吴晓芳:《〈关于适用婚姻法若干问题的解释(三)〉的理解与适用》,《人民司法》2011 年第 17 期。

　　② 王胜明、孙礼海主编:《〈中华人民共和国婚姻法〉修改立法资料选》,法律出版社 2001年版,第 233 页。

　　③ 《法国民法典》,罗结珍译,北京大学出版社 2010 年版,第 363 页。

　　④ 《瑞士民法典》,殷生根、王燕译,中国政法大学出版社 1999 年版,第 53 页。

　　⑤ 《日本民法典》,王爱群译,法律出版社 2014 年版,第 120 页。

夫或妻一方的财产,属于夫妻一方的财产。有学者指出,现行规定是立法者充分考虑我国国情所做出的理性选择,理由:一是,在广大农村地区,出嫁女儿继承父母遗产的权利很难真正实现。如规定继承所得财产属于个人财产,则有女性继承权事实上被剥夺之虞。二是,我国婚姻立法中将夫妻一方因履行法定扶养义务所负债务认定为夫妻共同债务,而继承、赠与多发生在具有法定扶养义务的近亲属之间,基于权利义务对等的考量,将一方继承及接受赠与所得归于夫妻共有,更能为普通民众所接受。① 但是,在对广西壮族自治区龙州县人民法院两位法官的访谈中,他们持不同的观点:现实生活中,父母赠与子女财产时,一般都不明确表示只赠与自己的子女,而是希望子女的婚姻长久,也怕伤及儿媳或女婿的感情,最初的想法是赠与夫妻双方的。但现今个人意识较强,离婚自由且容易,子女闹离婚时,将一方父母赠与的财产,尤其是房产认定为夫妻共同财产,就违背了父母当初的意愿。如果婚姻关系存续时间较短,另一方有权分割上百万元的房产,则是不劳而获,对赠与财产的父母及其子女存在不公平。至于一方继承所得,由于另一方没有付出劳动和贡献,更不应认定为夫妻共同财产。如果认定为夫妻共同财产,另一方对婚姻不负责,存在家庭暴力、赌博、吸毒等情形,离婚时却可以分割一方继承所得的财产,有失公平。

笔者认为,现行规定符合我国国情,有利于促进家庭和谐,根据问卷调查结果,选择婚后所得共同制和一般共同制的比例共计64.83%,超过半数,表明广大民众认为婚后继承与接受赠与所得的财产属于夫妻共同财产。通常父母在赠与子女财产时,都希望子女的婚姻幸福长久,赠与财产归夫妻共有并不违背父母的意愿。不过,有些父母只想将财产赠与自己的子女,但碍于情面,怕伤和气,一般都不直接表明,当子女离婚时,就会表明只赠与自己子女一方,以免被认定为夫妻共同财产加以分割。此时,应根据客观情况判断当事人在为赠与时的真实意愿。而且,不能机械理解共同财产的分割问题,要结合婚姻关系存续期间的长短、各项共同财产的来源公平合理地解决。如果一方有重婚、婚外同居、家庭暴力、虐待或遗弃家庭成员等情形,或有赌博、吸毒等恶习导致离婚的,应予以少分。

现今,婚后一方或双方父母出资为子女购买不动产,父母赠与的不动产的归属争议最大。婚后父母出资为子女购买不动产的情形主要有四种:①婚后一方父母全部出资购买不动产,产权登记在出资人子女名下;②婚后双方

---

① 薛宁兰、许莉:《我国夫妻财产制立法若干问题探讨》,《法学论坛》2011年第2期。

父母全部出资购买不动产,产权登记在一方子女名下;③婚后一方父母部分出资购买不动产,产权登记在出资人子女名下;④婚后双方父母部分出资购买不动产,产权登记在一方名下。《婚姻法解释三》第 7 条第 1 款的规定值得肯定,"体现了尊重一方父母赠与其子女不动产的意愿,反映了现代婚姻家庭法的自由价值取向,有利于实现赠与人依法享有的处分其个人不动产的自由权利"①。不动产产权只登记在出资人子女名下,实际上已表明不动产只赠与自己子女一方的意愿,但此规定应只限于第一种情形,即婚后一方父母支付全款给子女购房的情形。

《婚姻法解释三》第 7 条第 2 款的规定适用于第二种情形,但此规定没有反映当事人的真实意愿,双方父母共同出资购买不动产,产权只登记在一方子女名下,表明双方父母认为该不动产属于夫妻共同财产,无论登记在出资较多一方还是出资较少一方的子女名下,都不影响夫妻共同财产的性质。如果确有顾虑,当事人就应将不动产产权登记在双方子女名下,或登记为按份共有了。问卷调查的结果是,53.12% 的民众选择夫妻共有,比例超过了半数。因此,笔者认为,此情形下不动产应属于夫妻共同财产,双方父母的出资视为对夫妻双方的赠与。在离婚分割共同财产时,根据《婚姻法》(修正案)第 39 条照顾子女和女方权益的原则,考虑双方父母出资份额大小、结婚时间长短、各自对家庭的付出等因素,决定不动产判归哪一方,以及对出资较多一的子女适当多分。当事人另有约定的,从其约定。

对于第三种情形,即婚后一方父母部分出资,例如支付首付款购买不动产,余款由夫妻双方共同偿还,产权登记在出资人子女名下的,如何认定该不动产的归属?由于《婚姻法解释三》第 7 条第 1 款没有明确限定,各方观点不尽相同,主要有:

(1)不动产认定为出资人子女(即登记名义人)的个人财产。"在父母只支付不动产部分价款且不动产登记在出资人子女名下的情形下,则根据本条立法原意,该部分出资亦应视为对自己子女一方的赠与。既然父母的该部分出资属于其子女一方的个人财产,那么其子女以该个人财产出资购买房屋时,……亦应认定该不动产为夫妻一方的个人财产。只不过在以夫妻共同财

---

① 陈苇、黎乃忠:《现代婚姻家庭法的立法价值取向——以〈婚姻法解释(三)〉有关夫妻财产关系的规定为对象》,《吉林大学社会科学学报》2013 年第 1 期,第 82 页。

产还贷的情形下,离婚时应给予另一方补偿。"①此观点的理解与《婚姻法解释三》第 10 条关于一方婚前首付,婚后共同还贷的不动产归属的规定一致。仅凭自己父母支付首付款或部分出资就取得不动产产权,不符合我国法定夫妻财产制,违背《婚姻法》照顾子女和妇女权益的原则。

(2)不动产认定为夫妻共同财产,父母的部分出资及其相应的增值部分为出资人子女的个人财产。"如果父母只是在子女婚后支付首付款,夫妻共同还贷,产权登记在出资方子女名下,首付款可以认定为只赠与出资父母的子女,离婚时该房屋应认定为夫妻共同财产,对首付款部分应认定为出资人子女的个人财产。由于个人财产婚后的自然增值仍然归个人所有,故离婚时首付款的增值部分也应判归一方所有。"②此观点虽然主张不动产认定为夫妻共同财产,但实际上离婚时还是按照按份共有的规则分割,即首付款及其增值部分属于个人财产,夫妻共同偿还的款项及其增值部分属于夫妻共同财产,这就产生了逻辑上的矛盾。

(3)不动产产权和增值属于夫妻共同财产,出资部分视为只对自己子女一方的赠与。"婚后夫妻购房父母仅支付了部分款项,产权登记在出资人子女名下的,可按照婚姻法第十八条第(三)项的规定,该出资视为只对自己子女一方的赠与。如果双方没有相反的约定,则所购房屋产权和增值归夫妻双方共同共有。同时考虑父母所赠出资对房屋取得所作出的贡献,在分割共同财产时予以适当多分。"③父母部分出资视为只对自己子女一方的赠与。如果双方对房屋的产权归属没有事先约定,所购房屋的产权及增值收益部分归夫妻双方共同共有。分割夫妻共同财产时,要全面考虑财产的资金来源、双方结婚时间长短、夫妻对家庭所做贡献等因素,避免出现显失公平的情况。④此观点同样存在法理和逻辑上的矛盾,出资部分既然是出资人子女的个人财产,那么其相应的增值部分也应是个人财产,而不是夫妻共同财产。而且,如

---

① 奚晓明主编:《最高人民法院婚姻法司法解释(三)理解与适用》,人民法院出版社 2010 年版,第 122 页。

② 杜万华、程新文、吴晓芳:《〈关于适用婚姻法若干问题的解释(三)〉的理解与适用》,《人民司法》2011 年第 17 期,第 25 页。

③ 杨晓林、段凤丽:《婚后父母部分出资房屋产权归属及离婚分割——家事律师视野下的〈婚姻法〉司法解释(三)第七条的理解与适用》,http://www. famlaw. cn/article-detail. aspx? id=4624.

④ 吴晓芳:《〈婚姻法〉司法解释(三)适用中的疑难问题探析》,《法律适用》2014 年第 1 期。

此理解该不动产应是一方个人财产与夫妻共同财产的混合体,将其认定为夫妻共同财产,不免牵强。

(4)不动产认定为夫妻共同财产,父母的部分出资认定为赠与夫妻双方。父母部分出资时一般只能决定其出资份额赠与何方,在欠缺出资时而非离婚诉讼时确定赠与一方的有关证据情况下,按照《婚姻法》婚后所得赠与归夫妻双方共有的原则,将父母出资部分认定为向夫妻双方的赠与更加合理合法。从债务承担方式的角度考虑,既然债务由夫妻双方承担连带责任,根据权利义务相一致的原则,该不动产的产权也应由夫妻双方共同享有。在具体分割诉争不动产时,可对出资父母的子女一方予以适当多分。[①]

笔者同意第四种观点,根据问卷调查的结果,45.69%的民众选择夫妻共有,居最多数,此观点与大多数民众的观点一致。在离婚分割共同财产时,一方父母的部分出资可以作为一方得以适当多分的考虑因素。

同理,对于第四种情形,婚后双方父母部分出资,例如支付首付款购买不动产,余款由夫妻共同偿还,产权登记在一方名下的,该不动产应认定为夫妻共同财产,双方父母的部分出资应视为对夫妻双方的赠与,当事人另有约定的除外。

四、夫妻间的赠与不能任意撤销

首先明确,赠与合同是诺成性合同,不是实践性合同,合同成立即生效,不以交付赠与物为生效要件。赠与合同对双方具有约束力,但夫妻间的赠与不同于《合同法》上的一般赠与,在财产权利转移之前,赠与方不应享有任意撤销权,《婚姻法解释三》第6条的规定不合理。

(一)夫妻间赠与的性质与拘束力

关于夫妻间赠与的性质,主要有三种观点:一是将夫妻间赠与界定为附解除条件的赠与,即以婚姻未能缔结或离婚作为赠与合同解除的条件。二是将夫妻间赠与界定为目的性赠与,即以结婚或婚姻的持续为目的的赠与。三是主张借鉴德国交易基础丧失理论,将夫妻间赠与的性质界定为以婚姻为基础的特殊赠与,具有长期合作性、互惠性以及共享性的特点。[②]　笔者认为,第

---

① 《人民司法》研究组:《一方父母部分出资给婚后子女购房的如何认定?》,《人民司法》2013年第13期。

② 田韶华:《夫妻间赠与的若干法律问题》,《法学》2014年第2期,第71页。

一种观点不正确,因为以结婚或维持婚姻关系作为条件的赠与,在一定程度上侵犯了当事人的婚姻自由权,属于"不法条件",不应受到法律的保护。第二种观点其实未必符合当事人的真实意图,因为夫妻间的赠与,无论婚前还是婚后,并非都是以结婚或维持婚姻关系为目的。而且对于已经履行完毕的赠与合同,离婚时,赠与方以婚姻关系结束、赠与目的落空为由撤销或解除合同,要求受赠方返还财产或给予补偿,没有法律依据,不符合情理。笔者赞同第三种观点,夫妻间赠与不同于一般赠与,是当事人以对婚姻的期待和付出、增进感情、维护家庭稳定为基础的,不能适用《合同法》第186条的规定,赋予赠与人在财产权利转移前的任意撤销权。

夫妻间的赠与不同于夫妻约定财产制,夫妻关于财产制的约定能够直接发生物权变动的效力。"夫妻财产契约直接发生夫妻财产法的效力。为引起财产契约所定的所有权之变更,不须有法律行为的所有权或权利之移转。"[1]而夫妻间的赠与只是债权行为,不能直接发生物权变动的效力。但是,债权行为具有法律拘束力,当事人有义务履行赠与合同,转移财产权利。如果赠与方不履行给付义务,受赠方有权诉请其承担违约责任,根据《合同法》第107条的规定,赠与方应当承担继续履行、采取补救措施或者赔偿损失等违约责任。受赠方可以要求赠与方转移财产权利,赠与财产是不动产的,赠与方须协助办理产权变更登记手续;赠与财产是动产的,赠与方须交付财产。

(二)夫妻间赠与的各种情形及其效力

1. 婚前约定赠与的效力与撤销

恋爱期间,男女双方约定,一方赠与财产给另一方,无论是否明确表示是因结婚而为的赠与,最终婚姻没有缔结的,笔者认为,由于双方没有形成特殊的身份关系,应按照一般赠与合同处理,根据《合同法》第186条的规定,在赠与财产权利转移之前,赠与方可以撤销赠与。如果双方约定是因结婚而为的赠与,财产权利已经转移,但后来没有结婚的,由于赠与合同已经履行完毕,赠与方不能撤销合同。受赠人有骗婚情形的,赠与合同是因欺诈而订立,赠与人有权撤销合同。

如果双方缔结婚姻,赠与方不享有任意撤销权,须履行合同,将财产权利转移给受赠方,赠与财产为不动产的,须办理过户登记;赠与财产为动产的,

---

[1]　史尚宽:《亲属法论》,中国政法大学出版社2000年版,第344页。

须实际交付。因为，双方已形成夫妻身份关系，对将来的婚姻生活有共同期待，并为家庭生活付出时间、金钱和精力。恋爱期间约定赠与财产，一般有因结婚而为赠与的意图，如果赠与方在结婚后故意不转移财产权利，并享有任意撤销权，这对受赠方显然不公平，双方在结婚时就互不信任，互相提防，使得家庭难以和谐、稳定，《婚姻法解释三》第6条的规定价值取向有误。

2. 婚姻关系存续期间的赠与及其效力

婚姻关系存续期间做出赠与财产的约定，在财产权利转移之前，赠与方亦不能撤销赠与。因为，夫妻间的赠与有特殊的感情基础，赠与往往出于对受赠方为家庭的付出，包括养育子女、赡养老人、操持家务等的真诚回报，或给予受赠方经济帮助，或为了增进彼此间的感情，或赠与方有愧于受赠方而表歉意等等，而这些是巩固家庭关系所不可或缺的，婚姻家庭法应予以保障和促进。如果赠与的承诺做出后，在财产权利转移之前赠与方可随意撤销赠与，赠与方出尔反尔的行为得到法律的保护，这将使得受赠方的期待落空，无益于增进夫妻感情，甚至给本来就紧张的夫妻关系火上浇油，违背《婚姻法》（修正案）"维护和睦婚姻家庭关系"的立法宗旨。因此，笔者认为婚姻关系存续期间夫妻间的赠与，在财产权利转移前，赠与方不能撤销赠与。不过，夫妻关系并非都因赠与而变得和谐，也有可能双方性格不和，受赠方脾气暴躁、懒惰等，但却没有过错行为，也没有不履行扶养义务的情形，赠与方很不满意这场婚姻，却又没有到离婚的程度，或为了小孩不离婚，或长期分居，即使如此赠与方也不能任意撤销赠与，因为这些并非法律调整的范围。

3. 离婚时夫妻间赠与的撤销

婚前约定婚后赠与，结婚后财产权利尚未转移就离婚的，赠与方能否撤销赠与合同？婚姻关系存续期间夫妻间的赠与，财产权利尚未转移就离婚的，赠与方能否撤销赠与合同？如前所述，夫妻间的赠与有特殊的感情基础，并有对婚姻生活的期待和付出，离婚意味着感情破裂、婚姻关系结束，赠与的基础不存在，离婚时要求赠与方履行赠与合同，转移财产权利，这于情于理都说不通，因此，笔者认为，赠与方应享有撤销权。

对于赠与合同已履行完毕，财产权利已转移给受赠方，离婚时，赠与方是否享有撤销权？有观点认为："在婚姻未能缔结或离婚的情形，则无论赠与合同是否已经履行完毕，则均应适用情事变更规则允许赠与人变更或撤销赠与。法官应在综合考虑当事人婚姻持续时间、受赠人对婚姻的付出情况、赠

与财产的价值以及双方收入等因素的情况下,作出妥当判决。"①笔者认为,如此规定不妥当,理由如下:

(1)不应适用情事变更原则

情事变更,是指在合同有效期间内,非当事人双方的原因,发生了订立合同时无法预见、非不可抗力造成的情事,如继续维持合同的效力,履行合同将显失公平时,当事人可请求变更或解除合同。情事变更原则的适用条件之一是情事变更应发生在合同订立后、合同关系终止之前,合同履行完毕,合同关系终止,就没有该原则适用的余地了。《最高人民法院关于适用〈中华人民共和国合同法〉若干问题的解释(二)》第26条规定:"合同成立以后客观情况发生了当事人在订立合同时无法预见的、非不可抗力造成的不属于商业风险的重大变化,当事人请求人民法院变更或者解除合同的,人民法院应当根据公平原则,并结合案件的实际情况确定是否变更或者解除。"表达的是"继续履行合同对于一方当事人明显不公平或者不能实现合同目的",说明合同尚未履行完毕,也只有合同没有履行终止,才可能变更或解除,否则已没有变更或解除的必要。

再者,情事变更原则的适用要求情事的变更为"当事人在订立合同时无法预见的",而离婚并非夫妻间在订立赠与合同时无法预见,尤其现今婚姻自由、个体权利意识较强、社会多元化的年代,离婚率不断升高,结婚时白头偕老的承诺并非都可以实现。有些人出于功利目的结婚,或迫于各种压力草率结婚,婚后生活不幸福,那么离婚在所难免。更何况,有些夫妻间的赠与是为了挽救即将破裂的婚姻,这就很难说在赠与时不能预见到离婚。因此,夫妻间的赠与合同已经履行完毕的,不能适用情事变更原则加以撤销、变更或解除。

对于赠与财产价值较大,但婚姻存续期间较短的,赠与合同履行完毕后离婚,赠与方不能撤销或解除合同,要求受赠方返还财产或给予补偿,似乎对赠与方有失公平,实际上并非如此。我国夫妻法定财产制是婚后所得共同制,如果夫妻收入差距悬殊,没有约定财产归属,即使结婚时间短,但离婚时收入低的一方仍可以根据《婚姻法》(修正案)第39条的规定分割夫妻共同财产,那么对于收入高的一方是不是就不公平了呢?道理是一样的。

(2)造成司法实践的混乱

离婚时,当事人间的财产纠纷往往异常激烈,如果夫妻间赠与合同履行

---

① 田韶华:《夫妻间赠与的若干法律问题》,《法学》2014年第2期,第71页。

完毕后,赠与方仍有权撤销、变更或解除的权利,当事人将想方设法将已经赠与的"陈年往事"搬出来算"旧账",赠与财产是价值较大的动产时,赠与方很难提供证据证明,就只能白白吃亏。由法官综合考虑当事人婚姻持续时间、受赠人对婚姻的付出情况、赠与财产的价值以及双方收入等因素的情况下,自由裁量,很容易造成司法审判的不统一。例如,婚姻持续时间、赠与财产的价值如何量化? 似乎又要出台新的司法解释统一裁判结果,这将造成司法实践的混乱。

因此,赠与财产已经转移给受赠方,离婚时,赠与方不能撤销赠与。不过,夫妻间赠与合同即使已经履行完毕,《合同法》上对赠与人法定撤销权的规定仍可适用。《合同法》第192条规定:"受赠人有下列情形之一的,赠与人可以撤销赠与:(一)严重侵害赠与人或者赠与人的近亲属的利益;(二)对赠与人有扶养义务而不履行;(三)不履行赠与合同约定的义务。赠与人的撤销权,自知道或者应当知道撤销原因之日起一年内行使。"据此,如果受赠方不履行扶养赠与方的义务,或严重侵害赠与方或赠与方近亲属的利益,或受赠方有重婚、婚外同居、家庭暴力等行为的,赠与方可以撤销赠与,要求受赠方返还财产或给予补偿。

4. 离婚协议中赠与条款的效力

当事人达成离婚协议,约定离婚后一方将自己的个人财产赠与另一方,但在登记离婚后,赠与方拒绝转移财产权利,并主张根据《合同法》第186条的规定撤销赠与,赠与方是否享有撤销权?《婚姻法解释三》没有规定。上海市高级人民法院对离婚财产分割协议的撤销或变更有以下阐释:"离婚财产分割协议确实有不同于一般民事合同的地方。由于离婚双方毕竟有过夫妻名分,共同生活过一段时间,可能还育有子女,在订立共同财产分割协议时,除了纯粹的利益考虑外,常常会难以避免地包含一些感情因素。所以,人民法院在确认协议可撤销或变更时,不能轻易将协议中一方放弃主要或大部分财产的约定认定为'显失公平'或'重大误解'而予以撤销或变更。"[①]笔者认为,上海市高级人民法院的阐释值得肯定,考虑到了离婚协议中约定赠与财产不同于一般赠与合同的特殊性。因为,离婚协议中关于财产赠与的约定不仅仅是就某项财产归属的分配,往往还牵涉离婚经济帮助、经济补偿、损害赔偿、夫妻共同债务的清偿、未成年子女抚养等。夫妻共处多年,离婚时赠与方

[①]　参见上海市高级人民法院《关于适用最高人民法院婚姻法司法解释(二)若干问题的解答(二)》,沪高法民一[2004]26号,2004年9月7日。

不是无偿地给予,而受赠方也不是毫无付出地获取。如果赠与方是为了尽快达到离婚目的而承诺赠与,那么离婚后赠与方更不能任意撤销,否则受赠方将陷入人财两空的境地,有失公平。

第二节　完善现行离婚救济制度

各国的离婚救济制度主要包括两大部分,一是离婚后扶养,包括离婚后给付扶养费,离婚后的经济帮助,离婚后的救济责任等不同形式。二是离婚损害赔偿。[①] 我国 2001 年《婚姻法》(修正案)规定的离婚救济制度包括离婚经济帮助制度、离婚经济补偿制度和离婚损害赔偿制度,这些制度的缺陷导致司法实践中适用少,救济力度过低。是否借鉴国外立法,废除离婚经济帮助制度而规定离婚后扶养制度?扩大离婚经济补偿制度的适用范围是否可行?离婚损害赔偿案件能否适用特殊的举证责任规则?以下将着重从这几个方面探讨我国离婚救济制度的完善。

一、离婚经济帮助制度的完善

离婚后一方是否给予生活困难的另一方经济帮助,存在离婚当事人利益平衡的问题。给予经济帮助数额的多少、帮助力度的大小、帮助时间的长短,与一国的经济发展水平、民众的普遍观念密切相关。《德国民法典》规定了完善的离婚配偶扶养制度,离婚后一定条件下,一方仍负有扶养另一方的义务。根据该法典第 1570—1573 条的规定,离婚配偶一方可以向另一方请求扶养的情形主要有:照顾子女、年老不能从业、疾病或残疾不能从业、不能谋得适当职业。根据第 1573 条,离婚后一方从事适当职业的收入不能达到离婚前的生活水平的,可以请求对方补足差额。《德国民法典》第 1576 条还规定基于公平原因的扶养,即由于其他重大原因而不能期待离婚配偶一方从业,且在考虑到离婚配偶双方利益的情况下,拒绝扶养显失公平的,可以向另一方请求扶养。关于扶养费的额度,《德国民法典》第 1578 条规定,依婚姻生活状况确定,扶养费涵盖全部生活需要,包括保险、教育、进修或培训费用。关于扶养费的给予方式,第 1585 条规定,须采定期支付方式,按月预付;存在重大原因的,可以采取一次性补偿方式。从公平角度出发,《德国民法典》第

---

① 夏吟兰:《离婚自由与限制论》,中国政法大学出版社 2007 年版,第 227 页。

1578b 条、第 1579 条还规定了减少扶养费、拒绝支付扶养费的情形,主要有婚姻存续时间较为短暂的、权利人有意造成自己贫困的、权利人在分居前长期严重违反其协助扶养家庭的义务的等。根据第 1568 条,离婚扶养请求权因以下情形终止:权利人再婚、成立同性生活伴侣关系或死亡等。① 可见,在德国,离婚后弱势一方获得对方扶养的条件较为宽松,扶养费的涵盖面广,离婚救济力度比较大。1996 年施行的《俄罗斯联邦家庭法典》第 90 条规定,符合下列条件之一的,可以向有经济负担能力的原配偶请求离婚后的扶养费:①怀孕的和自双方共同的子女出生之日起三年内的原配偶;②照顾双方共同的不满 18 岁的残疾子女,或者照顾自幼为一等残疾人的双方共同的子女且生活困难的原配偶;③在离婚前或自离婚之日起一年内无劳动能力的原配偶;④如果夫妻婚姻存续时间长,自离婚之时起不超过五年已达退休年龄的生活困难的原配偶。② 在俄罗斯,怀孕、抚养子女是获得离婚后扶养费的条件之一。而且,离婚后一定时期内生活困难或无劳动能力的一方,仍有权要求有能力的另一方支付扶养费,而不仅限于离婚时生活困难或无劳动能力。

有学者提出,我国应借鉴国外立法,建立离婚后扶养制度。③ 我国是否可以借鉴国外立法,规定离婚后扶养制度,使当事人保持离婚前相同的物质生活水平? 为此,笔者通过问卷调查了解民众的看法,问卷设计的问题如下:离婚后,一方生活水平明显下降,对方是否有义务向其提供与离婚前相当的物质条件? A.有义务;B.没有义务。调查数据显示:81.26% 的人选择没有义务,占了绝大多数,选择有义务的仅占 18.74%。这说明,广大民众并不愿意承担离婚后保持对方享有与离婚前相当物质条件的义务,离婚后扶养不符合我国民众的普遍观念和习俗。

那么,离婚后一方生活困难的,另一方是否需要提供经济帮助? 提供多长时间的经济帮助合适? 问卷设计了以下问题:离婚后,一方生活陷入贫困,另一方经济条件较好,其是否负有扶养贫困一方的义务? A.没有扶养义务;B.没有扶养义务,但应提供一段时间的经济帮助;C.有扶养义务,直到对方脱离贫困;D.有扶养义务,直到对方再婚。调查结果如图 22 所示:

---

① 《德国民法典》(第 3 版),陈卫佐译注,法律出版社 2010 年版,第 465—471 页。

② 中国法学会婚姻法学研究会:《外国婚姻家庭法汇编》,群众出版社 2000 年版,第498—499 页。

③ 蒋月、庄丽梅:《我国应建立离婚后扶养费给付制度》,《中国法学》1998 年第 3 期;张学军:《论离婚后的扶养立法》,法律出版社 2004 年版;马忆南:《离婚救济制度的评价与选择》,《中外法学》2005 年第 2 期。

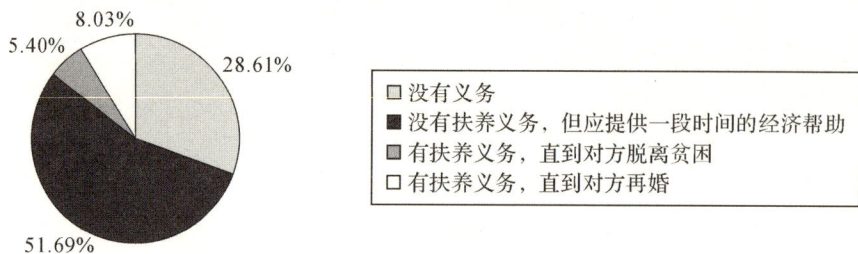

图 22

选择"没有扶养义务,但应提供一段时间的经济帮助"的比例最高,为51.69%,超过半数。其次是选择"没有义务"的,比例为28.61%。选择"有扶养义务,直到对方再婚"与"有扶养义务,直到对方脱离贫困"的比例都很小,分别是8.03%和5.40%。说明绝大多数民众认为,离婚后就不应再负扶养原配偶的义务,但如果对方生活贫困的,应该给予一段时间的经济帮助。离婚后仍须扶养原配偶,直到对方脱离贫困或再婚没有得到大多数人的认同。另一项调查也得出基本相同的结果:在予以经济帮助的五种情形中,选择"没有劳动能力"的比例最高,占67.83%,其次是"无法维持基本生活",占60.91%。对"没有工作而应该得到帮助"的认可度只有约1/3(占37.25%),对"离婚使生活水平明显下降应给予帮助"的认可度更低,不到1/10(占9.17%),对我国《婚姻法》规定的"没有住房视为经济困难"的认可度也不高,占30.21%。这说明,在民众心中,只有非常严重的经济困难(如"没有劳动能力"和"不能维持生活")才应被帮助。① 而且,是否获得经济帮助,还要取决于对方的经济能力,我们在对广西壮族自治区龙州县人民法院法官的访谈中,岑法官说到,农村年纪较大的妇女(40周岁以上)无收入的,离婚后主要靠子女赡养生活,获得前夫的经济补偿、经济帮助基本不可能,或者杯水车薪。

可见,基于我国目前经济发展水平和民众的一般观念,离婚后仍负有扶养对方的义务,使其保持离婚前相同或相近的生活水平不具有现实基础。但现行离婚经济帮助制度对弱势一方当事人的救济很不到位,如果为家庭生活付出较多而放弃了自己的工作和事业发展机会,在离婚时生活困难的,所获经济帮助过少,就会出现当事人利益失衡,无法体现《婚姻法》(修正案)平衡

---

① 康娜:《离婚习惯的实证研究与离婚制度的若干反思》,《山东大学学报》(哲学社会科学版)2012年第2期。

个体、家庭和社会利益的价值取向。笔者认为,我国没有必要新设离婚后扶养制度来取代离婚经济帮助制度,但可以从以下几个方面完善该制度:

（一）采概括与列举相结合的方式规定离婚经济帮助制度的适用条件

司法实践中,离婚时,当事人提出经济帮助的事由主要有:残疾、患病、丧失劳动能力、没有职业、抚养子女、没有住处等,一般有上述情形之一的,法官都以调解或判决的方式使弱势一方当事人获得对方一定的经济帮助。因此,可以采取概括与列举相结合的立法方式,规定离婚经济帮助的条件,即"离婚时,一方生活困难的,可以要求对方给予经济帮助。有以下情形之一的,可认定为'生活困难':1.残疾;2.患病;3.丧失劳动能力;4.没有工作且无生活来源,或所得经济收入不足以维持基本生活的;5.没有住处;6.怀孕或抚养子女;7.其他"。

有观点认为,对于目前将"离婚时"作为衡量经济困难时间点的法律规定不合理,因为大多数人在离婚时还有分来的共同财产可维持生活,经济困难往往出现在离婚后。因此建议经济困难的衡量时间应延长到离婚后一定时间。[①] 笔者认为,以生活困难出现在"离婚时"为宜。因为实际生活中,当事人提出经济帮助的事由很多在离婚时就出现了。离婚后一定时间出现困难以多长时间为宜? 不好把握。有些情况下,当事人在离婚后出现经济困难并非是因为离婚引起的,例如,遭遇意外事故、不可抗力,或自己挥霍财产、经营亏损、好逸恶劳等,此时再要求原配偶给予经济帮助于情于理说不通。此外,还存在执行难的问题,当事人离婚后,如果没有未成年子女要抚育,彼此基本上不联系,各自开始新的生活。有的人再婚建立新的家庭,如果离婚后一段时间还要给予原配偶经济帮助,不仅不现实,而且还会影响新组建家庭的稳定,给他人带来困扰。

（二）离婚经济帮助的方式应多样化

一般的,离婚经济帮助多采取给付金钱的方式,一次性给付或是分期给付,可以由当事人协商确定。协商不成,由法官根据双方当事人的情况自由裁量。对于没有住处的,可以房屋居住权的方式给予帮助。如果采居住权方式帮助不合适的,可要求其支付受助方的全部或部分租金。

---

① 康娜:《离婚习惯的实证研究与离婚制度的若干反思》,《山东大学学报》(哲学社会科学版)2012 年第 2 期。

(三)规定离婚经济帮助的变更和终止情形

受助方有下列情形之一的,离婚经济帮助终止:①死亡;②再婚;③恢复劳动能力;④疾病治愈;⑤有工作或有经济收入足以维持基本生活;⑥抚养的未成年子女已成年;⑦有住处;⑧其他。给予经济帮助一方因患病、失业、丧失劳动能力、经营亏损等原因致经济收入显著减少的,有权要求变更或终止经济帮助。

(四)确定离婚经济帮助的数额、方式和期限的参考因素

当事人的婚姻状况、经济能力迥异,离婚经济帮助的数额和方式宜由法官根据个案情况判定。离婚经济帮助的期限宜以短期为主,长期为辅,从问卷调查的情况可见,大多数民众认为应给予一段时间的经济帮助,认同给予经济帮助到直至对方再婚或脱离贫困的只占少数。因为,这一方面增加帮助方的经济负担,另一方面可能使受助方养成不劳而获、依赖他人的习性。但如果受助方长期不出现离婚经济帮助的变更和终止情形,经济帮助不宜无限期地持续下去。因此,法官在确定经济帮助的期限时,也要综合考虑各方面因素。法律宜规定以下确定经济帮助数额、方式和期限的参考因素:婚姻关系存续期间的长短、经济收入和劳动能力、年龄、健康状况、抚养子女的负担、对家庭的付出等。

(五)规定减少或免除离婚经济帮助的情形

如果有过错方离婚时仍有权要求无过错方给予经济帮助的,于情于理都不合适,因此,可能考虑与离婚损害赔偿的情形一致,规定减少或免除经济帮助的情形:重婚、与他人同居、家庭暴力、虐待或遗弃家庭成员。此外,隐藏、转移、变卖、毁损、挥霍夫妻共同财产,伪造夫妻共同债务或故意造成自己贫困的,也可以确定为减少或免除经济帮助的情形。

二、离婚经济补偿制度的完善

现行离婚经济补偿制度仅适用于夫妻约定财产制的规定限制了其适用范围,许多学者主张应将该制度适用于夫妻共同财产制。"倘婚姻关系解除,家务贡献较多的一方则无法再从婚姻生活中获得相应的回报,进而引发权利与义务的失衡、贡献与补偿的失衡。……为确保公平与正义,在夫妻共同财产制下,也应适用家务贡献补偿制度,使家务贡献者在依法分割夫妻共同财

产的同时,获得相应的家务贡献补偿。"①有观点认为,仍然以实行分别财产制的夫妻为主,并且以有条件地适用于实行共同财产制的夫妻为辅。后者的适用条件是指,实行共同财产制的夫妻离婚时无共同财产可分或可分的共同财产较少,从而不足以补偿夫妻一方家务劳动价值的特殊情况。② 为了了解广大民众的看法,笔者开展问卷调查,设计的问题是:结婚后夫妻财产共有,离婚时,承担家务劳动较多的一方应否获得相应的补偿? A. 不能,这是家庭共同生活的需要;B. 不能,平均分割共同财产足够补偿了;C. 一方因从事家务劳动较多而失去工作发展机会的,可以获得对方相应的补偿。调查结果如图 23 所示:

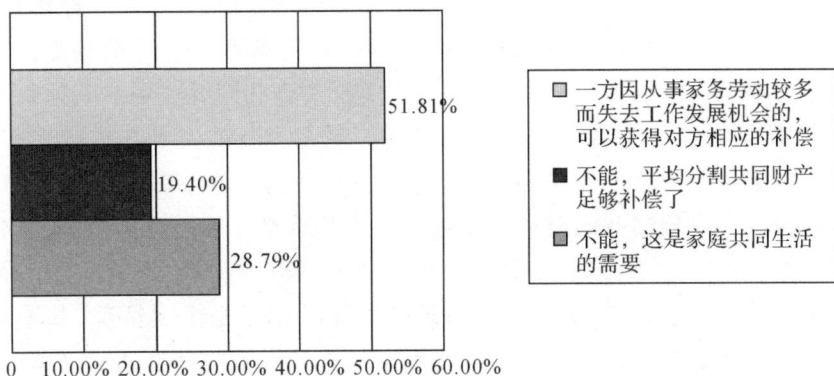

图 23

从图二十三可见,选择"C. 一方因从事家务劳动较多而失去工作发展机会的,可以获得对方相应的补偿"的比例最高,为 51.81%,超过半数,选择"B. 不能,平均分割共同财产足够补偿了"的比例最低,为 19.40%,说明大多数人认为,即使实行夫妻共同财产制,但为了照料家庭付出较多的一方,在离婚时除了分得共同财产外还应获得一定的补偿。但选择"A. 不能,这是家庭共同生活的需要"的比例也比较高,为 28.79%,说明传统家庭分工的观念仍为部分人所秉持。

笔者认为,从平衡离婚当事人利益和我国实际情况出发,离婚经济补偿制度有必要扩大适用于夫妻共同财产制,但应处理好与离婚共同财产分割、离婚经济帮助制度的关系。夫妻共同财产制实际上已承认了家务劳动的价

---

① 王歌雅:《家务贡献补偿:适用冲突与制度反思》,《求是学刊》2011 年第 5 期,第 84 页。

② 陈苇、于林洋:《论我国离婚经济补偿制度的命运:完善抑或废除》,《法学》2011 年第 6 期。

值,从事家务劳动的一方有权分割另一方从业获得的财产,并且根据照顾子女和女方权益的原则,弱势一方还可以适当予以多分。但是,夫妻双方均有工作的,从事家务劳动较多的一方(主要是女方),分割夫妻共同财产并不能补偿其家务劳动的付出,而且其工作收入也属于夫妻共同财产的一部分,在离婚时予以分割。这对于夫妻双方收入相当的情形,或收入较多的一方从事了较多家务劳动的,家务劳动的付出就等于无偿了。离婚经济帮助制度适用的条件之一是,离婚时一方生活困难,但离婚经济补偿的获得不以"生活困难"为条件。也就是说,离婚时,从事家务劳动较多的一方即使没有出现"生活困难"的情形,也有权要求对方给予经济补偿。如果离婚时从事家务劳动较多的一方"生活困难"的,在获得经济帮助以外,仍有权要求获得经济补偿。

综上,实行夫妻分别财产制的,当然可以适用离婚经济补偿制度。同时应有条件地扩大该制度的适用范围,对于实行夫妻共同财产制或其他财产制的,在以下两种情形下可适用离婚经济补偿制度:其一,夫妻双方收入相当,一方从事了较多的家务劳动;其二,收入较多的一方从事了较多的家务劳动。如果离婚时一方分割共同财产所得远远大于其对家庭的经济贡献,那么分得的财产中实际上包含了对其家务劳动的补偿,就没有必要再给予经济补偿了。是否符合上述情形,由法官在审理离婚案件中根据个案情况,基于本地区的经济发展水平加以判断。法官在确定经济补偿的数额时,应考虑以下因素:婚姻关系存续时间的长短、家务劳动的繁重程度、双方的年龄和健康状况、双方的收入情况与谋生能力、从事家务劳动较少一方所获得的利益等。从事家务劳动较少一方所获得的利益不应仅限于婚姻关系存续期间已获得的现实、有形利益,还应包括离婚后可获得的期待利益、无形利益,包括文凭、专业职称、尚未获得利益的知识产权等。

此外,无论一方当事人是否有过错,都有权在离婚时要求另一方给予经济补偿,一方的过错行为不应成为另一方减少或免除经济补偿的条件。离婚经济补偿既适用于协议离婚,也适用于诉讼离婚。协议离婚的当事人就经济补偿数额达成一致的,该离婚协议具有法律效力。

三、离婚损害赔偿制度的完善

离婚损害赔偿制度适用过低的主要原因之一是无过错方举证证明对方存在过错很困难,因此有必要完善程序法的相关规定,离婚损害赔偿案件不完全适用民事诉讼"谁主张,谁举证"的一般规则,降低无过错方的举证标准,适用"优势证据"规则,非采取严重侵害他人人权方式私自获取的视听资料应得以采纳。实体法方面,可扩充规定离婚损害赔偿的法定事由,明确离婚损害赔偿的范围。

(一)离婚损害赔偿案件应适用"优势证据"规则

在对广西壮族自治区龙州县人民法院法官的访谈中,岑法官指出,对于受到家庭暴力的农村妇女而言,很难获得赔偿。农村妇女遭受家庭暴力获得法律援助的途径相当有限,因路途遥远,无法得到110救助。农村偏僻,交通不方便,尤其是晚上,很难获得村委会的救助。农村妇女法律意识淡薄,不会采拍照等手段收集、保留证据,在法庭上基本不能得到认定和支持,离婚损害赔偿无法实现。举证难是离婚损害赔偿制度在司法实践中难以适用的最主要原因,但这不是该制度本身的缺陷,而是适用举证责任规则时没有考虑到此类案件的特殊性,适用"谁主张,谁举证"的一般规则势必使无过错方陷入举证不能承担败诉后果的境地。为了发挥该制度填补无过错方损害、惩戒过错方的作用,审理离婚损害赔偿纠纷案件应适当放宽无过错方的举证责任要求,降低提供证据的证明标准,适用"优势证据"规则,采高度盖然性证明标准。《最高人民法院关于民事诉讼证据的若干规定》(以下简称《民事诉讼证据规定》)第73条第1款规定:"双方当事人对同一事实分别举出相反的证据,但都没有足够的依据否定对方证据的,人民法院应当结合案件情况,判断一方提供证据的证明力是否明显大于另一方提供证据的证明力,并对证明力较大的证据予以确认。"《最高人民法院关于适用〈中华人民共和国民事诉讼法〉的解释》第108条规定:"对负有举证证明责任的当事人提供的证据,人民法院经审查并结合相关事实,确信待证事实的存在具有高度可能性的,应当认定该事实存在。对一方当事人为反驳负有举证证明责任的当事人所主张事实而提供的证据,人民法院经审查并结合相关事实,认为待证事实真伪不明的,应当认定该事实不存在。法律对于待证事实所应达到的证明标准另有规定的,从其规定。"据此,对于家庭暴力、虐待、遗弃家庭成员的情形,无过错方提供遭受家庭暴力、虐待、遗弃的证据,包括110出警记录、诊断证明、证人证言、受伤情况的照片和视听资料等,而对方否认却不能提供有力证据推翻的,可判断无过错方提供证据的证明力明显大于对方提供证据的证明力,认定家庭暴力、虐待、遗弃家庭成员的事实成立。同理,对于有配偶者与他人同居的情形,无过错方提供证据证明对方在外租房或买房与他人居住,或与他人一起出游同吃同住,包括视听资料、证人证言等,而对方予以否认,却又不能提供证据的,可认定无过错方提供的证据已达到高度盖然性标准,对方与他人同居的事实成立。

2008年,最高人民法院中国应用法学研究所发布《涉及家庭暴力婚姻案件审理指南》(以下简称《指南》),在全国法院范围内试点。《指南》不属于司法解释,不能作为法官裁判案件的法律依据,只是为法官提供参考性办案指南,但其中的证据规则值得立法的借鉴。《指南》第40条第3款规定家庭暴力举证责任的转移:"原告提供证据证明受侵害事实及伤害后果并指认系被告所为的,举证责任转移至被告。被告虽否认侵害由其所为但无反证的,可以推定被告为加害人,认定家庭暴力的存在。"第41条规定了一般情况下,受害人陈述的可信度高于加害人陈述的可信度。第42条第1款关于证据的特殊规定:"加害人在诉讼前做出的口头、书面悔过或保证,可以作为加害人实施家庭暴力的证据。"第43条规定未成年子女的证言可以视为认定家庭暴力的重要证据。根据《指南》第48条和第49条的规定,国家机关、社会团体和组织相关的记录与证明,公安机关的接警或出警记录可作为证据。

(二)无过错方私自获取的"非法证据"应采纳

无过错方配偶为了证明对方有违反忠实义务的"出轨"行为,私自偷拍、偷录或委托私人侦探获取照片、录音录像材料。这些取证方式往往侵犯了他人的隐私,属于"非法证据",法院是否采纳存在争议。《民事诉讼证据规定》第68条规定:"以侵害他人合法权益或者违反法律禁止性规定的方法取得的证据,不能作为认定案件事实的依据。"此为非法证据排除规则,偷拍、偷录获取的视听资料,侵犯他人的隐私权,似不能作为认定案件事实的依据。但是,新修订的《中华人民共和国民事诉讼法》(以下简称《民事诉讼法》)第71条规定:"人民法院对视听资料,应当辨别真伪,并结合本案的其他证据,审查确定能否作为认定事实的根据。"此规定要求法院只能审查视听资料的真实性、证明力,无须审查其合法性。实际上,并不是在任何情况下,保护隐私权都比发现真实、公正的判决依据更重要。有过错方配偶与他人同居,侵犯了无过错方配偶的配偶权,给其造成极大的精神痛苦,破坏家庭关系的稳定,这就不能说保护隐私权比保护配偶权更加重要了。使用刑讯逼供、威胁、引诱、欺骗等严重侵犯人权的方式收集的证据,应当绝对排除。在评判是否属于非法证据应当排除时,应赋予法官自由裁量权。而法官采信或排除非法证据,应当考虑非法取得证据所侵害利益的大小,以及接受该证据所保护利益价值的大小,这涉及是否会造成社会公众对司法审判公正信仰的提高或降低。私自偷拍、偷录或委托私人侦探获取照片、录音录像材料,虽然侵犯了他人的隐私权,但并不属于使用刑讯逼供、威胁、引诱、欺骗等严重侵犯人权的方式取得,不应被排除。而且这种情形下,隐私权利益的保护价值并不比配偶权利益的保护价值大,因为重婚、有配偶者与他人同居的行为不仅侵犯无过错方配偶的私人利益,还关系到家庭共同体利益,影响到家庭的稳定与和谐。从社会公众正面舆论、社会风气方面讲,侵犯他人配偶权的行为应当受到道德谴责,行为人应承担相应的法律责任,而这是法官采纳这类证据的重要依据。

(三)扩充规定离婚损害赔偿的法定事由

我国《婚姻法》(修正案)第 46 条规定的离婚损害赔偿事由只有四种,即重婚、有配偶者与他人同居、家庭暴力、虐待或遗弃家庭成员。离婚损害赔偿的法定事由过少,限定了该制度的适用,而这些过错行为都是对他方的配偶权利造成了严重损害才得以请求离婚损害赔偿。事实上,严重侵害他方配偶权利,给他人造成重大的财产损失和精神损害的过错行为远不止这些。相较而言,我国台湾地区"民法"规定的范围较为宽泛。台湾地区"民法"第 1052条规定:"夫妻之一方,有下列情形之一者,他方得向法院请求离婚:一、重婚。二、与配偶以外之人合意性交。三、夫妻之一方对他方为不堪同居之虐待。四、夫妻之一方对他方之直系亲属为虐待,或夫妻一方之直系亲属对他方为虐待,致不堪为共同生活。五、夫妻之一方以恶意遗弃他方在继续状态中。六、夫妻之一方意图杀害他方。七、有不治之恶疾。八、有重大不治之精神病。九、生死不明已逾三年。十、因故意犯罪,经判处有期徒刑逾六个月。有前项以外之重大事由,难以维持婚姻者,夫妻之一方得请求离婚。但其事由应由夫妻之一方负责者,仅他方得请求离婚。"凡因这些有责原因而导致离婚的,均可以提起离婚损害赔偿。[①] 我国许多学者主张扩大离婚损害赔偿制度的适用范围,有学者提出,一方面增加列举以下情形:与他人发生婚外行为未达到同居程度的;使他方欺诈性抚养非亲生子女的;因犯强奸罪被判入刑的。另一方面,还须增设兜底条款:其他导致离婚的重大情形。[②] 还有学者认为,需增加以下情形:违反夫妻忠实义务的一般婚外恋、婚外性行为,如通奸、嫖娼、婚外同性恋、强奸、生育他人子女等;婚内传播性病;非暴力性侮辱和诽谤

---

① 林秀雄:《亲属法讲义》(第二版),元照出版公司 2012 年版,第 211—213 页。
② 薛宁兰:《我国离婚损害赔偿制度的完善》,《法律适用》2004 年第 10 期。

以及揭露隐私；因一方的过错造成他方不育。①

笔者认为，某项行为是否确定为离婚损害赔偿的法定事由，应看其是否严重侵犯了对方的配偶权利。婚外性行为，如通奸、卖淫、嫖娼等不宜列入，由道德舆论、行政法规调整即可。故意犯罪、患病（包括精神疾病）、侵犯生育权、赌博、吸毒成瘾等情形不宜列入，因为这些并不构成对他方配偶权的侵犯。因强奸罪被判处刑罚的，应成为离婚损害赔偿的事由。因为此违反夫妻忠实义务的行为不仅侵犯对方的配偶权益，而且入狱服刑无法履行家庭义务对于对方配偶来说也是一种损失，并且增加其抚养未成年子女的负担。婚内传播性病是否列入，须根据性病的来源判断。如果性病是因与他人婚外性行为患上的，无过错方有权提起离婚损害赔偿，因为过错方的行为不仅侵犯对方的配偶权，还给其带来无尽的疾患痛苦、经济损失和精神损害；如果是其他原因患上的，不能要求离婚损害赔偿。使他方受欺诈抚养非亲生子女的，过错方应承担离婚损害赔偿责任，因为与他人婚外性行为怀孕生子，侵犯了无过错方的配偶权利，损害其名誉，给其带来极大的情感创伤。有必要增加规定离婚损害赔偿的法定事由，但不宜设兜底条款，离婚损害赔偿应限定在严重侵犯他方配偶权的情形，这足以保护无过错方配偶的基本人权，实现家庭职能，维护社会公序良俗。如果设立兜底条款，可能会增加司法实践的随意性。② 总之，不宜设立兜底条款，扩充规定离婚损害赔偿的法定事由包括：因强奸罪被判处刑罚的、因婚外性行为感染性病而在婚内传播的、使他方受欺诈抚养非亲生子女的。

（四）明确离婚损害赔偿数额的确定标准

《婚姻法解释一》第 28 条规定："婚姻法第四十六条规定的'损害赔偿'，包括物质损害赔偿和精神损害赔偿。涉及精神损害赔偿的，适用最高人民法院《关于确定民事侵权精神损害赔偿责任若干问题的解释》的有关规定。"由此确定了离婚损害赔偿的范围包括物质损害赔偿和精神损害赔偿，但确定赔偿数额由法官自由裁量。离婚损害赔偿的数额不宜统一规定一个"上限"或"下限"，因为各地经济发展水平不同，当事人的经济状况差异大，各案的侵权

---

① 陈群峰：《离婚利益协调机制研究——财产、子女及其他》，人民法院出版社 2008 年版，第 178—180 页。

② 陈苇、张鑫：《我国内地离婚损害赔偿制度存废论——以我国内地司法实践实证调查及与台湾地区制度比较为视角》，《河北法学》2015 年第 6 期。

情况迥异,应由法官根据具体情况自由裁量,但有必要明确离婚损害赔偿数额的确定标准。

物质损害赔偿方面,包括财产损害赔偿和人身损害赔偿。财产损害赔偿的数额确定较为直观,可根据财产损失的价值、数量来计算。人身损害赔偿数额的确定,根据《最高人民法院关于审理人身损害赔偿案件适用法律若干问题的解释》第17条第1款的规定:"受害人遭受人身损害,因就医治疗支出的各项费用以及因误工减少的收入,包括医疗费、误工费、护理费、交通费、住宿费、住院伙食补助费、必要的营养费,赔偿义务人应当予以赔偿。"而这些费用的计算依据,该解释也做了相应的规定。

精神损害赔偿数额的确定相较而言,不易把握。《最高人民法院关于确定民事侵权精神损害赔偿责任若干问题的解释》第10条规定:"精神损害的赔偿数额根据以下因素确定:(一)侵权人的过错程度,法律另有规定的除外;(二)侵害的手段、场合、行为方式等具体情节;(三)侵权行为所造成的后果;(四)侵权人的获利情况;(五)侵权人承担责任的经济能力;(六)受诉法院所在地平均生活水平。法律、行政法规对残疾赔偿金、死亡赔偿金等有明确规定的,适用法律、行政法规的规定。"离婚损害赔偿的主要目的是惩罚过错方、抚慰无错方,填补无过错方信赖婚姻终身结合而付出的情感所遭受的损害,离婚损害赔偿金兼具惩罚性和补偿性,以平衡离婚当事人的利益。基于该解释第10条的一般性规定,结合离婚损害赔偿金的特性,在确定精神损害赔偿数额时应考虑以下因素:婚姻关系存续时间的长短,过错方主观恶性大小,过错行为的具体情节以及社会影响,给受害方造成精神痛苦的程度和后果,当事人的年龄,经济状况和就业能力等。

第三节　保障离婚农村妇女土地承包权
法律规定的缺陷与完善

离婚农村妇女土地权益的保障[①]不属于离婚救济的内容,但对于依赖土地得到生活保障的农村妇女,尤其是中老年妇女,离婚或丧偶后能否获得土地权益是关系其生存的重大问题。农村妇女因婚姻关系的变动而丧失土地权益的现象较为严重,全国妇联和国家统计局开展的第三期中国妇女社会地

---

①　农村"倒插门"——女婿的土地承包权因婚姻关系的变动,也存在受侵害的现象,由于只占极少数,故此处只讨论离婚农村妇女土地承包权的保障。

位调查显示,2010 年没有土地的农村妇女占 21%,比 2000 年增加了 11.8 个百分点,高于男性 9.1 个百分点,其中因婚姻变动而失去土地的占 27.7%。①对广西壮族自治区龙州县人民法院法官和浙江省杭州市余杭区妇联干部的访谈,反映出这是一个突出的问题。农村妇女年轻时嫁到夫家,多年来照顾老人、子女,耕作田地,人到中老年却因离婚或丧偶而失去土地权益,失去生存之本,生活无着落,这不仅是个私人和家庭问题,也是个社会问题。离婚、丧偶农村妇女土地权益的保护,同样体现立法对婚姻个体利益、家庭利益和社会利益的平衡,有必要单独加以阐述。

农村妇女的土地权益除了土地承包经营权外,还有宅基地使用权、土地征收补偿费等,由于土地承包权是农民赖以生存之本,受侵害时产生的矛盾和问题最为突出,故此处只讨论离婚或丧偶的农村妇女土地承包权保护问题。

一、现行法律、法规的缺陷

(一)过于原则,脱离实际

我国关于离婚农村妇女土地承包权保护的法律规定不少,主要有:《婚姻法》(修正案)第 39 条第 2 款:"夫或妻在家庭土地承包经营中享有的权益等,应当依法予以保护。"《妇女权益保障法》第 33 条第 1 款:"任何组织和个人不得以妇女未婚、结婚、离婚、丧偶等为由,侵害妇女在农村集体经济组织中的各项权益。"《中华人民共和国农村土地承包法》(以下简称《农村土地承包法》)第 30 条:"承包期内,妇女结婚,在新居住地未取得承包地的,发包方不得收回其原承包地;妇女离婚或者丧偶,仍在原居住地生活或者不在原居住地生活但在新居住地未取得承包地的,发包方不得收回其原承包地。"2001 年中共中央办公厅、国务院办公厅《关于切实维护农村妇女土地承包权益的通知》第 4 条强调要处理好离婚或丧偶妇女土地承包问题:"妇女离婚或丧偶后仍在原居住地生活的,原居住地应保证其有一份承包地。离婚或丧偶后不在原居住地生活,其新居住地还没有为其解决承包土地的,原居住地所在村应保留其土地承包权。妇女不在原居住地生活但仍保留承包地的,应承担相应的税费义务。"但是,上述法律、法规的规定过于原则、概括,可操作性不

---

① 第三期中国妇女社会地位调查课题组:《第三期中国妇女社会地位调查主要数据报告》,《妇女研究论丛》2011 年第 6 期。

强,没有给离婚的农村妇女如何保障自己的土地承包权提供一个切实有效的解决方案。有些规定脱离实际,形同虚设。

为了维护土地承包经营权的稳定性,很多地方实行"增人不增地,减人不减地"的政策,采取"测婚测嫁"、"预测人口"的方式,未婚男性可以预先获得"未来媳妇"和"未来子女"的耕地,而未婚女子则预先被扣减部分承包土地面积,只有通过结婚来获取本应属于她们的土地,这对因婚姻关系变动的农村妇女的土地承包权保护极为不利。我国农村长期保留"从夫居"的习俗,妇女在嫁到丈夫家之前,村里的土地承包经营权早就分配完毕。妇女耕种的是夫家原先已经分配到的土地。在许多农村妇女看来,丈夫家分得的土地包含有属于自己的份额,但这是以婚姻关系的存续为前提条件的。一旦婚姻关系解体,农村妇女不能分割前夫家的土地承包经营权,因为村民们普遍认为这是夫家的财产。许多农村集体经济组织已没有机动地可分配,娶进的媳妇分不到土地,离婚的农村妇女即使仍留在原居住地,也无地可分,也就没有属于自己的承包地。因此,《农村土地承包法》第30条规定的离婚或丧偶妇女个人的"原承包地"是不存在的,也就没有"不得收回"一说。丧偶的农村妇女仍在夫家居住生活的,尚可享有土地承包收益,离婚的农村妇女只能搬离前夫家,获得的经济补偿数额很有限,无异于"净身出户"。离婚后,农村妇女一般回娘家、外出务工或再婚。回到娘家,有些人的原承包地在出嫁时已被村集体收回,有些人的原承包地由父母、兄弟占有耕作,有些人的承包地被征收,但征收补偿款往往发放给征地户,已经由娘家人分配使用了。这使得离婚的农村妇女处于无地状态,看似周全的法律规定脱离实际,没有实现保障离婚、丧偶农村妇女土地承包权的目的。

1999年最高人民法院《关于审理农业承包合同纠纷案件若干问题的规定(试行)》第34条规定:"承包方是夫妻的,在承包合同履行期间解除婚姻关系时,就其承包经营的权利义务未达成协议,且双方均具有承包经营主体资格的,人民法院在处理其离婚案件时,应当按照家庭人口、老人的赡养、未成年子女的抚养等具体情况,对其承包经营权进行分割。"此规定将土地承包经营权确定为夫妻共同财产,在离婚时可予以分割。但其适用的前提条件是"承包方是夫妻",也就是说,双方结婚时尚无子女或子女年幼时就得以分田的夫妻,土地承包经营权是夫妻共同财产,除此之外的其他情形均不适用。家庭联产承包责任制自20世纪80年代初期推行至今,已有三十多年时间,各地农村已形成相对稳定的土地承包格局,新婚夫妇没有赶上分田时机的,也就不能以"独立的户"再分到承包地。最初以户为单位分到承包地的夫妇已经生儿育女,根据"增人不增地,减人不减地"的政策,土地承包经营权的主体不仅是夫妻俩,还包括子女、孙子女等其他家庭成员。所以符合该司法解释规定适用条件的情形已不多,此规定没有多大的用武之地。

(二)农村土地承包经营权的主体是"户"还是"个人"规定不明确

农村土地承包经营权的主体是"户"还是"个人"?《物权法》回避了这一问题,采用"土地承包权人"的提法。根据《农村土地承包法》的相关规定,得出两种截然不同的结论,形成两种不同观点:第一种观点认为农村土地承包经营权的主体是农户,法律依据是《农村土地承包法》第15条:"家庭承包的承包方是本集体经济组织的农户。"第二种观点认为农村土地承包经营权的主体是个人,即农村集体经济组织成员,法律依据是《农村土地承包法》第5条:"农村集体经济组织成员有权依法承包由本集体经济组织发包的农村土地。任何组织和个人不得剥夺和非法限制农村集体经济组织成员承包土地的权利。"第6条:"农村土地承包,妇女与男子享有平等的权利。承包中应当保护妇女的合法权益,任何组织和个人不得剥夺、侵害妇女应当享有的土地承包经营权。"第一种观点与家庭承包的规定一致,符合"增人不增地,减人不减地"的政策。但是,这一观点不利于承包户中个体土地权益的保护,尤其是出嫁女、离婚或丧偶妇女的土地承包权容易被侵犯和剥夺。第二种观点有利于保护承包户中个体的土地权益,为出嫁女、离婚或丧偶妇女分割土地承包权提供依据,但是它不符合家庭承包制的一般规定,立论依据不够充分。另有观点主张:"《农村土地承包法》第五条是关于农村土地承包经营权主体的规定;而《农村土地承包法》第十五条是关于农村土地承包形式的规定。两者是内容和形式的关系。即个人是农村土地承包经营权的实体享有者,但是其权利的享有必须依托家庭来实现,以农户为单位进行;家庭成员之间是一种类似共同共有的共同承包关系。一旦家庭解体,家庭成员可以主张权利分割。"[①]此解释合理,符合法律规定,保障农村妇女不因婚姻关系的变动丧失土地承包权益。

---

① 刘保平、万兰茹:《河北省农村妇女土地权益保护状况研究》,《妇女研究论丛》2007年第6期,第17页。

（三）村规民约侵害离婚农村妇女的土地承包权

在土地集体所有和村民自治制度下,农村妇女的土地承包权要通过村民自治机制实现。《中华人民共和国村民委员会组织法》(以下简称《村民委员会组织法》)第 8 条第 2 款规定:"村民委员会依照法律规定,管理本村属于村农民集体所有的土地和其他财产,引导村民合理利用自然资源,保护和改善生态环境。"《农村土地承包法》第 12 条规定:"农民集体所有的土地依法属于村农民集体所有的,由村集体经济组织或者村民委员会发包;已经分别属于村内两个以上农村集体经济组织的农民集体所有的,由村内各农村集体经济组织或者村民小组发包。村集体经济组织或者村民委员会发包的,不得改变村内各集体经济组织农民集体所有的土地的所有权。国家所有依法由农民集体使用的农村土地,由使用该土地的农村集体经济组织、村民委员会或者村民小组发包。"法律赋予农村集体经济组织或村民委员会管理本村农民集体所有土地的权力,是集体土地的发包方。而农村集体经济组织或者村民委员会行使职权,制定承包方案、决定土地承包方等重大事项的机制有以下规定:根据《物权法》第 59 条,土地承包方案、个别土地承包经营权人之间承包地的调整应当依照法定程序经本集体成员决定。根据《村民委员会组织法》第 24 条的规定,土地承包经营方案须经村民会议讨论决定。根据《农村土地承包法》第 18 条,承包方案应当按照该法第 12 条的规定,依法经本集体经济组织成员的村民会议三分之二以上成员或者三分之二以上村民代表的同意。据此,关于土地承包经营方案等村民自治规范需经村民会议多数决才能生效,但是,女性村民中,出嫁女、离婚或丧偶妇女占少数,在村民会议或村民代表会议表决决议时,处于不利的地位。我国农村社会仍是典型的男权社会,村干部、村委委员基本上是男性。《妇女权益保障法》第 11 条规定,村民委员会成员中,妇女应当有适当的名额,但很多地方只安排一个女性名额应付了事。村干部和村委缺乏社会性别意识,农村妇女的土地权益诉求难以得到尊重和支持。在传统习俗和文化影响下,侵害妇女土地权益的村规民约却得到村民的普遍认同,因为在许多村民看来,"嫁出去的女儿泼出去的水"、"各家的媳妇都一样"。未嫁女不分或少分土地理所当然,离婚的妇女也不能带走前夫家的土地。农村重男轻女的思想严重,离婚后回娘家不是好的选择,会被村里人瞧不起。离婚或丧偶的农村妇女也"心甘情愿"地放弃土地权益,她们没有勇气和力量与根深蒂固的传统习俗抗争,因为要争取土地承包权,就意味着失去父母、兄弟的亲情,还要受到其他村民的冷眼和奚落,陷入孤立。

再婚农村妇女的土地承包经营权也没有得到有效保护,离婚妇女若在本村再婚,其土地往往受到夫家的侵害;若是离开本村再嫁到别村,其在本村的土地往往会丧失,而且在其加入别村得到土地的可能性很低,即使得到的也拖延了几年。①

二、完善相关法律规定的建议

针对上述法律规定存在的缺陷,笔者提出以下完善立法的建议:

(一)明确规定土地承包经营权属于家庭成员共有

我国《物权法》已经明确规定,土地承包经营权的性质是用益物权,根据《农村土地承包法》第 5 条,农村土地承包经营权的主体应该是个人,以农户为单位进行土地承包。虽然《物权法》、《婚姻法》(修正案)、《农村土地承包法》等基本法律没有明确规定家庭成员对土地承包经营权的共有关系,但2004 年农业部颁布的《农村土地承包经营权证管理办法》中有两栏需分别写明"承包方代表姓名"和"承包方土地承包经营权共有人情况",这表明家庭成员共同承包土地,是土地承包经营权的共有权人,在物权法理论上可称为"准共有"关系。家庭成员分户或夫妻离婚时,有权要求分割土地承包经营权,部分省市已相继出台地方性立法,对此加以明确规定。例如,2006 年海南省人大常委会通过的《海南省实施〈中华人民共和国农村土地承包法〉办法》第12 条规定:"承包期内,承包方家庭成员因分户、离婚而申请分别签订承包合同的,发包方应当与分立后的集体经济组织成员签订承包合同,并报有关部门换发土地承包经营权证或者林权证。承包方家庭分户的,由家庭内部自行决定土地承包经营权的分割。家庭内部就土地承包经营权分割达成协议的,发包方应当尊重其协议;达不成协议的,按照承包合同纠纷处理。因离婚产生的分户,双方当事人的土地承包经营权按照离婚协议、农村土地承包仲裁机构的仲裁裁决或者人民法院的判决处理。"2004 年江苏省人大常委会通过的《江苏省农村土地承包经营权保护条例》第 17 条规定:"承包期内,承包方家庭分户的,由家庭内部自行决定土地承包经营权的分割。家庭内部就土地承包经营权分割达成协议的,发包方应当尊重其协议;达不成协议的,按照承包合同纠纷解决办法处理。因离婚产生的分户,双方当事人的土地承包经营

---

① 陈苇、杜江涌:《中国农村妇女土地使用权与物权法保障研究》,载陈苇:《家事法研究》(2005 年卷),群众出版社 2006 年版,第 19 页。

权按照离婚协议或者人民法院的判决处理。当事人因分户要求分立土地承包经营权的,发包方应当与其分别签订承包合同,并按照国家规定办理土地承包经营权证书。"建议我国《婚姻法》明确规定家庭成员,包括户口迁入本村集体经济组织的媳妇或女婿,共同共有土地承包经营权。农户土地承包合同登记可以实行夫妻双名制,夫妻各持一份,双方享有同等的权利和义务,保障妇女在家庭成员分户、离婚或丧偶时,有权要求分割土地承包经营权。家庭内部就土地承包经营权分割达成协议的,按照协议处理,协议不成的,由农村土地承包仲裁机构或人民法院根据照顾子女和女方权益的原则做出裁决。

(二)建立各部门对乡规民约的联动审查机制

《村民委员会组织法》第 27 条第 2 款规定:"村民自治章程、村规民约以及村民会议或者村民代表会议的决定不得与宪法、法律、法规和国家的政策相抵触,不得有侵犯村民的人身权利、民主权利和合法财产权利的内容。"但是,现今完善的村规民约审查机制没有建立起来,违反宪法、法律、法规,侵犯村民人身权利和财产权利的村规民约没有得到及时、有效地废止和修改。实际上,《村民委员会组织法》已规定了村规民约的监督和纠错机制,该法第 27 条第 1 款规定:"村民会议可以制定和修改村民自治章程、村规民约,并报乡、民族乡、镇的人民政府备案。"第 27 条第 3 款规定:"村民自治章程、村规民约以及村民会议或者村民代表会议的决定违反前款规定的,由乡、民族乡、镇的人民政府责令改正。"第 36 条第 1、2 款规定:"村民委员会或者村民委员会成员作出的决定侵害村民合法权益的,受侵害的村民可以申请人民法院予以撤销,责任人依法承担法律责任。村民委员会不依照法律、法规的规定履行法定义务的,由乡、民族乡、镇的人民政府责令改正。"然而,乡镇人民政府在监督、审查方面不作为,没有积极、主动地责令有关村集体经济组织、村民委员会修改或废止侵犯农村妇女土地权益的村规民约。法律也没有规定村民对乡、镇人民政府的不作为,或者对其纠错行为不服时,有何救济途径。靠自下而上的方法,由土地承包权受侵害的农村妇女向人民法院起诉或向农村土地承包仲裁机构申请仲裁,对于没有法律知识、文化水平低的农村妇女来说举步维艰。所以,很有必要建立完善的村规民约审查机制,实现各职能部门的联动是关键。

2008 年以来,国家人口和计划生育委员会首先在河南登封市、漯河市农村试点,推动修订村规民约,取得了很好的成效和丰富的经验。近年来黑龙江省在省委省政府的领导下,省妇联与省民政厅联合在全省开展了以维护妇女权益为重点的村规民约的修订工作,重点修订完善有关男女平等和宅基地分配、土地承包权、村集体经济收益分配等涉及妇女权益的条款，对与男女平等原则不符的规定、带有性别歧视性的条款予以清除，对缺失的内容进行补充，走出了一条解决妇女权益问题的治本之路。江苏省建立了维护农村妇女土地权益的多部门联动机制，省人大、政府、法院出台了相关的法规和政策。① 修改村规民约触动中国农村旧传统观念，关涉广大农民的切身利益，难度很大，各职能部门干部应具有社会性别意识，切实体会到农村妇女土地承包权益受侵害的苦衷。加强法制宣传工作，转变村干部的观念，采取切实可行的措施保障离婚或丧偶农村妇女的土地承包权。仅靠农村妇女个人力量提起诉讼或申请仲裁是有困难的，妇联组织应积极主动给予帮助，协助其寻找法律援助律师，陪同其参加诉讼或仲裁。积极与村集体、村委会沟通协调，为土地承包权益受侵害的离婚或丧偶农村妇女提供一定的补偿。在村委中增加妇女干部的人数，提高农村妇女参与制定村规民约的比例。

除了完善相关立法外，还要加强对失地农村妇女的社会保障和救助。一方面，农村基层组织要积极扩大农村社会救助的覆盖面，不仅保障农村特困户、低保户和五保户，而且要保障因离婚、丧偶而失地的农村妇女这一弱势群体的权益。建立专项基金，给予因离婚、丧偶而失地的贫困农村妇女基本生活保障，让其安度晚年。另一方面，提高农村妇女的劳动技能和谋生能力，对离婚、丧偶的农村妇女开展技能培训，提高其转移就业的能力，鼓励她们进城务工。在一定条件下为她们劳动就业提供优惠措施，鼓励创业，切实保障她们的生存和发展权。

第四节　建立类型化的婚姻家庭判例制度

在计划经济体制下，国家包揽社会，人们的私有财产少，婚姻家庭利益关系较简单，统一规范性《婚姻法》司法解释弥补了立法的不足，是人民法院处理婚姻家庭纠纷的重要法律依据。但是，"一事求一解"的司法解释难以解决复杂多样的婚姻家庭利益关系，有些规定适用的结果偏离了《婚姻法》(修正案)的基本精神。为此，应加强立法解释，对抽象性《婚姻法》司法解释加以规制，建立类案类判的婚姻家庭判例制度。

---

① 彭珮云：《在全国维护农村妇女土地权益工作交流会上的讲话》，《中国妇运》2012年增刊。

一、细化婚姻家庭法律规定，加强立法解释

法律规定得越详细，才能为司法、执法提供明确的依据，有利于法官准确掌握立法的意图和价值取向，有效地行使自由裁量权，这是消除司法解释"立法化"现象的重要途径。但是，成文法具有不周延性、滞后性等无法克服的弊端，需要适时地加以解释。最高人民法院无法从总体上完善离婚配套法律制度，为了处理大量离婚不动产纠纷案件，抽象性司法解释只是权宜之计。全国人大常委会应充分发挥立法解释的职能，应对层出不穷的新情况和新问题，及时做出解释，而不应将过重的法律解释任务由司法机关承担。全国人大常委会拥有充足的立法资源，更能从总体、全局把握立法导向，考虑社会各阶层复杂的利益关系，准确预测法律适用的结果。遵循严格的立法解释程序，做出相对合理、严谨的法律解释。全国人大及其常委会应该在完善婚姻家庭法律制度和加强立法解释上有所作为，积极启动法律解释的工作，细化和明晰相关法律条文，构建保障家庭中弱势一方合法权益的配套婚姻家庭法律制度。

二、建立司法解释的监督机制

全国人大及其常委会启动法律解释的程序和工作并非易事，立法解释的不作为状况不可能在较短的时间内结束。而目前我国立法存在粗疏、过于原则和可操作性差的缺陷，最高人民法院针对某一法律做出统一规范性解释仍有必要，这有助于减少法官在法律理解上的歧义。但针对其"一刀切"抽象性解释的弊端，应加以规制，建立严格的监督机制。2005年全国人大常委会通过的《司法解释备案审查工作程序》规定了较完备的事后监督和救济机制：最高人民法院、最高人民检察院制定的司法解释，应当自公布之日起三十日内报送全国人大常委会备案。国务院等国家机关和社会团体、企业事业组织单位以及公民认为司法解释同宪法或者法律相抵触，均可向全国人大常委会书面提出审查要求或审查建议。但多年来的实际情况表明，最高人民法院出台某些司法解释的随意性和违法性并没有从根本上得到抑制。所以，除了事后监督和救济外，还应加强事前监督。对最高人民法院拟列入司法解释的立项问题，是否有必要出台统一性司法解释，须经全国人大常委会审核、批准。最高人民法院起草某项司法解释，须向社会公布征求意见稿，在综合社会各界意见的基础上修改完善后，提交全国人大常委会审核，获得批准后，再由最高人民法院审判委员会通过并公布。通过立法机关的事前监督，限缩最高人民

法院司法解释的数量和范围,严格最高人民法院出台司法解释的程序和步骤,增强司法解释工作的严肃性。通过事前和事后监督,社会与立法机关的双重约束,确保最高人民法院制定的司法解释公开、公正、公平,减少和杜绝最高人民法院制定司法解释的随意性和违法性。

三、构建类型化的婚姻家庭判例制度

法官判案有着自己对法律的理解和解释,受制于所在地区人们的普遍观念、经济发展水平、民族风俗等。婚姻家庭案件表现得尤为明显,"出门问禁、入乡随俗"是中国俗语,婚姻家庭、继承案件受地区差异、风俗习惯、文化观念等因素影响,各级各地区法官对相同或相似的案情会做出不同的判断。最高人民法院出台过多的统一规范性司法解释,抹杀了婚姻家庭纠纷案件的复杂性和多样性,在适用中遭遇质疑和抵抗。此外,办案法官的法律素养、学识水平、谋事胆略等都影响着案件的审理结果。例如,关于家庭暴力的认定,同是浙江省杭州市西湖区人民法院的法官,就有不同的断定。在傅某诉潘某甲离婚纠纷案([2014]杭西民初字第2152号)中,原告诉称被告有家庭暴力,多次殴打原告,提供以下证据证明:保证书、照片、110报警记录、录音及文字稿、证人证言。被告认为,保证书是为了照顾原告及原告家人的感情写的,并非被告真实的意思。照片和110报警记录不能证明被告对原告有家庭暴力。对录音的真实性、合法性无异议,但从录音内容中可以听出,原告前往被告家中并非为接小孩,而是为了诉讼取证。对于证人证言,被告认为证人不是原被告发生冲突时的在场人,其证言不能证明待证事实。法官经审理认定,保证书、照片、110报警记录、录音及文字稿这几项证据相互结合,可以证明被告曾因与原告发生纠纷,殴打过原告的事实。结合证人证言,可以认定双方夫妻感情已经彻底破裂,判决准予离婚。但在朱某甲诉杨某离婚纠纷案([2014]杭西民初字第781号)中,原告诉称被被告打伤,提供以下证据证明:两份接警综合记录单,证明被告未经允许撬开朱某甲母亲的房子,非法进入翻找财物,收集所谓证据,并在门口打架的事实。病历、照片及门诊收费票据,证明2014年4月4日晚上被被告打伤的事实。被告对此均有异议。法院审查后认为,因无其他证据佐证,故对证明目的不予以认定。被告提供CT诊断报告,证明2014年4月4日晚上被原告殴打的事实。对此,原告有异议。法院审查后认为,因无其他证据佐证,故对证明目的不予以认定。最后判决驳回原告朱某甲的离婚诉讼请求。我国虽然尚未出台一部反家庭暴力法,但各省(市)、自治区出台了关于预防和制止家庭暴力的地方性法规。

2010年《浙江省预防和制止家庭暴力条例》第13条强调公安机关要制作制止家庭暴力的出警记录。第20条规定,医疗机构接诊家庭暴力受害人时,应当做好诊疗记录。公安机关、人民检察院、人民法院调查取证时,医疗机构应当据实出具诊断、治疗证明。这些规定再加上《指南》的内容,表明110的出警记录、医疗机构的诊疗记录可以作为证明家庭暴力的证据。上述两个案件中,当事人都提供了出警记录、照片、医疗证明等,但不同的办案法官基于不同的理解,得出不同的结论。可见,法律规定得再明确,在法律适用中仍存在"同案异判"的现象。

最高人民法院出台的司法解释是成文法,是"静态的法律",同样无法弥补成文法的缺陷。而且,最高人民法院在做出司法解释时并不给出判断的理由,或者只给出简短、单方面的理由,审判实践中,各级法院的法官会有不同的理解,反而陷入解释再解释的"怪圈"。最高人民法院事无巨细的解释、重复性的批复,不仅侵犯了下级法院司法权的独立性,也培养了法官的惰性。而判例由法官在将法律适用于具体个案的过程中,运用法律推理、论证的方法,并经由一定的程序机制而使之成型。[①] 判例以具体案件为基础,法官在做出裁决前经过严密的法律推理和详细地论证,得出颇具说服力的结论,可作为审理同类案件的参照,具有典型意义。一个判例之所以能成为极具权威的"先例",不在于它的结论是完全"正确"的、是放之四海皆准的"真理",而在于它极具说服力地阐明了裁判的依据。

(一)我国建立类型化判例制度的初步条件

建立类型化的判例制度是我国今后司法解释改革的方向,笔者认为目前已初步具备了条件:

(1)法官队伍业务素质日益提高。现今,招考法官,要求具有法学本科及以上学历,通过高淘汰率的公务员考试,进入法院系统后,还须通过被称为"天下第一考"的国家司法考试。许多法院招考法官,要求具有法学硕士及以上学历,并通过国家司法考试才能报考。法官精英化,才能深刻理解法律精神,熟知法律原理,提高办案的水平,积累优秀的判例素材。就婚姻家庭案件而言,需要建立专门的家事审判机制,组建家事法官队伍,具备审理家事案件的多方面知识和经验。

---

① 蒋集跃、杨永华:《司法解释的缺陷及其补救——兼谈中国式判例制度的建构》,《法学》2003年第10期。

（2）裁判文书公开化。人民法院裁判文书向社会公开，是建立类型化判例制度的先决条件之一，现今我们已可以从网络、书籍等各渠道查阅各地各级人民法院历年的裁判文书。判例须让社会公众了解，人们才能对自己的行为的法律后果有所预判，对案件的审理结果做出预测，这也是对法官审理案件的约束和监督。

（3）已对《最高人民法院公报》公布的案例做了有益的探索。1985年以来，《最高人民法院公报》公布的案例虽不能直接作为裁判依据，但可作为各级法院法官审理类似案件的参考，在事实上已起到了填补法律空白，解释法律规定和指导法院审判工作的作用。2010年11月26日，最高人民法院出台《关于案例指导工作的规定》，就指导性案例的范围、遴选、报审、发布、效力、清理、编纂等做出明确规定。根据此规定第7条，最高人民法院发布的指导性案例，各级人民法院审判类似案例时应当参照。这标志着人民法院案例指导工作进入一个新阶段。笔者认为，应在此基础上建立类型化的判例制度，规定最高人民法院确定的判例具有法律拘束力，作为各级人民法院审理相同或类似案件的依据。上述傅某诉潘某甲离婚纠纷案（［2014］杭西民初字第2152号）是审判成功的案例，将类似的案件确定为判例，作为地方各级人民法院审理涉及家庭暴力认定同类案件的依据。与抽象司法解释相比，类型化的判例制度能更好地起到统一裁判的作用。

（4）司法改革的有益经验。2002年，河南省郑州市中原区人民法院首创先例判决制度，确定了一批具有指导性、代表性的案件和审理中较成功地把握住相关立法原则和法律精神的案件，作为该院的先例判决。这些案件对该院在今后处理同类案件具有一定的拘束力，其他合议庭或独任审判人员，在处理同类案件时应当参照。这一举措是我国司法改革的一大亮点，是我国建立判决制度的大胆探索。据中原区人民法院院长李广湖介绍，在实践中，先例判决的施行基本达到了设立该制度的初衷：①正确指导适用法律，减少了改判和发回重审的情况；②更有效地利用了司法资源，提高了司法效率；③合理规范法官的自由裁量权，体现司法公正；④统一法律概念的认识，总结法律原则；⑤改善裁判文书的质量，树立司法权威；⑥保持判决的基本一致，发挥法的指引作用。[①]

---

① 李广湖：《谈先例判决制度》，http://www.chinacourt.org/article/detail/2002/09/id/12841.shtml.

(二)我国类型化婚姻家庭判例制度的设计

我国是成文法国家,将判例确定为一种法律渊源有"法官造法"之嫌。但是,现今两大法系国家互相借鉴成功立法经验,呈现融合的趋势。相对于成文法而言,判例具有灵活、具体、适时、针对性强等特点,能有效地弥补制定法的不周延性、滞后性缺陷,因此有必要借鉴英美法系国家的判例制度,基于我国实际情况,设计出具有中国特色的类型化判例制度。就婚姻家庭判例制度而言,可以从以下几个方面展开:

(1)婚姻家庭判例的创立主体。河南省郑州市中原区人民法院首创"先例判决"制度值得肯定,但赋予基层法院创立判例的权力是否妥当? 笔者认为,不妥当,应由最高人民法院统一创立。因为,某个基层法院创立的婚姻家庭判例,只是对本法院系统内部统一裁判具有效力,而对其他法院没有拘束力,仍然会出现不同地区不同法院"同案异判"的现象。那么,上级法院创立婚姻家庭判例,对下级法院具有拘束力是否可行? 笔者认为,也不妥当。因为,即使某省、直辖市高级人民法院创立的婚姻家庭判例对下级法院有拘束力,其效力范围也仅限于本省、直辖市,而对其他省(市)没有拘束力,同样会出现"同案异判"的问题。类型化的判例与司法解释统一裁判的目的是一致的,可谓为"司法解释的判例化",由最高人民法院统一创立,可以在宏观上掌控判例的数量,有效消除判例过于庞杂产生的各种弊端。更何况,婚姻家庭判例来源于地方各级人民法院的生效判决,从另一个角度来说,各级人民法院也是婚姻家庭判例的创立主体。

(2)创立婚姻家庭判例的程序。最高人民法院应成立专门的判例创立机构,负责判例的遴选、审查和报审工作。①婚姻家庭判例的遴选,即对于已经发生法律效力的婚姻家庭案件进行收集、整理和选择。依据最高人民法院《关于案例指导工作的规定》第2条的规定,入选的条件是:社会广泛关注的;法律规定比较原则的;具有典型性的;疑难复杂或者新类型的;其他具有指导作用的婚姻家庭纠纷案例。最高人民法院的各审判业务单位、各地各级人民法院可以向最高人民法院推荐。人大代表、政协委员、专家学者、律师,以及社会各界人士也可以向案件的原审法院推荐,或向最高人民法院推荐。②婚姻家庭判例的审核。由最高人民法院的判例创立机构将入选的婚姻家庭案件报请最高人民法院院长或者主管副院长,提交最高人民法院审判委员会讨论决定。③婚姻家庭判例形式的统一。经过审核确定的婚姻家庭判例具有典型性,作为各级法院审理同类案件的参照,因此在形式上既要重视实体部分的分析和说理,也要注重对该裁判文书的点评,阐明该案件裁决结果的要旨。④发布婚姻家庭判例。婚姻家庭判例经审核确定后应及时发布,应当在最高人民法院创办或认可的刊物、网站上发布,也可以定期将现行有效的判例按部门法汇编成册后公开发行。以便于各级人民法院参照,以及社会公众的知晓,使当事人能预测自己同类的婚姻家庭纠纷可能得到的裁决结果。⑤婚姻家庭判例的更替和废除。随着婚姻家庭各项法律、法规的颁布、修订,应及时对与现行立法不一致的判例进行更替和废除,重新确立婚姻家庭判例。已经公布的判例,如果再审被改判的,也应当对其进行修订或废除。

(3)婚姻家庭判例的监督机制。最高人民法院创立婚姻家庭判例,同样需要有效的监督。笔者认为,可参照最高人民法院司法解释的监督机制,但只需事后监督即可。因为,判例是法官审理同类案件的参照,对法院审理同类案件具有拘束力,而哪些婚姻家庭案件的审理、裁判具有典型意义,可以确定为判例法院最清楚,无需事前征求公众的意见,也不需要经得全国人大常委会的审核、批准。事后监督的内容可确定为:①创立判例的程序是否合法;②判例的适用是否合法;③是否及时修订或废除不适时的判例。由全国人大常委会、最高人民检察院作为监督机关,国家机关、社会团体、企事业组织以及公民个人认为最高人民法院公布的判例不合法的,也可以向上述监督机关提出审查要求和建议。

第五节　构建我国独立的家事诉讼模式

既定的婚姻家庭法价值取向需要在司法实践中落实才能真正实现,法律规定是"静态的",而司法实践是"动态的",情况千变万化,要有科学合理的家事审判机制,才能正确适用法律,公平、公正地处理婚姻家庭纠纷案件。

一、主要国家(地区)设立家事法院或家事法庭的借鉴

从世界范围看,家事法院或家事法庭的普遍建立是 20 世纪 40 年代末开始的司法改革运动的重要成果之一。现今,很多国家和地区的家事审判制度已相当成熟,设置家事法院或家事法庭,配备专门的家事法官,并辅之以社会工作者和其他相关专业的专家,适用独立的家事诉讼程序,全面系统地审理各类家事纠纷案件,取得较好的社会效果。

（一）美国

美国是世界上最早成立实质意义上的家事法院（庭）的国家。1914 年，俄亥俄州辛西那提市设立家庭关系法院（Court of Domestic Relation），除收养事件及与子女无关之抚养懈怠事件外，所有少年事件及家庭事件（包括离婚、赡养费）均归其管辖，这可谓美国设立家庭法院的先驱。① 20 世纪 60 年代，美国开始大规模创建独立家事法院运动。截至 2013 年，美国已有 16 个州设立了在全州范围内运行的家事法院，19 个州设立了在本州部分区域运行的家事法院，4 个州设立了试点性家事法院，尚有 13 个州未设专门或独立的处理家事纷争的法院（庭）。②

（二）德国

德国设置专门家事法庭审理家事案件，在具体管辖分工上分为三级：地方和地区法院家事法庭、州高等法院家事法庭和联邦最高法院家事法庭。《德国民事诉讼法》第六编"家事事件程序"规定家事案件程序的适用范围，包括婚姻案件、亲子关系案件、抚养费案件和生活伴侣关系案件。2009 年通过的《家事事件与非讼程序法》，将过去散见于民事诉讼法、非讼事件法、户籍法等相关家事程序规范予以整合，构建了一套完整的家事程序规范。

（三）日本

日本家事法院是与地方法院并列的第一审专门法院，设有家事部和少年部。日本家事法院由家事法官、调查官、兼职调停委员、参与员以及其他协助人员组成，是综合性的家事审判机构。2011 年，日本国会公布《家事事件程序法》，对旧《家事审判法》进行了全面修正，淡化非讼程序的职权主义色彩，加强当事人权利及程序保障，提高程序运行效率，例如引入电话视频会议制度、审前保全、扩大承诺调解的适用范围等，极大地促进了日本家事审判和调解制度的发展。③

---

① 陈爱武：《论家事审判机构之专门化——以家事法院（庭）为中心的比较分析》，《法律科学》2010 年第 2 期。

② 齐树洁、邹郁卓：《我国家事诉讼特别程序的构建》，《厦门大学学报》（哲学社会科学版）2014 年第 2 期。

③ 杨佳莉：《日本家事程序法最新动态简介》，http://www.chinacourt.org/article/detail/2014/02/id/1210390.shtml。

（四）澳大利亚

澳大利亚根据 1975 年《家事法案》，于 1976 年设立专门审理家事案件的法院体系。家事法院相当于联邦法院的专门法院，其主要方式是在联邦高等法院内部设置家事法庭，并在各主要城市及其他一些地区设置联邦家事法院。家事法院对下列事项享有管辖权：有关离婚和确认婚姻无效的案件；有关子女监护与探视权纠纷；子女抚养费与配偶赡养费争议和夫妻财产分割问题等。①

（五）我国台湾地区

我国台湾地区于 2012 年颁布实施"家事事件法"，家事事件由少年及家事法院处理；未设少年及家事法院的地区，由地方法院家事法庭处理；实行合并审理、统合解决的新模式。该规定创设了社工陪同、远距询问审理、程序监理人、家事调查官、暂时处分、履行确保等新制度。设立家庭裁判所或家事法庭（法院）等特别机关，适用具有特别适应性的专门程序，配置更精专的法官承办，更有利于达成维持家庭成员共同生活的和平及健全之目的。②

此外，韩国、泰国、新加坡、新西兰、葡萄牙、墨西哥等国设有专门的家事法院，英国、奥地利、西班牙、波兰等国以及我国香港地区设有专门的家事法庭或家庭事件处理部，专门审理家事案件。

二、我国构建独立家事诉讼模式的必要性与可行性

（一）构建独立家事诉讼模式的必要性

1. 婚姻家庭与继承案件数量激增，案情日益复杂化

如前所述，根据 2013 年最高人民法院的工作报告，自 2008 年以来，审结一审民事案件 1474.9 万件，同比上升 37.8%，审结婚姻、家庭、继承案件 738.7 万件，同比上升 24.5%。③ 婚姻、家庭、继承案件占一半以上的比例。

---

① 陈爱武：《论家事审判机构之专门化——以家事法院（庭）为中心的比较分析》，《法律科学》2010 年第 2 期。

② 蒋月、冯源：《台湾家事审判制度的改革及其启示——以"家事事件法"为中心》，《厦门大学学报（哲学社会科学版）》2014 年第 5 期。

③ 《最高人民法院院长作工作报告实录》（全文），http://news.sina.com.cn/c/2013-03-10/104326486583.shtml.

2014年,各级法院审结一审民事案件522.8万件,同比上升5.7%。其中,婚姻家庭、抚养继承等案件161.9万件①,比去年增加0.7万件。与过去相比,家事案件的种类不断增多,纠纷的内容也越来越复杂。家庭财富增加,夫妻财产类型多样化,除了存款、房产、家具、汽车外,还有拆迁补偿款、公积金、股权、股票、债券、知识产权、藏品、文凭学历、证书等,财产归属的认定和分割极为繁杂。离婚财产的分割、夫妻债务的性质认定与偿还,不仅是夫妻俩的事情,还牵涉到第三人,包括当事人的亲朋好友、债权人、债务人、合伙人、公司企业等的利益。离婚的理由也很复杂,还出现"假离婚"的情况,认定夫妻感情是否破裂,是否准予离婚的难度加大。未成年子女的抚养监护问题突出,双方争抢子女、抚养费的支付、探视权的实现等都要法院做出妥善处理。此外,还有婚姻无效、婚姻撤销、婚生子女否认、非婚生子女的准正、亲子鉴定、非婚同居关系等,收养、继承案件又是另一部分复杂且难以解决的问题,例如收养关系是否成立、遗嘱效力的认定、继承人争夺遗产的处理等。家事案件有些纠纷被作为诉讼事件,有些则为非讼事件,需要用不同的审理方式来处理。

法院系统对法官的业绩考核不区分案件类型,一律以结案率作为主要的指标,不注重办案效果的考察。法官在巨大的办案压力下,没有时间和精力运用审理家事纠纷案件的特殊方式。既然婚姻家庭、继承案件都属于民事案件,就统一适用《民事诉讼法》的规定审理。为追求高效结案,变相简化调解程序,离婚调解流于形式,法律规定不明确的,依赖最高人民法院出台统一的司法解释,家事案件审理的社会效果不够理想。

2.审理家事案件要遵循独立的司法价值取向

家事纠纷属于民事纠纷,但与财产类纠纷相比,它具有特殊性。我妻荣先生将家事纠纷的特征概括为"财产关系的合理性和身份关系的非合理性"。他认为:"财产关系是合理的关系,可以用合理的一般的解决基准来对待,而身份关系是非合理的关系,家事纠纷的基础就是身份关系,其背后潜藏着复杂的人际关系,表面上看,有财产分割、精神安慰费、养育费等支付金钱的请求,其根本则是夫妻间、亲族间情感上、心理上的纠葛,即埋藏着的非合理要

---

① 《2015年最高人民法院工作报告》(全文实录),http://legal.people.com.cn/n/2015/0313/c42510-26688031.html.

素。显然,对待非合理的关系,适用合理的一般基准是不适当的。"①家事纠纷有鲜明的身份属性、伦理性,审理家事案件应注重说服、沟通和协调,法官需倾听当事人的诉求,了解和感受其苦衷,而不是一味地明确权利义务关系。家事案件具有公益性,审理的结果注重社会效益。"家事纠纷尽管表面上纯属私人间的问题,但实质上与国家和社会的根本利益息息相关,因为家庭是社会的基本构成要素,家庭关系的稳定是社会安定的基础,家事纠纷如果得不到及时合理的解决,往往会酿成个人、家庭甚至社会的悲剧,转化为暴力的私力救济甚至复仇,对社会造成威胁。因此,国家都将婚姻家庭关系视为一种最主要的社会关系和法律关系,在处理此类纠纷时往往持慎重保守的态度,并且干预较多。"②因此,审理家事案件要遵循独立的诉讼价值取向:化解家庭矛盾,挽救婚姻家庭关系,实现未成年子女利益的最大化;婚姻关系确已破裂的,应帮助当事人结束痛苦的婚姻生活;明晰夫妻财产关系,平衡离婚当事人的财产利益;充分发挥离婚救济的作用,保障弱势一方的权益。而财产纠纷案件具有私益性,案件的审理注重明晰法律事实,分清当事人的权利义务关系,不追求"温情的"调解和说教,审理的结果不会产生多大的社会影响,除非是公益诉讼或集团诉讼。所以,不能以审理财产纠纷案件的方式审理家事案件。

3. 当事人主义诉讼模式不适合审理家事案件

新中国成立以来,基于社会主义国家利益与人民利益是一致的,公民行使民事诉讼权利涉及国家利益和人民利益的观念,并且受苏联法的影响,我国长期实行"超职权主义"的民事诉讼模式。其特点是:法院在民事诉讼中处于主导和核心的地位,法官在民事审判中广泛进行职权干预;当事人及其诉讼代理人的诉讼权利受到很大的限制,程序性主体地位低,从属于审判权。20 世纪 80 年代中后期,我国法院系统开始进行民事审判方式改革,职权主义诉讼模式被排斥,转型至当事人诉讼模式,法官恪守消极中立,没有当事人的申请,法院不主动依职权调查取证。但是,近年来我国涉诉上访人数和上访案件数量攀升,给法院造成极大的压力,人们也对法官消极被动处理案件的做法提出质疑。有学者提出,重新评估职权主义,引入司法能动理念,使法官尽可能主动采取措施,消除诉讼中一切可能诱发公众质疑的隐患。主张职

① 我妻荣:《家事调停序论》(《家族法的诸问题》),转引自李青:《中日"家事调停"的比较研究》,《比较法研究》2003 年第 1 期。

② 范愉:《非诉讼纠纷解决机制研究》,中国人民大学出版社 2000 年版,第 209 页。

权主义回归,法官根据案件具体情形主动调查收集证据。① 还有学者主张建立协同型民事诉讼模式。所谓协同型民事诉讼模式是指:在民事诉讼中应最大程度地充分发挥法官与当事人的主观能动性及其作用,法官与当事人协同推进民事诉讼程序的一种诉讼模式。它是在充分尊重当事人辩论权和处分权的前提下,针对因诉讼程序复杂化和专业化所造成的当事人行使诉讼权利的困难和不便以及因主体滥用程序权而导致的诉讼迟延和高成本等弊端,为促进案件真实地发现,为节约有限的司法资源,而确定法官与当事人必须协同行使诉讼权利和履行诉讼义务的一种诉讼模式。②

　　现今,无论是大陆法系国家还是英美法系国家,已经不完全适用当事人主义诉讼模式,而是当事人主义诉讼模式与职权主义诉讼模式的结合。19世纪末 20 世纪初,当事人主义诉讼模式的弊端日益暴露,当事人肆意操纵诉讼程序,导致审判迟延、程序复杂、费用增加等消极后果。产业革命的兴起,城市化和生产规模化产生的纠纷日益复杂,当事人随意处置的诉讼模式已经无法解决。各国法律开始强化法院在民事诉讼中的职权,发挥法官的积极作用。20 世纪后,特别是二战以来,司法能动主义改变了法院不干涉当事人诉讼的状况,在民事诉讼领域中,促进国家对个人和社会经济问题日益强化的干预。③ 各国在修改民事诉讼法时,加强了职权主义的色彩:要求法官积极参与案件的审理,适当干预当事人的诉讼行为,管理诉讼程序,必要时,主动搜集和调查诉讼材料和证据。民事诉讼中没有绝对的当事人主义诉讼模式和绝对的职权主义诉讼模式。当事人主义与职权主义交错的诉讼基调,正成为当今世界各国在描绘民事诉讼构造图卷时不得不考虑的着色因素,也是当代民事诉讼呈现的重要发展趋势。④ 我国不少学者和法官也提出了这样的思想和改革思路,但由于我国目前存在司法资源缺乏、法院负担过重等制约因素,当事人主义诉讼模式与职权主义诉讼模式的结合,或者协同主义诉讼模式的构建和落实尚需时日。

　　当事人主义诉讼模式下,民事诉讼的进行由当事人主导,诉讼的开始、终

---

　　① 江伟、崔蕴涛:《司法能动与职权主义——以民事诉讼为中心》,《中州学刊》2011 年第 1 期。

　　② 田平安、刘春梅:《试论协同型民事诉讼模式的建立》,《现代法学》2003 年第 1 期。

　　③ [意]莫诺·卡佩莱蒂著:《比较法视野中的司法程序》,徐昕、王奕译,清华大学出版社 2005 年版,第 253 页。

　　④ 江伟主编:《民事诉讼法学原理》,中国人民大学出版社 1999 年版,第 191 页、第 145—146 页。

了由当事人自行决定,当事人享有充分的辩论权和机会,对抗性很强。该诉讼模式的前提是双方当事人具有基本相等的实力和竞争力,而家事纠纷当事人的实力往往不对等,夫妻之间经济能力强的一方往往占据上风,妇女、儿童、老人处于弱势地位,无法与对方进行平等的辩论。而且,过多的举证、质证、辩论等攻防性诉讼活动更容易激化当事人的矛盾,不利于解决纠纷。家事诉讼的当事人不享有完全处分权,例如婚姻无效案件不允许当事人和解或撤诉。家事纠纷当事人的感情变化无常、情绪波动大,有些并非真实意思的表示,而只是一时的意念,如离婚的冲动;或为了平息家庭矛盾做的敷衍承诺,如签订"忠诚协议";或为了尽快离婚,放弃一切财产权利,有的父母离婚达成不利于未成年子女利益的协议等。这些都需要法官依职权进行一定程度地干预,不能任由当事人自由处分。当事人主义诉讼模式下,实行"谁主张,谁举证"的举证责任规则,当事人自行承担举证不能败诉的法律后果。家事纠纷案件中,一方存在重婚、有配偶与他人同居或家庭暴力等情形,但无过错方往往因举证不能,其合法权益无法得到实现和保障。因此,当事人诉讼模式不适合审理家事纠纷案件,辩论原则、处分原则应受到一定的限制。在笔者看来,国外独立的家事案件审理程序,是当事人主义诉讼模式与职权主义诉讼模式有机结合、良性运作的体现,准确地把握了国家公权力介入家庭生活,法官积极干预和主导家事案件审判的"度"。例如,在审理离婚案件中,欧陆国家采用调解前置和职权主义程序,法官有权深入调查,自行判断婚姻关系是否破裂;法国的亲子认知诉讼,由检察官代表国家作为当事人参加诉讼;等等。

(二)构建独立家事诉讼模式的可行性

立法层面,我国现行立法对婚姻家庭案件某些特定审理程序已做了明确规定,例如,《婚姻法解释一》第9条和第11条对无效婚姻和可撤销婚姻的程序性规定;《婚姻法》(修正案)第32条规定,人民法院审理离婚案件,应当进行调解;如感情确已破裂,调解无效,应准予离婚;《婚姻法》(修正案)第34条对男方离婚诉权的限制。《最高人民法院关于民事诉讼证据的若干规定》第8条第1款规定:"诉讼过程中,一方当事人对另一方当事人陈述的案件事实明确表示承认的,另一方当事人无需举证。但涉及身份关系的案件除外。"明确了自认的诉讼规则不适用于身份关系诉讼案件。

司法层面,早在20世纪90年代,部分省市已开始家事审判改革,建立家事审判专门化的试点,如1977年5月,湖北省襄樊市中级人民法院成立了婚姻家庭合议庭,专门开展婚姻家庭类案件的审理工作。2010年,广东省高级人民法院在 7 个法院试点组建家事审判合议庭,集中审理因婚姻、亲子关系引发的人身权纠纷以及与此相关的财产权纠纷。2011 年 3 月,江苏省徐州市贾汪区法院以"家事审判合议庭"的形式开始进行试点。2012 年 5 月,独立编制的"家事法庭"正式成立,开创了全国家事审判的先河。此外,北京、四川、河北、湖北、陕西、西藏等地的基层法院都有专门审理家事纠纷案件的审判合议庭试点。

从立法规定和司法实践两方面可以看出,我国具备构建独立家事诉讼模式的条件,设立专门的家事审判庭,适用独立的家事诉讼程序是现实可行的。

三、我国独立家事诉讼模式的构建

借鉴域外立法,基于我国实际情况,可从以下几个方面构建我国独立的家事诉讼模式:

(一)明确家事诉讼程序的适用范围

台湾地区"家事事件法"以事件类型的讼争性强弱、当事人处分权宽窄、法院职权裁量程度大小为标准,将所有家事事件划分为甲、乙、丙、丁、戊五类。甲、乙两类是身份关系事件,丙类是与身份有密切关联性的财产关系事件,丁类为严格的非讼事件,戊类为有讼争性因素的非讼事件。① 江苏省徐州市贾汪区法院"家事法庭"主要受理的是涉及婚姻家庭关系的婚姻、家庭、继承及其他亲属关系纠纷的民事案件,具体包括亲属身份争议和以亲属身份为依据所发生的财产争议。(1)关于身份关系案件,就是指以亲属身份或身份关系为诉讼对象的案件。一是婚姻案件:婚姻无效之诉、撤销婚姻之诉、确认婚姻成立或不成立之诉、离婚之诉、离婚无效之诉、夫妻同居(别居)之诉、解除非婚同居之诉等;二是亲子案件:否认子女之诉、认领子女及认领子女无效或撤销认领之诉、确认或者宣告停止亲权与监护权或撤销宣告之诉等;三是收养案件:收养无效之诉、撤销收养之诉、确认收养关系成立或者不成立之诉、终止收养关系之诉等。(2)关于身份财产案件,就是指以亲属身份为媒介的财产案件,或者基于身份关系而发生的财产案件。抚育、赡养、扶养、遗赠扶养、遗产继承、家庭或者婚姻关系析产、亲属之间侵权赔偿等民事财产争议之诉。(3)其他像家庭成员之间干涉婚姻自由、家庭暴力、虐待、遗弃、干涉未

---

① 蒋月、冯源:《台湾家事审判制度的改革及其启示——以"家事事件法"为中心》,《厦门大学学报》(哲学社会科学版)2014 年第 5 期。

成年人受教育权等侵犯人身权和家庭成员之间的借贷、侵占、盗窃等侵犯财产权的案件,也属于"家事法庭"的受案范围。①

笔者认为,确定家事诉讼程序的适用范围要以我国法院系统既已形成的案件分类为依据,根据 2013 年修订的《最新民事案件案由规定》,一类是婚姻家庭纠纷,包括:(1)婚约财产纠纷;(2)离婚纠纷;(3)离婚后财产纠纷;(4)离婚后损害责任纠纷;(5)婚姻无效纠纷;(6)撤销婚姻纠纷;(7)夫妻财产约定纠纷;(8)同居关系纠纷:①同居关系析产纠纷,②同居关系子女抚养纠纷;(9)抚养纠纷:①抚养费纠纷,②变更抚养关系纠纷;(10)扶养纠纷:①扶养费纠纷,②变更扶养关系纠纷;(11)赡养纠纷:①赡养费纠纷,②变更赡养关系纠纷;(12)收养关系纠纷:①确认收养关系纠纷,②解除收养关系纠纷;(13)监护权纠纷;(14)探望权纠纷;(15)分家析产纠纷。另一类是继承纠纷,包括:(1)法定继承纠纷:①转继承纠纷,②代位继承纠纷;(2)遗嘱继承纠纷;(3)被继承人债务清偿纠纷;(4)遗赠纠纷;(5)遗赠扶养协议纠纷。上述纠纷案件的审理适用家事诉讼程序。有观点认为,设立专门的家事审判庭,审理的范围可以扩大到包括涉及婚姻家庭的刑事犯罪和违法在内的一切婚姻家庭案件,实行家事案件的综合审判。② 笔者认为,根据我国《民法通则》,婚姻家庭与继承法属于民法的组成部分,婚姻家庭、继承案件属于民事案件,不宜将刑事犯罪和违法案件与民事案件合在一起。刑事类案件的审理有其特定的方式和方法,家事诉讼程序不可能既适用于审理民事案件,也适用于审理刑事案件。

(二)采职权主义为主,当事人主义为辅的诉讼模式

当事人主义包括三个下位概念:处分权主义、辩论主义和当事人进行主义。职权主义包括三个下位概念:职权进行主义、职权探知主义和职权干涉主义。③ 审理家事案件宜采职权主义模式为主,当事人主义模式的规则限制适用。表现在:

(1)法官积极行使释明权。释明权也称阐明权,是指在诉讼过程中,当事

① 王牧、仇慎齐:《关于家事审判的调研报告——以贾汪法院的"家事法庭"为视角》,http://jwfy.xzjw.gov.cn/Html/201207/20120710152928816387.html.

② 王礼仁:《家事案件审判体制改革之构想——以婚姻案件审判现状为背景》,《法律适用》2008 年第 11 期。

③ 常宝莲:《法院与当事人在民事诉讼中的权限分配原理研究——当事人主义与职权主义交错适用论》,《前沿》2010 年第 19 期。

人的声明或陈述意思不清楚或不充分,或是有不当声明或陈述,或是他所举的证据不够而误以为已经足够了,法官站在监护的立场,以发问或晓谕的方式,提醒或启发当事人把不明确的予以澄清,不充分的予以补充,或把不当的予以排除,或根本没有提的诉讼资料,启发他去提。① 法官行使释明权的主要情形有:诉讼请求不清楚、不充分或不恰当;诉讼标的不恰当;当事人不适格;证据材料不全面;当事人忽视了法律观点等。释明权具有双重性,既是国家授予法官的公权力,也是一种义务,体现了法官对民事诉讼当事人意志和人格的尊重,保障当事人在民事诉讼中参与权、知情权和平等权的实现。《民事诉讼证据规定》第3条第1款规定:"人民法院应当向当事人说明举证的要求及法律后果,促使当事人在合理期限内积极、全面、正确、诚实地完成举证。"婚姻家庭纠纷案件中,不少当事人不了解法律的规定,就放弃了应得的权益。例如,在离婚案件中,当事人一方符合离婚经济帮助、离婚经济补偿的条件,却没有向对方提出经济帮助、经济补偿。有的当事人的行为构成离婚损害赔偿的法定事由,对方当事人由于不懂法而没有向其提出损害赔偿的要求。对此,法官有义务加以释明,告知当事人所享有的合法权利以及如何行使,包括举证要求和法律后果等,而不能采用当事人主义诉讼模式,不斟酌当事人提出的事实的真相,对当事人未声明的事项不做裁判。

(2)强调法官积极介入案件,关注生活事实。在婚姻家庭纠纷案件的审理中,法官应积极介入,而不应只是消极被动地听取双方当事人的讼争。应抛弃"公说公有理,婆说婆有理"、"清官难断家务事"的观念和意识。例如,在离婚诉讼时,即使双方当事人一致同意离婚,但法官也应查明离婚的原因。如果只是当事人的一时冲动,法官应耐心劝说和调解,还可以与双方当事人的家人沟通,了解情况,挽救婚姻。"忠诚协议"对当事人是否具有法律约束力,不仅要看签订该协议是否是当事人的真实意思表示,还要考究当事人签订忠诚协议时的动机,并且还要审视认定忠实协议有效将产生怎样的社会影响。家事案件的审理不仅要审查法律事实、要件事实,还要关注生活事实、社会事实或心理事实。例如,父母赠与子女财产的真实想法、夫妻间赠与的目的和意愿等,都影响到赠与财产的归属。夫妻债务的真实性、当事人一方放弃数额较大财产权的目的,影响离婚时夫妻债务的偿还和夫妻共同财产的分配。这就需要法官积极主动地探知,从社会经验、生活常理、人之常情等多方

---

① 骆永家:《阐明权》,《民事诉讼法之研讨》(四),台北三民书局1993年版,第169—171页。

面加以判断。

(3)特定情形下法官应依职权主动调查取证。当事人主义模式下,强调"谁主张,谁举证",由当事人自行承担因举证不能而产生的不利后果。这对于离婚诉讼中的弱势一方尤其不利,例如家庭暴力的认定、对方收入情况和财产状况的证明等。因此,在特定情况下,法官应依职权主动调查取证。当事人也可申请法官依职权调查取证,是否准许由法官依据案情决定。在举证责任方面,限制"谁主张,谁举证"举证责任规则的适用。法官也可以分配举证责任,由被告举出反证,被告不能举出证据证明自己的主张的,应承担不利的法律后果。

(三)加强调解,以多元化方式解决家事纠纷

鉴于婚姻家庭纠纷案件的特点,调解是非常必要且有效的纠纷解决方式,但由于各种原因,我国现今家事纠纷的调解没有起到其应有的作用,有必要加以完善:首先,开启庭审前调解程序。在开庭审理案件前,法官可召集当事人,进行沟通和了解,以助于缓和当事人双方紧张、对立的情绪。其次,加强庭审过程中的调解工作。法庭的气氛较为严肃,可能会加重当事人纷争的紧张气氛,这需要法官耐心劝导来缓解,而不是简单、机械地询问是否需要调解,草草了事。第三,增加庭外调解程序。不论是庭前调解,还是庭审调解,都可以根据案情需要,在法庭之外的地方进行。法官可以到当事人的家中,或者在办公室等地方约见当事人,引导当事人化解矛盾和纠纷。其实,即使"离婚大战"中,当事人为争夺财产、未成年子女闹得不可开交,但毕竟是共同生活过的亲人,还是有感情维系的,很多纷争只是缺少一个妥善的解决办法。有丰富经验的法官或德高望重的长者引导、协调,是可以化解矛盾和纠纷的。确实无法达成和解协议的,或继续维持婚姻关系将给当事人带来极大的痛苦的,应予以判决结案。审理家庭纠纷案件,可邀请妇联干部、当事人所在地的居(村)委会干部、心理学家担任陪审员,也可以邀请当事人都信任、敬重的亲戚朋友参与调解。但要尊重当事人的隐私,做好保密工作,不公开审理。总之,尽量采取和解、非讼等多元化的方式解决家事争议。

(四)建立家事法庭,组建家事法官队伍

基于我国现状,宜在法院内设立家事法庭,与民事庭、刑事庭同属一个级别,具有独立的编制,专门审理家事案件。尚不需要设立家事法院,在我国现行司法体制下,专门的法院仅有军事法院和海事法院,其审判业务是多元、综

合的,家事法院的审判业务不具有综合性、多元性。

　　同时,要组建一支专门的家事法官队伍,家事法官除了熟知法律规定外,还要有一定的社会学、伦理学、心理学知识,了解当地的婚嫁习俗。要有社会性别意识,这点很重要,通过培训等方式加强,这样才能理解当事人的心理和诉求,努力维护弱势一方当事人的权益。家事法官除了具有法律技能外,还要有较强的人际沟通能力,以及较为丰富的阅历和社会经验。具有足够的耐心和强烈的责任感,能胜任思想疏导、沟通协调工作。家事法官的年龄一般要求在 30～35 周岁以上,法官性别要求男女比例均衡。

附录：
婚姻家庭价值观问卷调查

根据您的个人真实情况完成以下调查,在您选择的选项前的□里打上√,
或在横线上填上相关内容。

1. 性别:
   □男 　　　　　□女

2. 年龄:
   □20～25 周岁　　□26～30 周岁　　□31～35 周岁　　□36～40 周岁
   □41～45 周岁　　□46～50 周岁　　□51～59 周岁　　□60 周岁以上

3. 婚姻状况:
   □未婚 　　　　　□已婚 　　　　　□离婚
   □丧偶 　　　　　□再婚

4. 子女情况:
   □无子女 　　　　□只有儿子 　　　□只有女儿 　　　□有儿有女

5. 受教育程度:
   □小学 　　　　　□初中 　　　　　□中专 　　　　　□高中
   □职高 　　　　　□大专 　　　　　□大学 　　　　　□研究生

6. 职业:
   □工人 　　　　　□农民 　　　　　□军人
   □机关事业单位人员 　　　　　　　□企业职员
   □私营企业主 　　□个体工商户 　　□学生
   □退休人员 　　　□其他

7. 年收入:
   □无收入 　　　　□1 万元以下 　　□1 万～5 万元 　　□5 万～10 万元
   □10 万～20 万元 □20 万元以上

8. (已婚者填写)与配偶相比,您的收入情况:
   □比配偶收入高 　□比配偶收入低 　□与配偶的收入相当

172

9. 您觉得为何要结婚?(可多选)

　　□找个伴侣,互相照顾　　　　　□为了爱情

　　□传宗接代　　　　　　　　　　□迫于父母、亲友的压力

　　□男大当婚,女大当嫁　　　　　□为了获得更好的前途和物质生活

　　□为了摆脱父母亲的束缚,独立生活　□其他

10. 选择配偶时,您主要注重对方的什么?(可多选)

　　□收入　　　　□工作能力　　　□家庭背景　　　□相貌

　　□人品　　　　□才华　　　　　□感情真挚　　　□有责任心

　　□会料理家务　　□与自己门当户对　　　　　　　□其他

11. (未婚者填写)您尚未结婚的原因是:(可多选)

　　□没有遇到合适的人　　　　　□不想承担家庭责任

　　□习惯了一个人的生活　　　　□结婚花费太大

　　□不想拖累别人　　　　　　　□对婚姻没有信心

　　□事业尚未成功　　　　　　　□年纪还小

　　□两个人共同生活,结与不结都一样

　　□正在筹备中　　　　　　　　□其他

12. 您接受夫妻财产约定、夫妻财产公证吗?

　　□可以接受,这不会影响夫妻感情

　　□可以接受,但觉得会影响夫妻感情

　　□不能接受　　　　　　　　　□无所谓

13. (未婚者填写)您认为结婚置办家产,双方如何分配最合适?

　　□男方买房,女方提供日用品　　□女方买房,男方提供日用品

　　□全部由男方提供　　　　　　□全部由女方提供

　　□男女双方共同出资购买　　　□其他(请写明)_____

14. (已婚者填写)你们结婚时置办家产,是如何分配的?

　　□男方买房,女方提供日用品　　□女方买房,男方提供日用品

　　□全部由男方提供　　　　　　□全部由女方提供

　　□男女双方共同出资购买　　　□其他(请写明)_____

15. 您觉得以下哪种夫妻财产制最合适?

　　□婚前婚后财产均归夫妻共有

　　□婚前婚后财产各自所有

　　□婚前财产各自所有,婚后取得的财产(包括继承和接受赠与所得的财产)双方共有

　　□婚前财产各自所有,婚后劳动收入双方共有,继承或接受赠与所得的财
　　　产各自所有

　　□婚前婚后财产各自所有,离婚时平分婚后双方收入的差额。(例如:甲
　　　和乙结婚后,甲的收入为 20 万元,乙的收入为 10 万元,离婚时,甲的收
　　　入比乙多 10 万元,甲要分 5 万元给乙。)

16. (未婚者填写)您认为家庭的收入和财产如何管理合适?

　　□各管各的,AA 制

　　□各管各的,并按各自收入比例分配家庭开支

　　□主要由丈夫管理和支配

　　□主要由妻子管理和支配

　　□夫妻有一个共同的账户,且各自有"私房钱"

　　□其他(请写明) ＿＿＿＿＿＿＿＿＿＿＿＿＿＿＿＿

17. (已婚者填写)你们的家庭收入和财产是如何管理的?

　　□AA 制,各管各的

　　□各管各的,并按各自收入比例分配家庭开支

　　□主要由丈夫管理和支配

　　□主要由妻子管理和支配

　　□夫妻有一个共同的账户,且各自有"私房钱"

　　□其他(请写明) ＿＿＿＿＿＿＿＿＿＿＿＿＿＿＿＿

18. 婚前个人财产在结婚后归谁所有?

　　□夫妻双方共有　　　□仍是个人财产　　　□归孩子所有

　　□归自己的父母所有　　　　　　　　　　□归配偶所有

19. 结婚后,一方继承或接受赠与所得的财产应归属于:

　　□一方的个人财产　　　　　　　□双方共有

　　□双方共有,但明确赠与一方的,归该方所有

20. 婚前一方支付首付款买房,婚后双方共同还贷,该房屋应归谁所有?

　　□婚前付款方个人所有　　　　　□夫妻双方不分份额共有

　　□夫妻双方按出资比例共有

21. 小张和小王结婚后买房,小张的父母支付了全部房款,产权登记在小张名
　　下,该房屋的所有权归谁?

　　□夫妻共有　　　　　　　　　　□小张所有

　　□小王所有　　　　　　　　　　□小张的父母所有

22. 小张和小王结婚后买房,小张的父母支付了 50% 房款,产权登记在小张名下,该房屋的所有权归谁?

☐夫妻共有　　　☐小张所有　　　☐小王所有

☐小张的父母享有 50% 的产权,小张和小王夫妇享有 50% 的产权

☐小张的父母享有 50% 的产权,小张享有 50% 的产权

23. 小张和小王结婚后买房,双方的父母各支付 50% 房款,产权登记在小张名下,该房屋的所有权归谁?

☐夫妻共有　　　☐小张所有　　　☐小王所有

☐小张和小王各享有 50% 的产权　　☐双方的父母各享有 50% 的产权

24. 小张和小王夫妇只有一套房屋居住,小张为偿还赌债,瞒着小王将房屋卖给不知情的小刘,并办理了过户登记。小王得知后不同意卖房,称房子出卖后他们全家将没地方住了。该房屋应归谁所有?

☐小张和小王　　☐小张　　　☐小王　　　　☐小刘

25. 您觉得,当夫妻矛盾长期无法化解时,该如何选择?(可多选)

☐离婚　　　　☐凑合着过日子　　　☐继续沟通和妥协

☐分居一段时间　　　　　　☐为了孩子,不离婚

☐离婚损失太大,不会选择离婚　　☐为了保全名声,不离婚

26. 离婚后,一方生活陷入贫困,另一方经济条件较好,其是否负有扶养贫困一方的义务?

☐没有扶养义务

☐没有扶养义务,但应提供一段时间的经济帮助

☐有扶养义务,直到对方脱离贫困

☐有扶养义务,直到对方再婚

27. 离婚后,一方生活水平明显下降,对方是否有义务向其提供与离婚前相当的物质条件?

☐有义务　　　　☐没有义务

28. 结婚后夫妻财产共有,离婚时,承担家务劳动较多的一方应否获得相应的补偿?

☐不能,这是家庭共同生活的需要

☐不能,平均分割共同财产足够补偿了

☐一方因从事家务劳动较多而失去工作发展机会的,可以获得对方相应的补偿

主要参考文献

一、著作类

（一）中文著作

[1] 陈苇：《婚姻家庭继承法学》，法律出版社 2002 年版。

[2] 陈群峰：《离婚利益协调机制研究——财产、子女及其他》，人民法院出版社 2008 年版。

[3] 邓伟志、徐榕：《家庭社会学》，中国社会科学出版社 2001 年版。

[4] 费孝通：《乡土中国 生育制度》，北京大学出版社 1998 年版。

[5] 范愉：《非诉讼纠纷解决机制研究》，中国人民大学出版社 2000 年版。

[6] 黄春晓：《城市女性社会空间研究》，东南大学出版社 2008 年版。

[7] 蒋月：《婚姻家庭法前沿导论》，科学出版社 2007 年版。

[8] 江晓原：《云雨：性张力下的中国人》，东方出版中心 2006 年版。

[9] 江伟主编：《民事诉讼法学原理》，中国人民大学出版社 1999 年版。

[10] 吕世伦、文正邦主编：《法哲学论》，中国人民大学出版社 1999 年版。

[11] 吕世伦：《现代西方法学流派》（上卷），中国大百科全书出版社 2000 年版。

[12] 李楯编：《法律社会学》，中国政法大学出版社 1998 年版。

[13] 林明鲜：《中国的婚姻与社会干预的变迁》，山东人民出版社 2010 年版。

[14] 林秀雄：《亲属法讲义》（第二版），元照出版公司 2012 年版。

[15] 卢上需、熊伟主编：《社会转型中的法院改革》，法律出版社 2012 年版。

[16] 梁慧星：《为民法典而战斗》，法律出版社 2002 年版。

[17] 马春华、李银河、唐灿、王震宇、石金群：《转型期中国城市家庭变迁——基于五城市的调查》，社会科学文献出版社 2013 年版。

[18] 马俊驹、余延满：《民法原论》，法律出版社 2007 年版。

[19] 彭万林主编：《民法学》，中国政法大学出版社 2007 年版。

［20］潘允康：《中国城市婚姻与家庭》，山东人民出版社1987年版。

［21］瞿同祖：《中国法律与中国社会》，中华书局2003年版。

［22］孙国华、朱景文：《法理学》，中国人民大学出版社1999年版。

［23］沈宗灵：《法理学》，北京大学出版社1999年版。

［24］苏红主编：《多重视角下的社会性别观》，上海大学出版社2004年版。

［25］沈崇麟、杨善华、李东山主编：《世纪之交的城乡家庭》，中国社会科学出版社1999年版。

［26］沈崇麟、杨善华主编：《当代中国城市家庭研究》，中国社会科学出版社1995年版。

［27］史尚宽：《亲属法论》，中国政法大学出版社2000年版。

［28］佟柔：《佟柔文集》，中国政法大学出版社1996年版。

［29］翁文刚、卢东陵：《法理学论点要览》，法律出版社2001年版。

［30］文正邦主编：《法哲学研究》，中国人民大学出版社2011年版。

［31］王廼聪编著：《婚姻法问题解答汇编》，文化供应社1951年版。

［32］王胜明、孙礼海：《〈中华人民共和国婚姻法〉修改立法资料选》，法律出版社2001年版。

［33］王跃生：《社会变革与婚姻家庭变动——20世纪30—90年代的冀南农村》，生活·读书·新知三联书店2006年版。

［34］吴忠等主编：《市场经济与人口分析》，北京大学出版社1994年版。

［35］魏国英，《女性学概论》，北京大学出版社2002年版。

［36］夏吟兰：《离婚自由与限制论》，中国政法大学出版社2007年版。

［37］夏吟兰：《美国现代婚姻家庭制度》，中国政法大学出版社1999年版。

［38］许经勇主编：《政治经济学》（社会主义部分），厦门大学出版社1996年版。

［39］徐安琪、刘汶蓉、张亮、薛亚利：《转型期的中国家庭价值观研究》，上海社会科学院出版社2013年版。

［40］徐安琪、叶文振：《中国婚姻质量研究》，中国社会科学出版社1999年版。

［41］徐安琪：《世纪之交中国人的爱情和婚姻》，中国社会科学出版社1997年版。

［42］肖爱树：《20世纪中国婚姻制度研究》，知识产权出版社2005年版。

［43］奚晓明主编：《最高人民法院婚姻法司法解释（三）理解与适用》，人民法院出版社2010年版。

[44] 严存生：《法律的价值》，陕西人民出版社 1991 年版。

[45] 杨大文主编：《婚姻法教程》，法律出版社 1982 年版。

[46] 杨大文主编：《亲属法》（第四版），法律出版社 2004 年版。

[47] 杨立新：《民法判解研究与适用》，中国检察出版社 1994 年版。

[48] 阎云翔：《私人生活的变革——一个中国村庄里的爱情、家庭与亲密关系：1949—1999》，上海书店出版社 2009 年版。

[49] 卓泽渊：《法的价值论》（第二版），法律出版社 2006 年版。

[50] 赵震江、付子堂：《现代法理学》，北京大学出版社 1999 年版。

[51] 张文显：《法哲学范畴研究》（修订本），中国政法大学出版社 2001 年版。

[52] 张文显主编：《法理学》，高等教育出版社、北京大学出版社 1999 年版。

[53] 张学军：《论离婚后的扶养立法》，法律出版社 2004 年版。

[54] 郑功成：《社会保障学》，中国劳动社会保障出版社 2005 年版。

[55] 郑功成：《社会保障学——理念、制度、实践与思辨》，商务印书馆 2000 年版。

[56] 史尚宽：《物权法论》，中国政法大学出版社 2000 年版。

[57] 中国法学会婚姻法学研究会：《外国婚姻家庭法汇编》，群众出版社 2000 年版。

（二）译著

[1] ［美］阿尔文·托夫勒著：《未来的冲击》，蔡伸章译，中信出版社 2006 年版。

[2] ［美］博登海默著：《法理学——法律哲学与法律方法》，邓正来译，中国政法大学出版社 1999 版。

[3] ［古希腊］柏拉图著：《理想国》，郭斌和、张竹明译，商务印书馆 1986 年版。

[4] ［英］F.R. 艾略特：《家庭：变革还是继续？》，何世念译，中国人民大学出版社 1992 年版。

[5] ［奥］凯尔森著：《法与国家的一般理论》，沈宗灵译，中国大百科全书出版社 1996 年版。

[6] ［意］莫诺·卡佩莱蒂著：《比较法视野中的司法程序》，徐昕、王奕译，清华大学出版社 2005 年版。

[7] ［美］罗斯科·庞德著：《通过法律的社会控制》，沈宗灵译，楼邦彦校，商务印书馆 2010 年版。

[8] [德]拉德布鲁赫著:《法哲学》,王朴译,法律出版社 2005 年版。

[9] [法]孟德斯鸠著:《论法的精神》,张雁深译,商务印书馆 1961 年版。

[10] [美]文森特·帕里罗、约翰·史汀森、阿黛思·史汀森著:《当代社会问题》,周兵、单弘、蔡翔译,华夏出版社 2002 年版。

[11] [美]约翰·罗尔斯著:《正义论》,何怀宏等译,中国社会科学出版社 2003 年版。

二、论文类

[1] [美]安·弗格森著:《女权主义哲学及其未来》,魏艳梅译,载王政、杜芳琴主编:《社会性别研究选译》,生活·读书·新知三联书店 1998 年版。

[2] [美]艾莉森·贾格著:《性别差异与男女平等》,徐午、鲍晓兰译,载王政、杜芳琴主编:《社会性别研究选译》,生活·读书·新知三联书店 1998 年版。

[3] 陈明侠:《新婚姻法是 1950 年婚姻法的继承和发展》,《河南师范大学学报》(社会科学版)1982 年第 1 期。

[4] 陈苇:《论双方父母赠与夫妻的不动产之归属——对"〈婚姻法〉司法解释(三)征求意见稿"第 8 条第 2 款之我见》,《西南政法大学学报》2011 年第 2 期。

[5] 陈苇、石婷:《中国法学会婚姻家庭法学研究会 2011 年年会综述》,《西南政法大学学报》2012 年第 1 期。

[6] 陈苇、黎乃忠:《现代婚姻家庭法的立法价值取向——以〈婚姻法解释(三)〉关于夫妻财产关系的规定为对象》,《吉林大学社会科学学报》2013 年第 1 期。

[7] 陈苇:《我国离婚救济制度司法实践之实证调查研究——以重庆市某基层人民法院 2010—2012 年被抽样调查的离婚案件为对象》,《河北法学》2014 年第 7 期。

[8] 陈苇、于林洋:《论我国离婚经济补偿制度的命运:完善抑或废除》,《法学》2011 年第 6 期。

[9] 陈苇、杜江涌:《中国农村妇女土地使用权与物权法保障研究》,载陈苇:《家事法研究》(2005 年卷),群众出版社 2006 年。

[10] 陈苇、张鑫:《我国内地离婚损害赔偿制度存废论——以我国内地司法实践实证调查及与台湾地区制度比较为视角》,《河北法学》2015 年第 6 期。

[11] 陈柏峰:《农民价值观的变迁对家庭关系的影响——皖北李圩村调查》,《中国农业大学学报》(社会科学版)2007年第1期。

[12] 陈爱武:《论家事审判机构之专门化——以家事法院(庭)为中心的比较分析》,《法律科学》2010年第2期。

[13] 曹诗权:《中国婚姻家庭法的宏观定位》,《法商研究》1994年第4期。

[14] 常宝莲:《法院与当事人在民事诉讼中的权限分配原理研究——当事人主义与职权主义交错适用论》,《前沿》2010年第19期。

[15] 杜万华、程新文、吴晓芳:《〈关于适用婚姻法若干问题的解释(三)〉的理解与适用》,《人民司法》2011年第17期。

[16] 董金权、姚成:《当代青年择偶标准嬗变》,《当代青年研究》2011年第4期。

[17] 第三期中国妇女社会地位调查课题组:《第三期中国妇女社会地位调查主要数据报告》,《妇女研究论丛》2011年第6期。

[18] 方流芳:《罗伊判例中的法律解释问题》,载梁治平:《法律解释问题》,法律出版社1998年版。

[19] 冯心明:《论知识产权保护的价值取向》,《华南师范大学学报》(社会科学版)2004年第4期。

[20] 傅达林:《婚姻法司法解释关乎未来家庭想象》,http://www.legaldaily.com.cn/bm/content/2011-08/15/content_2863666.htm.

[21] 甘肃省高级人民法院:《积极探索解决离婚案件中的住房问题》,《人民司法》1989年第9期。

[22] 郭圣莉、杨黎婧:《底层妇女的命运:当代中国妇女解放运动及其限度》,《云南社会科学》2008年第5期。

[23] [英]哈拉兰博斯、希德尔著:《家庭——功能主义的观点》,费涓洪译,周士琳校,《现代外国哲学社会科学文摘》1988年第10期。

[24] 韩幽桐:《对于当前离婚问题的分析和意见》,《人民日报》1957年4月13日。

[25] 金眉:《简论〈婚姻法〉司法解释的困境》,中国法学会婚姻法学研究会2011年年会论文集。

[26] 蒋月:《论夫妻一方婚前借款购置不动产的利益归属——对"〈婚姻法〉司法解释(三)征求意见稿"第11条的商榷》,《西南政法大学学报》2011年第2期。

[27] 蒋月、陈朝仑、周航、黎乃忠:《聚焦婚姻法司法解释(三)》,《中国审判》

2011 年第 10 期。

[28] 蒋月、庄丽梅:《我国应建立离婚后扶养费给付制度》,《中国法学》1998 年第 3 期。

[29] 蒋月、冯源:《台湾家事审判制度的改革及其启示——以"家事事件法"为中心》,《厦门大学学报》(哲学社会科学版)2014 年第 5 期。

[30] 蒋集跃、杨永华:《司法解释的缺陷及其补救——兼谈中国式判例制度的建构》,《法学》2003 年第 10 期。

[31] 江国华:《论立法价值——从"禁鞭尴尬"说起》,《法学评论》2005 年第 6 期。

[32] 江平:《制定民法典的几点宏观思考》,《政法论坛》1999 年第 3 期。

[33] 江伟、崔蕴涛:《司法能动与职权主义——以民事诉讼为中心》,《中州学刊》2011 年第 1 期。

[34] 康娜:《离婚习惯的实证研究与离婚制度的若干反思》,《山东大学学报》(哲学社会科学版)2012 年第 2 期。

[35] 林涵:《浅析中国古代婚姻中的"门当户对"及其在当今的影响》,《资治文摘》(管理版)2010 第 5 期。

[36] 吕家琳、王道远:《离婚案件中有关财产分割的几个问题》,《人民司法》1983 年第 6 期。

[37] 刘荣军:《民事诉讼中新"职权主义"的动向分析》,《中国法学》2006 年第 6 期。

[38] 李小江:《"男女平等"在中国社会实践中的失与得》,《社会学研究》1995 年第 1 期。

[39] 李洪祥:《离婚妇女婚姻家庭权益司法保障实证研究——以吉林省中等发达地区某基层法院 2010—2012 年抽样调查的离婚案件为对象》,载《当代法学》2014 年第 5 期。

[40] 李飞龙:《从"门当户对"谈起:论中国农村社会的择偶观(1950 到 1980 年代)》,《晋阳学刊》2011 年第 4 期。

[41] 李瑞玲:《浅论〈诗经〉时代的择偶标准》,《科技资讯》2009 年第 2 期。

[42] 李桂梅:《中国传统家庭伦理的现代转向及其启示》,《哲学研究》2011 年第 4 期。

[43] 李东山:《家庭核心功能的变迁》,《浙江学刊》1997 年第 6 期。

[44] 李青:《中日"家事调停"的比较研究》,《比较法研究》2003 年第 1 期。

[45] 李广湖:《谈先例判决制度》,http://www.chinacourt.org/article/de-

tail/2002/09/id/12841. shtml.

[46] 刘汶蓉:《家庭价值的变迁和延续——来自四个维度的经验证据》,《社会科学》2011 年第 10 期。

[47] 刘茂松:《论家庭功能及其变迁》,《湖南社会科学》2001 年第 2 期。

[48] 刘云祥:《关于正确认识和处理当前的离婚问题——与幽桐同志商榷》,《法学》1958 年第 3 期。

[49] 刘保平、万兰茹:《河北省农村妇女土地权益保护状况研究》,《妇女研究论丛》2007 年第 6 期。

[50] 刘璞、石小磊、仇惠栋:《家庭教育支出逐年上升 委员提案教育支出抵税》,http://www. fjsen. com/h/2013-03/13/content_10851256_2. htm.

[51] 马忆南:《二十世纪之中国婚姻家庭法学》,载《中外法学》1998 年第 2 期。

[52] 马忆南:《离婚救济制度的评价与选择》,载《中外法学》2005 年第 2 期。

[53] 毛卉、王安异:《司法的价值取向——理想与经验的整合》,《华中科技大学学报》(社会科学版)2001 年第 2 期。

[54] 彭珮云:《在全国维护农村妇女土地权益工作交流会上的讲话》,《中国妇运》2012 年增刊。

[55] 孟宪范:《家庭:百年来的三次冲击及我们的选择》,《清华大学学报》(哲学社会科学版)2008 年第 3 期。

[56] 潘泽泉:《现代家庭功能的变迁趋势研究》,《学术交流》2005 年第 1 期。

[57] 全国妇联、国家统计局:《第二期妇女社会地位调查数据报告》,《中国妇运》2001 年第 10 期。

[58] 齐树洁、邹郁卓:《我国家事诉讼特别程序的构建》,《厦门大学学报》(哲学社会科学版)2014 年第 2 期。

[59] 《人民司法》研究组:《一方父母部分出资给婚后子女购房的如何认定?》,《人民司法》2013 年第 13 期。

[60] 孙若军:《论夫妻财产制的定位及存在的误区——以〈婚姻法〉司法解释(三)第 7 条为视角》,《法律适用》2013 年第 4 期。

[61] 孙丽燕:《20 世纪末中国家庭结构及其社会功能的变迁》,《西北人口》2004 年第 5 期。

[62] 史良:《婚姻法中一些问题的解答》,载李心远:《新中国的婚姻问题》,文化出版社 1950 年版。

[63] 苏玫瑰、张必春:《转型加速期门当户对婚姻的错位与危机——阶层封

闭视角下离婚率上升的新解释》,《西北人口》2008 年第 5 期。

[64] 宋金文:《当代日本家庭论与老年人扶养》,《社会学研究》2001 年第 5 期。

[65] 苏珊:《改革开放和中国农村的婚姻家庭变化》,《西南科技大学学报》(哲学社会科学版)2005 年第 1 期。

[66] 田韶华:《夫妻间赠与的若干法律问题》,《法学》2014 年第 2 期。

[67] 田平安、刘春梅:《试论协同型民事诉讼模式的建立》,《现代法学》2003 年第 1 期。

[68] 唐灿:《中国城乡家庭结构与功能的变迁》,《浙江学刊》2005 年第 2 期。

[69] 王国征:《"法的价值"与"法的价值取向"概念研究述评》,《东方论坛》2009 年第 6 期。

[70] 王岩:《对离婚制度的思考与探讨》,《中华女子学院学报》1998 年第 2 期。

[71] 王瑾:《浅议离婚时夫妻共有产权房的分割》,《甘肃社会科学》2001 年第 5 期。

[72] 王萌:《从经济体制的演变简析人们婚恋观的发展》,《学理论》2013 年第 5 期。

[73] 王丽萍:《美国女性主义法学及其启示》,《法学论坛》2004 年第 1 期。

[74] 王歌雅:《家务贡献补偿:适用冲突与制度反思》,《求是学刊》2011 年第 5 期。

[75] 王歌雅:《离婚救济制度:实践与反思》,《法学论坛》2011 年第 2 期。

[76] 王礼仁:《家事案件审判体制改革之构想——以婚姻案件审判现状为背景》,《法律适用》2008 年第 11 期。

[77] 王牧、仇慎齐:《关于家事审判的调研报告——以贾汪法院的"家事法庭"为视角》,http://jwfy.xzjw.gov.cn/Html/201207/20120710152928816387.html.

[78] 汪全胜:《立法的社会接受能力探讨》,《法制与社会发展》2004 年第 4 期。

[79] 汪家元:《婚姻法司法解释中夫妻财产"赠与"规定之反思》,《上海政法学院学报》(法治论丛)2014 年第 1 期。

[80] 巫昌祯:《中国婚姻法学四十年》(上),《政法论坛》1989 年第 4 期。

[81] 巫昌祯、夏吟兰:《离婚新探》,《中国法学》1989 年第 2 期。

[82] 巫昌祯:《完善离婚制度的几点设想》,《法学杂志》1989 年第 1 期。

[83] 吴晓芳:《〈婚姻法〉司法解释(三)适用中的疑难问题探析》,《法律适用》

2014 年第 1 期。

［84］夏吟兰：《对离婚率上升的社会成本分析》，《甘肃社会科学》2008 年第 1 期。

［85］夏吟兰：《离婚救济制度之实证研究》，《政法论坛》2003 年第 6 期。

［86］徐琰琰：《从〈诗经·国风〉看春秋战国时代女性的择偶观》，《鸡西大学学报》2013 年第 4 期。

［87］徐安琪：《择偶标准：五十年变迁及其原因分析》，《社会学研究》2000 年第 6 期。

［88］徐安琪：《夫妻权力模式与女性家庭地位满意度研究》，《浙江学刊》2004 年第 2 期。

［89］薛宁兰：《共同关切的话题——"〈婚姻法〉修改中的热点、难点问题研讨会"综述》，《妇女研究论丛》2001 年第 1 期。

［90］薛宁兰：《离婚法的诉讼实践及其评析》，《法学论坛》2014 年第 4 期。

［91］薛宁兰、许莉：《我国夫妻财产制立法若干问题探讨》，《法学论坛》2011 年第 2 期。

［92］薛宁兰：《我国离婚损害赔偿制度的完善》，《法律适用》2004 年第 10 期。

［93］许小玲：《从择偶观的变迁看择偶标准的时代性——论中国女性建国至今 50 多年的配偶选择》，《武汉理工大学学报》(社会科学版)2004 年第 5 期。

［94］杨立新：《关于适用〈婚姻法〉若干问题的解释(三)的民法基础》，《法律适用》2011 年第 10 期。

［95］杨大文：《略论婚姻财产关系法律调整的价值取向——由婚姻法司法解释(三)引起的社会反响谈起》，《中华女子学院学报》2011 年第 6 期。

［96］杨大文：《略论婚姻法及其适用的价值取向——兼析婚姻法司法解释(三)草案第六条》，《中华女子学院学报》2011 年第 2 期。

［97］杨晓林、段凤丽：《婚后父母部分出资房屋产权归属及离婚分割——家事律师视野下的〈婚姻法〉司法解释(三)第七条的理解与适用》，http://www. famlaw. cn/article-detail. aspx? id＝4624.

［98］杨佳莉：《日本家事程序法最新动态简介》，http://www. chinacourt. org/article/detail/2014/02/id/1210390. shtml.

［99］袁圣明：《司法解释"立法化"现象探微》，《法商研究》2003 年第 2 期。

［100］叶文振：《论市场经济对婚姻关系的影响和对策》，《人口研究》1997 年第 3 期。

[101] 姚立迎:《新中国十七年(1949—1966 年)婚姻观念的嬗变》,《首都师范大学学报》(社会科学版)2009 年第 5 期。

[102] 叶文振、林擎国:《当代中国离婚态势和原因分析》,《人口与经济》1998 年第 3 期。

[103] 赵晓力:《中国家庭资本主义的号角》,《文化纵横》2011 年第 2 期。

[104] 赵振华:《论国际私法的价值取向及其对我国立法的影响》,《中南大学学报》(社会科学版)2008 年第 3 期。

[105] 赵万一:《论民商法价值取向的差异及其对我国民事立法的影响》,《法学论坛》2003 第 6 期。

[106] 宗志强:《司法的价值取向与司法的方法——从司法平衡的角度切入》,《山东审判》2005 年第 6 期。

[107] 赵子祥:《中国市场经济的发展与婚姻家庭演进的态势》,《社会科学辑刊》1997 年第 3 期。

[108] 郑丽萍:《从墓志看宋代士人家庭的择偶行为》,《兰州学刊》2009 年第 10 期。

[109] 张永英:《婚姻法司法解释(三)专家研讨会观点撮要》,《妇女研究论丛》2011 年第 1 期。

[110] 张冬玲:《论我国农村新型家庭伦理的构建》,《山东社会科学》2011 年第 9 期。

[111] 张恒山:《"法的价值"之概念辨析》,《中外法学》1999 年第 5 期。

[112] 张世飞:《1978—1992 年中国家庭功能之变迁——以北京市为中心》,《学术论坛》2011 年第 5 期。

[113] 朱健安、赵凌云、黄英:《家庭总体功能的加强——湖州城市家庭功能调查》,《湖州师专学报》(哲学社会科学)1998 年第 2 期。

[114]《中国妇女社会地位调查》课题组:《中国妇女社会地位调查初步分析报告》,《妇女研究论丛》1992 年创刊号。

三、资料类

[1]《德国民法典》(第 3 版),陈卫佐译注,法律出版社 2010 年版。

[2]《法国民法典》,罗结珍译,北京大学出版社 2010 年版。

[3]《瑞士民法典》,殷生根、王燕译,中国政法大学出版社 1999 年版。

[4]《日本民法典》,王爱群译,法律出版社 2014 年版。

关键词索引

186

后　记

感谢我的父母!

我从小深得爸爸的抚育和关爱,永远怀念我的父亲! 妈妈克服各种困难,帮我照顾年幼的孩子,愿我的母亲心情愉快,身体健康!

感谢我的导师蒋月教授!

蒋老师为我搭建科研发展的平台,良师益友,终生受益。愿蒋老师健康美丽,阖家幸福,工作顺利!

感谢我的挚友凌燕云女士及其家人!

我的发小凌燕云及其家人对我们的关心和帮助,是我无法用言语细数和表述的。祝愿她青春永驻,家庭幸福美满,事业蒸蒸日上!

感谢我的同事、好友:高女士、王先生、陈女士、任女士、李女士、杨女士和黄先生! 谢谢他们给我的鼓励和帮助。还要感谢工作细致认真的张小苹编辑! 祝他们笑口常开,顺顺利利!

特向所有参与本课题调查的受访者表示敬意! 特别感谢参与课题调查组织工作的我的先生孙蔚、好友凌燕云、任文杰、陈静,以及浙江工业大学之江学院法学 2008 级、2010 级、2011 级、2012 级的同学们!

最后,祝愿我两周岁的女儿快乐、健康成长! 这是我最大的心愿。也祝我的先生身体健康,事业有成!

雷春红

2016 年 4 月于杭州

图书在版编目（CIP）数据

当代中国婚姻家庭法价值取向的审视与建构——以我国夫妻财产制和离婚救济制度为例 / 雷春红著. —杭州：浙江大学出版社，2016.6

ISBN 978-7-308-15735-3

Ⅰ.①当… Ⅱ.①雷… Ⅲ.①家庭财产—婚姻法—研究—中国 ②离婚法—研究—中国 Ⅳ.①D923.904

中国版本图书馆 CIP 数据核字(2016)第 072341 号

当代中国婚姻家庭法价值取向的审视与建构
——以我国夫妻财产制和离婚救济制度为例
雷春红　著

责任编辑	张小苹
责任校对	董凌芳
封面设计	续设计
出版发行	浙江大学出版社
	（杭州市天目山路 148 号　邮政编码 310007）
	（网址：http://www.zjupress.com）
排　　版	杭州金旭广告有限公司
印　　刷	杭州日报报业集团盛元印务有限公司
开　　本	710mm×1000mm　1/16
印　　张	12.25
字　　数	210 千
版 印 次	2016 年 6 月第 1 版　2016 年 6 月第 1 次印刷
书　　号	ISBN 978-7-308-15735-3
定　　价	48.00 元